中国行为法学会类案裁判规则研究丛书

竞业限制类案甄别与裁判规则确立

主　编　赵　建
副主编　康　瑄　顾晶京　王　卉

中国·武汉

图书在版编目(CIP)数据

竞业限制类案甄别与裁判规则确立 / 赵建主编；康瑄，顾晶京，王卉副主编. -- 武汉：华中科技大学出版社，2024.5. -- (中国行为法学会类案裁判规则研究丛书). -- ISBN 978-7-5772-0816-9

Ⅰ. D922.524

中国国家版本馆 CIP 数据核字第 2024RM1851 号

竞业限制类案甄别与裁判规则确立 赵　建　主　编
Jingye Xianzhi Leian Zhenbie yu Caipan Guize Queli 康　瑄　顾晶京　王　卉　副主编

策划编辑：郭善珊　张婧旻	
责任编辑：张　丛　田兆麟	
封面设计：沈仙卫	
版式设计：赵慧萍	
责任校对：程　慧	
责任监印：朱　玢	
出版发行：华中科技大学出版社（中国•武汉）	电话：(027) 81321913
武汉市东湖新技术开发区华工科技园	邮编：430223
录　　排：华中科技大学出版社美编室	
印　　刷：武汉市洪林印务有限公司	
开　　本：710mm×1000mm　1/16	
印　　张：19	
字　　数：360 千字	
版　　次：2024 年 5 月第 1 版第 1 次印刷	
定　　价：118.00 元	

本书若有印装质量问题，请向出版社营销中心调换
全国免费服务热线：400-6679-118　竭诚为您服务
版权所有　侵权必究

《竞业限制类案甄别与裁判规则确立》

编审委员会

编委会主任

张恒山

编委会委员

李文燕　高贵君　吴高盛　宋朝武　孙佑海　梁相斌　于新年
韩德强　朱崇坤　冯　丰　李成斌　郝作成　常静元　钱　伟
赵　建　李毅斌　李　晟　于晓艺　张学凯　聂振华　胡金军
杜　鹃

本书编写组

主　编

赵　建

副主编

康　瑄　顾晶京　王　卉

编　者（按撰稿顺序排列）

王予予　朱晶晶　于　婷　郝明泽　蒋　萌

在司法实践中，司法、执法主体对规则、事实和证据的认识和判断常常存在不确定性。因此，包括法官在内的所有法律人在其漫漫职业生涯中都应上下而求索，特别是在司法实务工作中要保持长期、深入的学习，从研究裁判的方法到提炼裁判的思维，最终洞察裁判的规律。

　　在知识经济时代，竞业限制正是当下值得我们法律人进行前沿观察、研究的一个重要课题。随着我国社会主义市场经济的繁荣发展，社会人才资源的流动更加频繁，一方面使得人才资源的配置更加合理高效，另一方面也增加了用人单位商业秘密与其他保密事项泄露的风险。这就需要通过竞业限制制度来平衡劳资利益，既要保护资方的保密利益，又要维护劳方的择业自由，从而维护市场公平竞争秩序和优化法治营商环境。但是我国的竞业限制制度起步相对较晚，很多规定并不完善，在实践中仍存在一定难点、痛点问题。为助益于统筹处理好促进企业发展与维护劳动者权益之间的关系，构建和谐的劳动人事关系，本书的编写团队在分析各类经典案例的基础上，依托大数据检索平台收集到海量类案，试图充分理解裁判要旨、深刻把握裁判思维。通过对类案的系统性的研究，本书共分析、提炼并最终确定17条成熟的裁判规则。这17条规则主要分为四个部分：竞业限制协议的效力认定、竞业限制协议的履行规则、竞业限制协议的解除条件，以及如何调整竞业限制违约金。每条规则下均附有该规则的类案大数据报告，确保项下案例与规则具有高度契合性，保证统计数据的准确、权威。尤其是从全国各级法院的生效案例中精选了最有代表性的典型案例，并对这些案例的主要内容进行了对比与甄别，归纳总结出了争议焦点，进而从中提炼出准确、权威和可适用的裁判规则。编写团队通过对个案的研究、分析，向读者展示了裁判者的思路、相关法律法规的适用，以及适用特定规则的法理依据。此外，本书还进一步阐明了规则适用的具体情形和类似案件的审理要点，以期反哺司法实务。最后，本书在辅助信息部分附上了与裁判规则相关的法律条文，方便读者查阅。

竞业限制案件裁判规则第 1 条
竞业限制协议中未约定经济补偿或约定不明的,不影响该竞业限制协议的效力 // **001**

一、聚焦司法案件裁判观点 // 002

二、司法案例样本对比 // 002

三、司法案例类案甄别 // 011

四、类案裁判规则的解析确立 // 014

五、关联法律法规 // 015

竞业限制案件裁判规则第 2 条
用人单位与劳动者约定竞业限制补偿金非按月给付(一次性给付、分阶段给付、按年给付等)的,该约定有效 // **017**

一、聚焦司法案件裁判观点 // 018

二、司法案例样本对比 // 018

三、司法案例类案甄别 // 026

四、类案裁判规则的解析确立 // 028

五、关联法律法规 // 030

竞业限制案件裁判规则第 3 条

单位逾期 3 个月以上未支付竞业限制补偿金的，竞业限制协议并不自动失效 // 033

- 一、聚焦司法案件裁判观点 // 034
- 二、司法案例样本对比 // 034
- 三、司法案例类案甄别 // 055
- 四、类案裁判规则的解析确立 // 058
- 五、关联法律法规 // 059

竞业限制案件裁判规则第 4 条

劳动者在竞业限制期间内多次违反竞业限制约定的，用人单位可多次向劳动者主张支付违约金 // 061

- 一、聚焦司法案件裁判观点 // 062
- 二、司法案例样本对比 // 062
- 三、司法案例类案甄别 // 078
- 四、类案裁判规则的解析确立 // 081
- 五、关联法律法规 // 082

竞业限制案件裁判规则第 5 条

竞业限制义务与保密义务并不等同，用人单位不能仅依据保密协议主张竞业限制违约金 // 083

- 一、聚焦司法案件裁判观点 // 084
- 二、司法案例样本对比 // 084
- 三、司法案例类案甄别 // 095
- 四、类案裁判规则的解析确立 // 097
- 五、关联法律法规 // 098

竞业限制案件裁判规则第 6 条
在职期间可以约定竞业限制义务及违约金条款 // 099

- 一、聚焦司法案件裁判观点 // 100
- 二、司法案例样本对比 // 100
- 三、司法案例类案甄别 // 107
- 四、类案裁判规则的解析确立 // 109
- 五、关联法律法规 // 109

竞业限制案件裁判规则第 7 条
竞业限制补偿金可以在在职期间与工资一并发放 // 111

- 一、聚焦司法案件裁判观点 // 112
- 二、司法案例样本对比 // 112
- 三、司法案例类案甄别 // 121
- 四、类案裁判规则的解析确立 // 123
- 五、关联法律法规 // 124

竞业限制案件裁判规则第 8 条
劳动者借助近亲属名义开设、经营公司以从事与原公司同类经营业务的行为，属于违反竞业限制的违约行为 // 125

- 一、聚焦司法案件裁判观点 // 126
- 二、司法案例样本对比 // 126
- 三、司法案例类案甄别 // 133
- 四、类案裁判规则的解析确立 // 136
- 五、关联法律法规 // 137

竞业限制案件裁判规则第 9 条
劳务派遣单位派遣的劳动者属于竞业限制协议的主体，被派遣劳动者如果属于负有保密义务的人员，可以与其约定竞业限制协议 // **139**

一、聚焦司法案件裁判观点 // 140

二、司法案例样本对比 // 140

三、司法案例类案甄别 // 147

四、类案裁判规则的解析确立 // 150

五、关联法律法规 // 151

竞业限制案件裁判规则第 10 条
不是高级管理人员和高级技术人员的普通劳动者，如果负有保密义务，也可以被纳入竞业限制人员范围 // **153**

一、聚焦司法案件裁判观点 // 154

二、司法案例样本对比 // 154

三、司法案例类案甄别 // 159

四、类案裁判规则的解析确立 // 161

五、关联法律法规 // 162

竞业限制案件裁判规则第 11 条
在审查是否违反竞业限制义务时，应对用人单位的经营范围进行实际审查，不应局限于营业执照登记的营业范围，还应对两个公司实际经营的内容、市场产品受众、对应市场是否重合等进行综合审查 // **163**

一、聚焦司法案件裁判观点 // 164

二、司法案例样本对比 // 164

三、司法案例类案甄别 // 173

四、类案裁判规则的解析确立 // 175

五、关联法律法规 // 176

目录

竞业限制案件裁判规则第 12 条
用人单位单方解除竞业限制协议的，必须按照竞业限制协议约定的条件或方式向劳动者明示 // **177**

一、聚焦司法案件裁判观点 // 178

二、司法案例样本对比 // 178

三、司法案例类案甄别 // 184

四、类案裁判规则的解析确立 // 186

五、关联法律法规 // 187

竞业限制案件裁判规则第 13 条
用人单位可以在员工手册中规定竞业限制义务，员工签字确认后，则该条款对员工有效 // **189**

一、聚焦司法案件裁判观点 // 190

二、司法案例样本对比 // 190

三、司法案例类案甄别 // 204

四、类案裁判规则的解析确立 // 209

五、关联法律法规 // 209

竞业限制案件裁判规则第 14 条
竞业限制协议中附生效或者解除条件的，该约定有效 // **211**

一、聚焦司法案件裁判观点 // 212

二、司法案例样本对比 // 212

三、司法案例类案甄别 // 226

四、类案裁判规则的解析确立 // 230

五、关联法律法规 // 231

005

竞业限制案件裁判规则第 15 条

竞业限制约定的违约金过高时，人民法院可以进行综合考虑并作出调整 // 233

- 一、聚焦司法案件裁判观点 // 234
- 二、司法案例样本对比 // 234
- 三、司法案例类案甄别 // 243
- 四、类案裁判规则的解析确立 // 245
- 五、关联法律法规 // 246

竞业限制案件裁判规则第 16 条

竞业限制协议中约定违反竞业限制义务后，劳动者需要返还竞业限制补偿金的，该约定有效 // 249

- 一、聚焦司法案件裁判观点 // 250
- 二、司法案例样本对比 // 250
- 三、司法案例类案甄别 // 263
- 四、类案裁判规则的解析确立 // 266
- 五、关联法律法规 // 267

竞业限制案件裁判规则第 17 条

劳动者违反竞业限制义务并支付违约金后，竞业限制约定未到期的仍要继续履行竞业限制义务 // 269

- 一、聚焦司法案件裁判观点 // 270
- 二、司法案例样本对比 // 270
- 三、司法案例类案甄别 // 284
- 四、类案裁判规则的解析确立 // 288
- 五、关联法律法规 // 288

后记 // 289

竞业限制案件裁判规则

第1条

竞业限制协议中未约定经济补偿或约定不明的,不影响该竞业限制协议的效力

一、聚焦司法案件裁判观点

■ 争议焦点

竞业限制协议中未约定经济补偿或约定不明的，该竞业限制协议是否有效？

■ 裁判观点

用人单位与劳动者签定了竞业限制条款或协议，但未约定经济补偿或约定不明的，不影响竞业限制条款或协议的效力，对双方当事人具有约束力；劳动者履行了竞业限制义务，用人单位应按照不低于劳动者在劳动合同解除或者终止前十二个月平均工资的30%按月支付经济补偿金；劳动者违反了竞业限制义务，仍应承担相应的违约责任。

二、司法案例样本对比

样本案例一

栾某某与上海某化工有限公司竞业限制纠纷案

• **当事人**

上诉人（原审被告）：栾某某
被上诉人（原审原告）：上海某化工有限公司
法定代表人：潘某某，该公司董事长

• **基本案情**

栾某某于2008年7月14日进入上海某化工有限公司做销售工作。劳动合同期限为2008年7月14日至2011年7月31日。2011年8月,双方又续签了期限为2011年8月1日至2014年7月31日的劳动合同。2011年6月3日,双方签订《保密和禁止竞业协议》,约定:"……保密承诺:甲方(栾某某)与乙方(上海某化工有限公司)的劳动关系存续期内及劳动关系解除后两年,甲方同意不会以任何方式直接或间接使用、泄露、公开或以其他方式披露或允许任何人、其他公司、合伙或其他企业使用或泄露与乙方有关的任何保密信息。……不竞争:甲方在其任职于乙方期间及结束后两年,其将不会直接或间接地以个人或其他任何名义或身份,直接或间接地为其个人、他人或其他实体而从事投资于任何竞争业务,或成立、参股、并购、经营、参与、协助,以及给与乙方有任何竞争关系的个人或实体提供建议和提供服务,并且其将不会与竞争业务的经营者产生任何联系,包括但不限于成为该经营者的雇员、所有者、直接或间接股东、合伙人、管理人员、董事、顾问、咨询师或代理人等。……在受聘乙方期间和结束后两年,未经乙方的事先明示书面批准,甲方不得担任任何其他组织的雇员或者顾问,亦不得从事与甲方对乙方承担的义务相冲突之任何其他活动。……离职竞业和保密:甲方同意并承诺在甲方与乙方的劳动关系雇佣期间和结束之后两年内,为乙方继续保密及禁止竞业。……违约赔偿:甲方同意,如果违反本协议项下的义务,……同意支付约定损害赔偿金……1. 以甲方当前十二个月所有薪酬(包括奖金、津贴等)的百分之三百;2. 公司受到的实际损失;3. 50万元违约金或赔偿金。……生效日期:本协议由乙方授权代表和甲方签署之日起生效。义务随受聘终止之后两年期满而终止。"2012年6月27日,栾某某辞职离开公司,其在离职前担任该公司P2部门产品经理的工作。此外,2011年1月至2012年1月,栾某某每月工资为人民币9 400元(以下币种均为人民币);2012年2月至2012年6月,栾某某每月工资为10 100元。

原审法院又查,上海某化工有限公司的经营范围为:化工原料及产品(凭许可证)、食品添加剂、橡塑制品、建筑装饰材料、汽车零配件、化肥的销售,自营和代理各类商品和技术的进出口,但国家限定公司经营或禁止进出口的商品和技术除外,以上相关业务的咨询服务(企业经营涉及行政许可的,凭许可证件经营)。

原审法院再查,青岛某化工有限公司(以下简称"青岛化工公司")于2008年12月2日经工商注册登记成立,注册资本30万元。其经营范围:一般经营项目。包含批发:化工原料(不含危险化学品)、化工产品(不含危险化学品)、塑料制品;经营信息咨询。股东为栾某某(出资12万元,持股40%)、高某某(出资6万元,持股20%)、盖某某(出资12万元,持股40%)。

2014年8月7日,上海某化工有限公司向上海市某区劳动人事争议仲裁委员会申请仲裁,要求栾某某支付竞业限制违约赔偿金50万元。上海市某区劳动人事争议仲裁委员会经审理后认为,上海某化工有限公司的请求事项已超出仲裁申请时效。2014年8月11日,上海市某区劳动人事争议仲裁委员会作出不予受理通知书:对上海某化工有限公司的请求事项,不予受理。上海某化工有限公司不服,遂诉诸原审法院。

原审法院经审理后认为,劳动关系具有人身性与财产性、平等性与隶属性并存之特征,故劳动者对用人单位负有忠诚义务,该义务不仅存在于劳动关系存续期间,在劳动关系结束或解除之后,亦负有不得利用其掌握的商业秘密与原用人单位进行恶意竞争之义务,因此用人单位可以要求劳动者履行法定或约定的竞业限制义务。但是竞业限制义务毕竟限制了劳动者的择业权,而劳动权系生存权的前提,因此竞业限制应具有必要性和合理性。竞业限制协议的效力要件包括:1.前提条件,竞业限制的目的是保护商业秘密,维护公平竞争,实行竞业限制的用人单位必须首先具备商业秘密的前提。竞业限制系保护用人单位商业秘密的一种手段,任何与保护用人单位商业秘密无关的竞业限制协议均无效;2.主体条件,仅仅对负有保守用人单位商业秘密义务的劳动者,用人单位可以与之约定竞业限制义务。对不掌握用人单位商业秘密的劳动者,用人单位与之签订的竞业限制协议无效;3.时间条件,劳动者在职时自应履行竞业限制义务,在劳动者离职后,竞业限制的时间最长不得超过三年,超过的部分无效;4.范围条件,劳动者不得利用原用人单位的商业秘密自营或者为他人经营与原用人单位有竞争的业务,但劳动者利用个人的知识、经验和技能自营或者为他人经营与原用人单位有竞争的业务不受限制。因竞业限制协议限制了劳动者择业权,甚至可能影响劳动者的生存权,故对"与原用人单位有竞争的业务"不应做扩大解释,限定为用人单位经营范围内实际经营的业务为宜;5.对价条件,由于竞业限制影响了劳动者的择业权,因此用人单位应给予劳动者经济补偿。

结合本案,关于经营业务具有竞争问题,上海某化工有限公司的企业法人营业执照显示其经营范围为化工原料及产品(凭许可证),栾某某成立的公司企业法人营业执照经营范围为化工原料(不含危险化学品)、化工产品(不含危险化学品),两家公司有同类经营业务。按栾某某的陈述,其设立的公司仅仅是代为销售上海某化工有限公司产品,是上海某化工有限公司的一个分销商。但是,栾某某在职期间及离职后约定的期限内,自营与上海某化工有限公司相同的业务,必然会对上海某化工有限公司的经营带来不利,影响业务拓展,从而产生竞争。关于保密及限制竞业问题。双方签订协议的目的是保护商业秘密及知识产权有关的保密事项。栾某某作为上海某化工有限公司产品销售,通过从事的业务掌握并知晓上海某化工有限公司的商业秘密,属于负有保密义务的人员,符合竞业限制主体资格。上海某化工有限公司经营化工原料及产品业务,栾某某从事的是化工原料及产品销售,在双方保密及限制竞业约定的期间内,栾某某设立与上海某化工有限公司同类企业,其行为违反了竞业限制约定义务,该违约责任包括返还取得的竞业限制补偿、支付违约金、赔偿损失等。其次,上海某化工有限公司与栾某某进行了保密及限制竞业约定,该约定在保护上海某化工有限公司经营利益的同时,也限制、影响了栾某某的就业权,但上海某化工有限公司并未因此向栾某某支付相应的限制竞业补偿对价,且在约定履行期间,上海某化工有限公司对于栾某某违约造成的损失亦未提供充分依据。综合考量上海某化工有限公司的经济损失、栾某某的经济承受能力,原审法院对上海某化工有限公司要求栾某某支付违反竞业协议的违约金50万元数额做适当调整,具体金额酌情判处。根据《中华人民共和国劳动合同法》的规定,劳动者违反服务期约定或竞业限制义务的,用人单位可以按照约定要求劳动者支付违约金,除此之外,用人单位不得与劳动者约定由劳动者承担违约金,故上海某化工有限公司要求栾某某支付违反保密义务违约金的请求,缺乏法律依据,原审法院不予支持。关于时效问题。《劳动争议调解仲裁法》规定,劳动争议申请仲裁的时效期间为一年。仲裁时效期间从当事人知道或者应当知道其权利被侵害之日起算。本案中,栾某某于2012年6月离职,涉及的竞业限制年限为在职及离职后二年。在上海某化工有限公司未事先明示放弃要求栾某某继续履行竞业限制义务的前提下,栾某某应当继续履行。故上海某化工有限公司在规定期限的一年内(2014年8月7日)提起劳动仲裁主张权利,未超过法律规定的仲裁时效。

综上,根据《中华人民共和国劳动法》(2009年修正,已修改)第二十二条、第七十八条,《中华人民共和国劳动合同法》(2012年修正)第二十三条、第二十四条、第二十五条之规定,判决:一、栾某某应于判决生效之日起十日内支付上海某化工有限公司违反限制竞业协议的违约金人民币10万元;二、上海某化工有限公司其余诉讼请求,不予支持。栾某某如果未按判决指定的期限履行给付金钱义务,应当依照《中华人民共和国民事诉讼法》(2012年修正,已修改)第二百五十三条之规定,加倍支付迟延履行期间的债务利息。案件受理费人民币10元,由栾某某负担。

栾某某不服原判,提起上诉。

栾某某上诉称,首先,原审遗漏重要事实,根据在案证据可见,上海某化工有限公司早在2010年9月就已得知栾某某在外设立青岛某化工有限公司,并对此进行了内部调查，最终因为青岛某化工有限公司仅为上海某化工有限公司的分销商，其存在不会对上海某化工有限公司造成损害，反而有利于扩大销售，故上海某化工有限公司未对栾某某进行任何处罚，并在明知栾某某设立青岛某化工有限公司的前提下与其签订竞业限制协议，栾某某在离职交接工作期间以及离职后，上海某化工有限公司从未明确要求其停止青岛某化工有限公司的运营。其次，本案的起诉已经超过仲裁时效和诉讼时效。上海某化工有限公司早在2010年9月就知晓青岛某化工有限公司，却迟至2014年8月7日才提起劳动仲裁，显然已过诉讼时效。再次，讼争竞业限制协议因未对补偿金约定而无效。竞业限制协议是以支付补偿金为对价的书面双务合同，上海某化工有限公司单方设定劳动者义务，免除自己支付经济补偿金的义务，应当被认定为无效，故该竞业限制协议对上诉人无约束力。退而言之，即使竞业限制协议有效，但化工行业具有其特殊性，化工原料有上万种，经营不同化工原料的公司本身不存在竞争关系，不属于同业竞争。上海某化工有限公司对劳动者施以根本不对等的就业限制，对劳动者赖以生存的技能进行约束，必然对劳动者的合法权益造成巨大损害。综上，上海某化工有限公司滥用竞业限制，肆意扩大竞业限制范围，明显侵犯劳动者合法权益。原判事实不清，适用法律不当，请求依法改判如其诉请。

上海某化工有限公司坚持原审时的诉称意见，并称上海某化工有限公司从不知晓青岛某化工有限公司的存在，没有任何一家公司会允许诸如栾某某类似的竞业限制行为的存在，这是违背市场规律的。原判事实清楚，适用法律正确。请求驳回上诉，维持原判。

二审查明，原审法院认定之事实无误。二审审理中，上海某化工有限公司表示该公司尊重一审判决，对员工历来注重关怀，宽厚以待，现自愿降低违约金至5万元。

• **案件争点**

未约定经济补偿的竞业限制协议是否有效？

• **裁判要旨**

法院认为，竞业限制制度设立的根本目的是保护用人单位的商业秘密不受侵害，是用人单位维护其商业利益的一种法律预防手段。根据用人单位和劳动者之间的约定，劳动合同解除或终止后，劳动者承担竞业限制义务。经济补偿金是对竞业限制条款限制劳动者的劳动自由权、生存权的一种补偿，如果竞业限制条款未约定经济补偿金，显然将导致劳动者的正当权益难以得到保护，有违公平原则。但如果因此认定未约定经济补偿金的竞业限制条款对劳动者不发生效力，就意味着劳动者不受该条款的约束，有权利用其获得的商业秘密，这显然不符合设立竞业限制条款的立法本意。鉴于对未约定经济补偿金的竞业限制条款，可做补充解释，相关司法解释也对此进一步明确，即当事人在劳动合同或者保密协议中约定了竞业限制，但未约定解除或者终止劳动合同后给予劳动者经济补偿，劳动者履行了竞业限制义务，要求用人单位按照劳动者在劳动合同解除或终止前十二个月平均工资的30%按月支付经济补偿的，人民法院应予支持。综上，竞业限制条款即使未约定经济补偿金，也从成立时即生效，并拘束双方当事人，同时也应将给付劳动者一定的经济补偿视为用人单位的法定义务。

同时，劳动者承担的违约责任应与其薪酬相适应，劳动者从用人单位获取的薪酬是其承担相应责任和从业风险的风向标，薪资金额、职称水平和团队位置等因素一并影响着劳动者的责任意识和风险意识。劳动者因违反竞业限制义务所应承担的损失赔偿金额应与其从该职位获取的薪酬相适应，在损失金额相较于薪酬畸高的情形下，法院宜行使自由裁量权进行调整。原判酌定栾某某的违约金为10万元，并无不当。然而，考量本案中讼争协议的实际履行情况可见，在竞业限制两年期限中，上海某化工有限公司从未支付过栾某某一定的补偿，根据用人单位和劳动者权利义务平等的原则，应对违约金做进一步调整，鉴于上海某化工有限公司在二审审理期间自愿降低违约金至5万元，系对自身权益的处分，符合公平原则，二审法院予以准许。

另，负有竞业限制义务的人员到与本单位生产或者经营同类产品、从事同类业务的有竞争关系的其他用人单位，或者自己生产或者经营同类产品、从事同类业务的竞业限制期限，不得超过二年。原审法院认定竞业限制时间最长不得超过三年，不当，二审法院予以纠正。

至于栾某某坚称，上海某化工有限公司于2010年即知晓青岛某化工有限公司设立一节，对此，二审法院认为，当事人对自己提出的诉讼请求所依据的事实或者反驳对方诉讼请求所依据的事实有责任提供证据加以证明。没有证据或者证据不足以证明当事人的事实主张的，由负有举证责任的当事人承担不利后果。根据本案现有证据及查明之事实可见，栾某某于原审期间提供了录音电话及证人证言，然陈述均语焉不详，无法印证上海某化工有限公司知晓青岛某化工有限公司成立或鼓励员工自行成立公司作为上海某化工有限公司的分销商，栾某某亦于上诉期间未提供新的证据支撑其上述主张，故对其该节上诉请求不予支持。退而言之，即使存有上海某化工有限公司于2010年知晓青岛某化工有限公司设立并未反对一节，在双方签订保密和禁止竞业协议时，栾某某亦应如实告知并主动询问上海某化工有限公司此种情形是否属竞业限制范围,进而判断在职或离职后得否继续经营青岛某化工有限公司。综上,栾某某入职仅数月便成立了与上海某化工有限公司经营范围有交集的青岛某化工有限公司,即同业竞业公司,且青岛某化工有限公司依法成立的状态贯穿于栾某某在上海某化工有限公司的整个在职期间以及离职的两年期间,故应认定栾某某上述行为有违双方约定,当支付竞业限制违约金。综上所述,栾某某之上诉理由缺乏事实和法律依据,不予支持。

样本案例二

武汉某餐饮股份有限公司与祁某某竞业限制纠纷案

• **当事人**

原告:武汉某餐饮股份有限公司
被告:祁某某

• **基本案情**

2011年5月20日,被告祁某某入职原告武汉某餐饮股份有限公司,2014年5月20日原、被告续签劳动合同,约定:"……合同期限自2014年5月20日起至2017年5月19日止……岗位为厨师……基本工资为1 450元/月……被告有泄漏原告商业秘密或知识产权秘密行为的,原告可以解除本合同……被告在任何时间均应保守在工作中所知悉的知识产权秘密和商业秘密(包括但不限于甲方内部管理、技术、价格、销售以及客户等未注明可以公开的信息或资料),鉴于被告工作具有涉密性,故竞业限制的范围为前款的秘密,地域为武汉市区域内,期限为双方劳动关系存续期间及被告离职后三个月内,违反则承担其年薪30%的违约金,前述竞业限制离岗后的补偿参照本地最低工资标准由双方另行协商确定……"2017年4月1日,被告提出离职申请,原告同意被告离职。后原告以被告违反竞业限制为由向武汉市某区劳动人事争议仲裁委员会申请仲裁,该委于2017年7月21日作出不予受理通知书,原告遂诉至法院,其诉请如前。另查明,2016年5月至2017年4月,原告通过网上银行支付被告工资12笔,共计74 949元;原告经营范围为:会议会展服务、大型餐馆、单纯火锅(含凉菜、生食海产品,不含裱花蛋糕)、食品销售。

另,(武汉)某餐饮管理有限公司于2017年4月10日核准成立,登记的经营范围为：餐饮管理、对餐饮行业的投资、企业营销策划、餐饮服务、食品销售，实际经营范围是销售小火锅，被告系该公司股东，认缴出资 100 000 元。

• **案件争点**

1. 原、被告签订的劳动合同第十八条（以下称竞业限制条款）是否合法有效？

2. 被告是否存在违反竞业限制条款的行为以及违约金如何确定？

• **裁判要旨**

法院认为，用人单位与劳动者可以在劳动合同中约定保守用人单位的商业秘密和与知识产权相关的保密事项，对负有保密义务的劳动者，用人单位可以在劳动合同或者保密协议中与劳动者约定竞业限制条款，违反竞业限制条款的，应当按照约定支付违约金。对于争议焦点一，原、被告签订的竞业限制条款是否合法有效。首先，关于原、被告仅约定了被告的竞业限制义务，未就经济补偿进行约定，是否违反法律强制性规定而导致该条款无效。对此，法律规定内容瑕疵一般不导致合同无效，合同仅缺乏一般条款的，可在事后以一定方式予以弥补。《中华人民共和国劳动合同法》（2012 年修正）第二十四条第一款规定："……竞业限制的范围、地域、期限由用人单位与劳动者约定，竞业限制的约定不得违反法律、法规的规定。"据此，竞业限制条款未约定经济补偿金，不属于缺乏合同主要条款的情形，不影响该条款的成立。从《最高人民法院关于审理劳动争议案件适用法律若干问题的解释（四）》（法释〔2013〕4 号，2013 年 2 月 1 日起施行，已废止）第六条的规定也可见在未约定用人单位给予劳动者竞业限制经济补偿的情况下，不必然导致竞业限制约定无效，而是可以通过法律的规定来弥补、平衡双方的利益。其次，关于竞业限制条款是否属于格式条款、是否存在免除用人单位责任、排除劳动者的主要权利从而导致约定无效。一般情况下，劳动合同的文本均由用人单位提供，但订立仍遵循平等自愿、协商一致的原则。格式条款是当事人为了重复使用而预先拟定，并在订立合同时未与对方协商的条款。显然，劳动合同的订立双方仍可以协商，格式条款则一般不与对方协商，劳动合同的条款并不等于格式条款。双方未约定用人单位给予劳动者竞业限制补偿也不能认定为该约定免除用人单位法定责任、排除劳动者权利，如前所述，双方未约定的权利义务仍可以通过法律的规定予以弥补，而并不必然导致约定无效。对于争议焦点二，被告是否存在违反竞业限制条款的行为以及违约金如何确定。显然，被告作为原告的品控经理，在与原告劳动关系存续期间，即作为股东认缴出资成立与原告从事同类业务（火锅）的有竞争关系的公司,违反了其作为劳动者应对用人单位承担的忠诚义务,同时也违反了原、被告约定的竞业限制条款,应对此承担违约责任。究其实质,违约金具有"补偿和惩罚"的双重性质,其是以赔偿损失为主要功能,并不旨在严厉惩罚违约方,而原告并未就其损失进行举证,故法院酌定被告应支付的违约金为5 000元。

样本案例三
四川某药材有限公司与刘某某竞业限制纠纷案

• 当事人

上诉人(原审原告):四川某药材有限公司(简称"某药材公司")
被上诉人(原审被告):刘某某

• 基本案情

刘某某于2010年10月受聘到某药材公司从事销售工作,先后担任河南省驻马店市、周口市、洛阳市等地区的经理职务。2013年3月1日,四川某药材公司(甲方)与刘某某(乙方)签订《销售内勤总监管理合同》。合同约定甲方聘请乙方为销售总监,合同期限自该合同生效之日即2013年3月1日起至2014年3月1日止。其中合同4.3待遇部分第9条内容为:"合同期满前一个月,甲乙双方应就续签合同事宜进行协商。期满后不再续约的,乙方在从甲方离职后一年内不得从事竞争厂家的产品销售工作。"某药材公司的原法定代表人在甲方一栏签名,刘某某在乙方一栏签名。合同签订后,刘某某按合同约定履行义务至2015年3月。2015年4月,刘某某向某药材公司递交辞职函要求解除劳动关系,某药材公司未批准,将辞职函退还刘某某,并将刘某某的工作岗位调整至稽查部。刘某某到稽查部工作至同年6月,同年7月刘某某离开某药材公司。2015年8月21日,某药材公司以刘某某于2015年4月1日办理离职手续为由,向某县社会保险局申请为刘某某办理停保手续。刘某某自2015年4月起一年内未从事竞争厂家的产品销售工作,履行了竞业限制义务。刘某某自2014年4月至2015年3月期间的工资总额为235 399.68元,月平均工资19 616.64元。2017年2月14日,刘某某以某药材公司为被申请人向某县劳动人事争议仲裁委员会申请仲裁,请求裁决某药材公司按约定支付竞业限制补偿金。某县劳动人事争议仲裁委员会于2017年3月14日作出仲裁裁决书,裁决:某药材公司向刘某某支付竞业限制经济补偿金70 619.30元。

• **案件争点**

竞业限制协议中未约定竞业限制经济补偿的标准和方式，如何确定补偿数额？

• **裁判要旨**

法院认为，竞业限制经济补偿是用人单位在劳动合同或者保密协议中与劳动者约定，在解除或者终止劳动合同后，在竞业限制期限内，应当按月给予劳动者的经济补偿。《最高人民法院关于审理劳动争议案件适用法律若干问题的解释（四）》（法释〔2013〕4号，2013年2月1日起施行，已废止）第六条第一款规定："当事人在劳动合同或者保密协议中约定了竞业限制，但未约定解除或者终止劳动合同后给予劳动者经济补偿，劳动者履行了竞业限制义务，要求用人单位按照劳动者在劳动合同解除或者终止前十二个月平均工资的30%按月支付经济补偿的，人民法院应予支持。"本案中，某药材公司与刘某某在《销售内勤总监管理合同》约定，合同期满前一个月，双方应就续签合同事宜进行协商。期满后不再续约的，刘某离职后一年内不得从事竞争厂家的产品销售工作。此约定视为双方对竞业限制的约定，竞业限制期限为一年，但双方未约定竞业限制经济补偿的标准和方式。刘某某离开某药材公司销售总监职位后一年内履行了竞业限制义务。故某药材公司无论是按照约定还是依照法律规定，均应支付刘某某竞业限制经济补偿金。计算刘某某的竞业限制经济补偿金，确定其平均工资以其离开销售总监职位前12个月平均工资19 616.64元确定为宜。因此，刘某某的竞业限制补偿金应确定为70 619.90元（19 616.64元/月×12月×30%）。某药材公司认为由于双方就竞业限制补偿未作约定，其适用标准应根据某药材公司提供的刘某某离职前12个月工资发放明细的平均工资确定，但其提供的证据不足以推翻人民法院认定的事实，该理由不成立。

三、司法案例类案甄别

（一）事实对比

样本案例一，劳动者于2008年7月14日进入用人单位担任销售工作，双方劳动合同期限为2008年7月14日至2011年7月31日。后双方又续签2011年8月1日至2014年7月31日的劳动合同。2011年6月3日，双方签订了

《保密和禁止竞业协议》。2012年6月27日，劳动者辞职离开单位，离职前劳动者每月工资为人民币9 000元至10 000元。2008年12月青岛某化工有限公司成立，其经营范围与用人单位相似，劳动者担任该公司股东。

样本案例二，劳动者于2011年5月20日入职用人单位处从事品控经理工作，双方曾续签劳动合同约定期限自2014年5月20日起至2017年5月19日止。在劳动合同中约定有保密协议和竞业限制条款。2017年4月1日，劳动者提出离职申请，单位同意劳动者离职。离职前2016年5月至2017年4月，单位通过网上银行支付劳动者工资12笔共计74 949元。2017年4月10日武汉某餐饮管理有限公司成立，其经营范围与用人单位相似，劳动者系该公司股东。

样本案例三，劳动者于2010年10月入职用人单位从事销售工作。2013年3月双方签订《销售内勤总监管理合同》，合同中约定了竞业限制的内容。2015年4月，劳动者向用人单位递交辞职函要求解除劳动关系，同年7月劳动者离开单位。自2015年劳动者离开单位起一年内，其未从事竞争厂家的产品销售工作，履行了竞业限制义务，但单位未按约定支付劳动者竞业限制补偿金。

上述案例一与案例二是劳动者违反竞业限制义务，用人单位要求劳动者支付违约金；而案例三则是劳动者遵守竞业限制义务，要求用人单位支付竞业限制补偿金。三个案例均为劳动者与用人单位约定了竞业限制义务，但未明确约定经济补偿，此种情况下仍应认为竞业限制协议有效，而非无效。

（二）适用法律对比

样本案例一，法院认为如果认定未约定经济补偿金的竞业限制条款对劳动者不发生效力，就意味着劳动者不受该条款的约束，有权利用其获得的商业秘密，这显然不符合设立竞业限制条款的立法本意。鉴于对未约定经济补偿金的竞业限制条款，可作补充解释，相关司法解释也对此进一步明确，即当事人在劳动合同或者保密协议中约定了竞业限制，但未约定解除或者终止劳动合同后给予劳动者经济补偿，劳动者履行了竞业限制义务，要求用人单位按照劳动者在劳动合同解除或终止前十二个月平均工资的30%按月支付经济补偿的，人民法院应予支持。故，竞业限制条款即使未约定经济补偿金，也从成立时即生效，并拘束双方当事人，同时也应将给付劳动者一定的经济补偿视为用人单位的法定义务。同时，法院还认为，劳动者承担的违约责任应与其薪酬相适应，在损失金额相较于薪酬畸高的情形下，法院宜行使自由裁量权进行调整。

样本案例二，法院认为，首先，关于原、被告仅约定了被告的竞业限制义务，未就经济补偿进行约定，是否违反法律强制性规定而导致该条款无效。对此，法律规定内容瑕疵一般不导致合同无效，合同仅缺乏一般条款的，可在事后以一定方式予以弥补。《中华人民共和国劳动合同法》(2012年修正)第二十四条第一款规定:"……竞业限制的范围、地域、期限由用人单位与劳动者约定,竞业限制的约定不得违反法律、法规的规定。"据此,竞业限制条款未约定经济补偿金,不属于缺乏合同主要条款的情形,不影响该条款的成立。从《最高人民法院关于审理劳动争议案件适用法律若干问题的解释(四)》(法释〔2013〕4号,2013年2月1日起施行,已废止)第六条的规定也可见在未约定用人单位给予劳动者竞业限制经济补偿的情况下,不必然导致竞业限制约定无效,而是可以通过法律的规定来弥补、平衡双方的利益。其次,关于竞业限制条款是否属于格式条款,是否存在免除用人单位责任、排除劳动者的主要权利从而导致约定无效。一般情况下,劳动合同的文本均由用人单位提供,但订立仍遵循平等自愿、协商一致的原则。格式条款是当事人为了重复使用而预先拟定,并在订立合同时未与对方协商的条款。显然,劳动合同的订立双方仍可以协商,格式条款则一般不与对方协商,劳动合同的条款并不等于格式条款。双方未约定用人单位给予劳动者竞业限制补偿也不能认定为该约定免除用人单位法定责任、排除劳动者权利,如前所述,双方未约定的权利义务仍可以通过法律的规定予以弥补,而并不必然导致约定无效。同时,法院认为,劳动者作为用人单位的品控经理,在劳动关系存续期间,即作为股东认缴出资成立与单位从事同类业务(火锅)的有竞争关系的公司,违反了其作为劳动者应对用人单位承担的忠诚义务,也违反了双方约定的竞业限制条款,应对此承担违约责任。而违约金具有"补偿和惩罚"的双重性质,其实质是以赔偿损失为主要功能,并不旨在严厉惩罚违约方,用人单位并未就其损失进行举证,故酌定劳动者应支付的违约金为5 000元。

样本案例三,法院认为,竞业限制经济补偿是用人单位在劳动合同或者保密协议中与劳动者约定,在解除或者终止劳动合同后、在竞业限制期限内,应当按月给予劳动者的经济补偿。《最高人民法院关于审理劳动争议案件适用法律若干问题的解释(四)》(法释〔2013〕4号,2013年2月1日起施行,已废止)第六条第一款规定:"当事人在劳动合同或者保密协议中约定了竞业限制,但未约定解除或者终止劳动合同后给予劳动者经济补偿,劳动者履行了竞业限制义务,要求用人单位按照劳动者在劳动合同解除或者终止前十二个月平均工资的30%按月支付经济补偿的,人民法院应予支持。"本案中,双方在《销售内勤总监管理合同》对竞业限制进行了约定,竞业限制期限为一年,但双方未约定竞业限制经济补偿的标准和方式。劳动者离开单位后一年内履行了竞业限制义务,故用人单位无论是按照约定还是依照法律规定,均应支付劳动者竞业限制经济补偿金。

(三)类案大数据报告

截至 2022 年 12 月 31 日,以"竞业限制""经济补偿""无效"为关键词,通过公开数据库共检索到类案 1 158 件,经逐案阅看、分析,与本规则关联度较高的案件共有 397 件,因其中存在同一案件的一审、二审、再审裁判,严格意义上应将其认定为一件案件(同时还有套案因素等,实质上争议的焦点问题是相同的),故剔除前述情形后,实际共有 353 件案件。整体情况如下:

从类案地域分布看,涉案数最多的地域是北京市,共 55 件;其次是广东省,共 50 件;再次是上海市,共 42 件。

从类案结案时间看,结案最多的年份是 2021 年,共有 56 件;其次为 2020 年,共有 50 件;再次为 2019 年,共有 44 件。

从案件经历的审理程序看,只经过一审程序的共计 92 件,经过一审、二审两审程序的共计 249 件,经过一审、二审及再审程序的共计 12 件。

四、类案裁判规则的解析确立

竞业限制制度设立的根本目的是保护用人单位的商业秘密不受侵害,是用人单位维护其商业利益的一种法律预防手段。竞业限制条款是根据用人单位和劳动者之间的约定,劳动合同解除或终止后,劳动者承担竞业限制义务;经济补偿金则是对竞业限制条款限制劳动者的劳动自由权、生存权的一种补偿。如果竞业限制条款未约定经济补偿,显然将导致劳动者的正当权益难以得到保护,有违公平原则。但如果因此认定未约定经济补偿的竞业限制条款对劳动者不发生效力,就意味着劳动者不受该条款的约束,有权利用其获得的商业秘密,这显然不符合设立竞业限制条款的立法本意,对于用人单位的生产和经营会产生极大的损害。此外,竞业限制的具体内容系当事人自行约定的结果,具有明显的合同特征与当事人意思自治的特点。鉴于劳动合同法关于竞业限制的规定系指导性规范,因此司法实践中,如果竞业限制协议不存在违反效力性规范的情形,应认为有效。故经综合衡量,从尊重当事人意思自治、保护劳动者及用人单位双方权益以及合同解释的规则和理论等角度来看,不宜认定未约定经济补偿或约定不明的竞业限制协议无效。

在认定竞业限制协议有效的情况下,如何应对经济补偿没有约定或者约定不明?如何保护劳动者权益?一是劳动者和用人单位双方可以就经济补偿的标准进行补充协商确定;二是如果协商不能达成一致的,根据司法解释规定,劳动者履行了竞业限制义务,可以要求用人单位按照劳动者在劳动合同解除或者终止前十二个月平均工资的30%按月支付经济补偿;且该补偿不得低于劳动合同履行地的最低工资标准。

竞业限制协议作为一种双务合同,劳动者的竞业限制义务与用人单位支付经济补偿的义务并无先后顺序之分,亦不以一项义务的履行为另一方履行义务的前提,即双方当事人具备同时履行之义务。劳动者不得以用人单位未支付经济补偿为由,拒绝履行竞业限制义务,亦不得以此为由拒绝承担违约责任。劳动者如未收到经济补偿,其可以提出解除的请求,在确认合同解除的情况下,劳动者才无须承担违约责任。即,违约责任的承担不以支付经济补偿为前提。因未约定经济补偿或者约定不明的竞业限制协议仍然被认定为有效,故此时如果劳动者违反了与公司约定的竞业限制义务,其仍应承担相应的违约责任。

五、关联法律法规

《最高人民法院关于审理劳动争议案件适用法律问题的解释(一)》(法释〔2020〕26号,2021年1月1日起施行)

第三十六条 当事人在劳动合同或者保密协议中约定了竞业限制,但未约定解除或者终止劳动合同后给予劳动者经济补偿,劳动者履行了竞业限制义务,要求用人单位按照劳动者在劳动合同解除或者终止前十二个月平均工资的30%按月支付经济补偿的,人民法院应予支持。

前款规定的月平均工资的30%低于劳动合同履行地最低工资标准的,按照劳动合同履行地最低工资标准支付。

竞业限制案件裁判规则

第 2 条

用人单位与劳动者约定竞业限制补偿金非按月给付（一次性给付、分阶段给付、按年给付等）的，该约定有效

一、聚焦司法案件裁判观点

■ **争议焦点**

用人单位与劳动者约定竞业限制补偿金非按月给付(一次性给付、分阶段给付、按年给付等)的,该约定是否有效?

■ **裁判观点**

用人单位与劳动者在劳动合同或保密协议中约定竞业限制条款,同时约定因履行竞业限制条款而给予劳动者的经济补偿是非按月给付的,该约定是当事人的真实意思表示,不违反法律和行政法规的强制性规定,应属有效约定。

二、司法案例样本对比

样本案例一
张某与某节能系统股份有限公司竞业限制纠纷案

• **当事人**

原告:张某

被告:某节能系统股份有限公司

• **基本案情**

2014年3月5日张某入职某节能系统股份有限公司。2014年3月6日某节能系统股份有限公司(甲方)与张某(乙方)签订了劳动合同及《员工竞业限制协议》,约定合同期限自2014年3月5日至2019年6月30日,张某从事国际贸易工作。《员工竞业限制协议》第一条第（二）款约定："甲方承诺从甲、乙双方解除（终止）劳动关系之日起，甲方应按《××省劳动合同管理条例》向乙方支付竞业限制经济补偿金。经济补偿金的月标准为乙方离职前一年的月平均工资的1/3。甲方在乙方离职时，先预付第一季度的竞业限制补偿费，从第二季度开始，甲方在乙方提供确切的就业单位（或未就业证明）及个人账户后，按季度向乙方支付竞业限制经济补偿金。"第三条约定："协议的权利义务终止。双方约定，出现下列情形之一时，本协议自行终止：1. 乙方所掌握的甲方重要商业秘密已经公开，且由于该公开导致乙方对甲方的竞争优势已无重要影响；2. 甲方不履行本协议第一条第（二）款的义务，拒绝向乙方支付竞业限制补偿费的；但是因乙方未能提供确切的就业单位（或未就业证明）及个人账户，使甲方无法向乙方支付竞业限制补偿费的；或者，被证实乙方提供了虚假证明材料的，本协议仍然有效。乙方应在离职后三个月内如实提供确切的就业单位（包括单位名、地址和联系方式等）或未就业证明及个人账户。"2019年4月30日张某辞职离开某节能系统股份有限公司，2019年5月14日某节能系统股份有限公司为张某办理了离职手续。2019年10月10日，张某函告某节能系统股份有限公司，其于2019年8月2日就职于浙江某太阳能科技有限公司，并将银行卡号告知了某节能系统股份有限公司，同时提供了其与新单位的劳动合同。但某节能系统股份有限公司未按约定支付张某竞业限制经济补偿金。2020年4月9日，张某遂就该劳动争议向某市劳动人事争议仲裁委员会申请仲裁，请求裁决某节能系统股份有限公司支付他2019年5月至2020年4月的竞业限制经济补偿91 000元。仲裁中张某变更仲裁请求为要求某节能系统股份有限公司支付2019年5月至2020年7月的竞业限制经济补偿113 749.5元。仲裁委员会于2020年7月24日作出裁决：自本裁决生效之日起十五日内被申请人一次性支付申请人竞业限制经济补偿金22 332.9元。审理中，原、被告双方一致同意按每月7 444.3元标准计算竞业限制经济补偿金。

- **案件争点**

1. 张某与某节能系统股份有限公司之间的竞业限制协议何时终止？
2. 某节能系统股份有限公司应否支付张某竞业限制补偿金及应支付的具体金额数目？
3. 竞业限制补偿金是否可以按季度支付？

- **裁判要旨**

仲裁庭认为，根据《最高人民法院关于审理劳动争议案件适用法律若干问题的解释（四）》（法释〔2013〕4号，已废止）第九条规定："在竞业限制期限内，用人单位请求解除竞业限制协议时，人民法院应予支持。在解除竞业限制协议时，劳动者请求用人单位额外支付劳动者三个月的竞业限制经济补偿的，人民法院应予支持。"本案中，根据双方签订的《员工竞业限制协议》的约定，甲方（某节能系统股份有限公司）承诺从甲、乙（张某）双方解除（终止）劳动关系之日起，按《××省劳动合同管理条例》向乙方支付竞业限制经济补偿金。甲方在乙方离职时，先预付第一季度的竞业限制经济补偿金，从第二季度开始，甲方在乙方提供确切的就业单位（或未就业证明）及个人账户后，按季度向乙方支付竞业限制经济补偿金。该协议还约定，甲方不履行协议的上述义务，拒绝向乙方支付竞业限制经济补偿金的，本协议自行终止。该协议系双方真实意思表示，未违反相关法律法规的规定，应认定其合法有效。张某离职时某节能系统股份有限公司未预付其第一季度的竞业限制补偿金，可见某节能系统股份有限公司以实际行为作出了终止竞业限制协议的决定，双方的竞业限制协议应于张某离职时终止，某节能系统股份有限公司应额外支付张某三个月的竞业限制经济补偿金22 332.9元（7 444.3元×3个月），对张某的其他诉讼请求仲裁庭不予支持。

样本案例二
北京某文化发展有限公司与金某某劳动争议案

- **当事人**

  上诉人（原审被告、原告）：北京某文化发展有限公司

  法定代表人：葛某某（董事长）

  被上诉人（原审原告、被告）：金某某

- **基本案情**

  金某某于2014年3月24日入职北京某文化发展有限公司，双方签订期限自2014年3月24日至2015年3月23日的《劳动合同书》，约定金某某担任设计。2015年3月24日，双方签订期限自2015年3月24日至2018年3月23日的《劳动合同书》，约定金某某担任客服。北京某文化发展有限公司主张金某某2015年担任总经理助理，2016年6月开始担任副总经理。金某某不认可，主张其仅担任过设计、客服岗位。2017年11月7日，双方协商解除劳动关系并签

订：1.《竞业限制协议》，载："鉴于：1. 员工在公司工作期间能够接触、掌握公司及其关联公司的商业秘密；2. 员工理解并确认，员工离职后从事与公司有竞争业务的工作，将会严重损害公司及其关联公司的经济利益或使公司及其关联公司处于非常不利的竞争地位……1.1 竞业限制期限为员工与公司任何一方与对方终止或解除劳动合同（不论终止或解除理由，亦不论终止或解除是否有理由）之日起24个月内，员工不得自营或为他人经营与公司有竞争的业务……2.1 竞业限制补偿金为人民币200 000元，公司于2017年11月28日前一次性支付……3.2 负有竞业限制义务的员工如违反本协议，应当一次性向公司支付违约金，违约金为本协议第3.2条约定的竞业限制补偿金总额的三倍……"2.《解除劳动关系协议书》，载："一、乙方（金某某）自2014年3月24日起在甲方（北京某文化发展有限公司）工作并签订了劳动合同。现甲乙双方协商一致同意于2017年11月3日解除双方之间的劳动合同。二、乙方于2017年11月3日离开甲方工作岗位。三、2017年11月28日，甲方向乙方支付所有款项（包含但不限于股权、应发绩效、辞退补偿金、竞业限制补偿金、年终奖等）共计人民币626 857.09元，具体如下：3.1 股金人民币50 000元；3.2 应发绩效人民币20 950元；3.3 辞退补偿金人民币255 907.09元；3.4 2017年度年终奖人民币100 000元；3.5 竞业限制期（2017年11月4日至2019年11月3日）内补偿金人民币200 000元……"金某某认可收到北京某文化发展有限公司支付的竞业限制补偿金。

北京某文化发展有限公司主张金某某在竞业限制期内违反竞业限制义务，入职某实公司并担任总经理。关于某实公司，北京某文化发展有限公司主张：1. 该公司成立于2018年2月2日，经营范围与北京某文化发展有限公司的经营范围基本一致，石某某任公司经理、执行董事一职、张某某任监事；2. 某实公司的法定代表人石某某系北京某文化发展有限公司原副总经理敬某某的妻子，敬某某在北京某文化发展有限公司就职时间为2012年6月7日至2018年2月2日；3. 某实公司的高管张某某系北京某文化发展有限公司原销售经理的近亲属。金某某认可某实公司由其前同事敬某某实际经营，该公司法定代表人为敬某某的妻子。北京某文化发展有限公司主张其公司的经营范围为礼品团购、员工福利产品的销售，客户群体为银行等企事业单位。金某某认可北京某文化发展有限公司的经营范围，并主张某实公司的业务主要为给员工发福利，给企业开年会提供场地、布置会展等，并主张两公司面对不同的客户群。

为证明金某某违反竞业限制义务，北京某文化发展有限公司提交了北京某公证处出具的三份公证书，该三份公证书的主要内容为：北京某文化发展有限公司的委托代理人通过微信联系金某某订购某实公司的产品，并由金某某亲自送货至指定地点的过程。在双方的微信沟通中，金某某向北京某文化发展有限公司的委托代理人发送了其在某实公司的名片，显示其为某实公司总经理。北京某文化发展有限公司委托北京市某公证处就上述过程进行了全程公证。金某某认可公证书的真实性，认可公证书所载微信聊天记录的真实性以及送货人为其本人。金某某主张其与某实公司于2018年5月建立合作关系，某实公司将设计包给金某某，并提交：1.《商务合作协议书》，签订日期为2018年5月4日，甲方为某实公司，乙方为金某某，载："一、合作期限：本协议有效期为三年。自2018年5月4日起到2021年5月3日止。二、合作内容：甲方权利义务：1. 向乙方推荐合适的设计项目。2. 协助乙方完成设计项目。乙方权利义务：1. 完成甲方推荐的设计项目。2. 协助甲方完成设计项目。三、合作条件：1. 甲方向乙方推荐的设计项目，乙方完成并得到甲方认可，即视为合作成功。2. 甲方在合作协议期间给予乙方缴纳社会保险及每月4 000元合作报酬……"2. 北京市社会保险个人权益记录，显示北京某文化发展有限公司为金某某缴纳2014年10月至2018年4月的社会保险费，某实公司为金某某缴纳2018年5月至2020年10月的社会保险费。北京某文化发展有限公司不认可《商务合作协议书》的真实性，认可北京市社会保险个人权益记录的真实性。

北京某文化发展有限公司向××仲裁委申请仲裁。2020年6月16日，××仲裁委作出裁决书，裁决：1. 金某某返还北京某文化发展有限公司竞业限制补偿金175 000元；2. 金某某支付北京某文化发展有限公司违反竞业限制赔偿金200 000元；3. 驳回北京某文化发展有限公司的其他仲裁请求。双方均不服，起诉至一审法院。

• **案件争点**

1. 金某某应当返还竞业限制补偿金的数额是多少？
2. 金某某应当支付违约金的数额是多少？
3. 竞业限制补偿金是否可以一次性支付？

• **裁判要旨**

二审法院认为，北京某文化发展有限公司与金某某签订的《竞业限制协议》及《解除劳动关系协议书》合法有效，双方均应遵守。因金某某在与北京某文化发展有限公司存在竞争关系的某实公司参与经营，且名片显示其为某实公司总经理，故金某某违反了《竞业限制协议》，北京某文化发展有限公司有权要求其返还竞业限制补偿金并支付违约金。北京某文化发展有限公司上诉主张金某某离职后便筹备成立某实公司，某实公司之所以自2018年5月才为金某某缴纳社保系《解除劳动关系协议书》约定北京某文化发展有限公司为金某某延期上社保及公积金至2018年4月30日。但北京某文化发展有限公司并未提交证据证明金某某在2018年5月之前便违反了竞业限制义务，为某实公司工作，故二审法院对其此项上诉意见不予采信。一审法院将某实公司实际为金某某缴纳社会保险费之日视为金某某违反协议约定之日并无不当，二审法院予以确认。

因北京某文化发展有限公司未提交充足的证据证明金某某给其公司造成的实际损失及金某某的工资标准，故结合双方约定的竞业限制补偿金标准、金某某在北京某文化发展有限公司任职期间的职务、工作时间，《解除劳动关系协议书》约定的应发绩效、辞退补偿金数额，一审法院酌情确定金某某应向北京某文化发展有限公司支付违反竞业限制违约金400 000元数额合理，二审法院予以确认。

样本案例三

某工贸有限公司与李某某劳动争议案

• **当事人**

上诉人（原审被告）：某工贸有限公司

被上诉人（原审原告）：李某某

• **基本案情**

李某某于2015年7月15日入职某工贸有限公司，从事员工岗位一职。当日，李某某与公司签订《职守协议书》《保密协议》以及《竞业限制协议书》。《职守协议书》约定，乙方（李某某）在甲方（公司）任职期间应恪守职业操守，离职后应保守甲方商业秘密；乙方解除或者终止劳动合同后，竞业限制期限参照劳动法规条例由双方协商而定。《保密协议》约定，乙方在离职后仍对其在甲方任职期间接触、知悉的属于甲方或者虽属于第三方但甲方承诺有保密义务的技术秘密和其他商业秘密，承担如同任职期间一样的保密义务和不使用有关秘密信息的义务，无论乙方因何种原因离职；乙方因××原因离职，应提前向甲方提出，甲方在此期间将采取脱密措施，包括对需保密资料的封存和需保密岗位的变换；乙方如违反本合同条款，应当一次性向甲方支付其年收入20%的违约金额；乙方的违约行为给甲方造成损失的，应当承担赔偿损失责任，违约金不能代替赔偿损失，但可以从损失额中抵扣；甲方公司规章制度、双方签订的《保密协议》均是甲乙双方签订的《劳动合同》的一部分，附劳动合同生效等内容。《竞业限制协议书》约定：竞业限制期限为乙方（李某某）离职后2年；从乙方离职后开始计算竞业限制期起，甲方（公司）按照竞业限制期限向乙方支付一定数额的竞业限制补偿金。竞业限制补偿金的标准为离职前月度平均工资的三倍金额。补偿费从离职次月一次性发放，通过银行支付至乙方；竞业限制期满，甲方即停止支付补偿金；甲方违反劳动纪律、法律法规或劳动合同约定，给乙方造成损害的，应承担赔偿责任；乙方违反合同约定的保密义务、竞业限制义务，给甲方造成经济损失的，应当依法承担赔偿责任。2015年7月16日，李某某与某工贸有限公司双方签订了《劳动合同》，约定：合同期限为1年，自2015年7月15日起至2016年7月14日止，其中包括试用期1个月；实行计时工资制，试用期工资1 320元；试用期满后月工资1 320元，上述劳动报酬确定后，甲方（公司）可根据乙方（李某某）的技术水平、熟练程度的提高、贡献的大小以及生产经营的变化适时调整工资水平；双方在合同期内应按照法律、法规的有关规定，参加社会保险，缴纳社会保险费用。

2016年1月22日，李某某作为申请人，以某工贸有限公司为被申请人向××劳仲委申请劳动仲裁，请求裁决：1. 撤销李某某出具给某工贸有限公司的自愿辞职书、自愿退回薪资人民币100 000元和赔偿200 000元的声明；2. 撤销李某某于2016年1月20日晚上签订的《竞业限制协议书》；3. 李某某与某工贸有限公司签订的《劳动合同》于2016年1月21日解除；4. 责令某工贸有限公司支付给李某某2015年7月和8月的社保费合计714.5元；5. 责令某工贸有限公司支付李某某加班工资5 700元；6. 某工贸有限公司支付给李某某2015年7月15日至2015年12月31日被扣押的工资5 500元和被扣押的工资100%的赔偿金5 500元；7. 某工贸有限公司补偿李某某竞业禁止工资28 500元（工资9 500/月×3个月）；8. 某工贸有限公司支付李某某2016年1月1日至20日的工资共计5 383.33元；9. 某工贸有限公司支付李某某垫付的采购费用431元。

××仲裁委于2016年3月21日作出裁决书，裁决：1. 李某某与某工贸有限公司签订的《劳动合同》于2016年3月2日解除；2. 本裁决生效之日起十日内，某工贸有限公司一次性支付给李某某2015年7月15日至2015年12月31日被扣押的工资5 500元，2015年7月至8月期间每周六加班8小时及2016年1月10日、2016年1月16日、2016年1月17日每天加班8小时的加班工资620.69元、2016年1月1日至2016年1月20日的工资5 383.33元，以上款项合计11 504.02元；3. 本裁决生效之日起十日内，双方当事人应依法向社会保险费征收机构缴纳劳动关系存续期间的社会保险费；4. 依法驳回李某某的其他申请请求。李某某因不服仲裁裁决，于2016年4月11日诉至一审法院。

案件审理过程中，李某某向一审法院提交《某市地方税务局社会保险参保缴费情况证明》显示，2015年7月、8月，李某某的社会保险费用由某科技有限公司缴交，2015年9月至2016年1月，李某某的社会保险费用由某工贸有限公司缴交。

本案审理过程中，李某某向一审法院提交《存款历史交易明细清单》显示，李某某的工资发放情况如下：2015年8月17日实发工资为4 685.56元；2015年9月15日实发工资为8 055元；2015年10月15日实发工资为6 817.07元；2015年11月16日实发工资为7 990.42元；2015年12月15日实发工资为7 691.75元；2016年1月15日实发工资为7 990.420元；《某工贸有限公司的员工履历表》在"面试评语"部分载明申请人李某某"试用1个月，9 200元（转正后月薪不变），每月押1 000元，6个月后返还"。

李某某在某工贸有限公司处工作至2016年1月20日，某工贸有限公司向李某某发放工资日期截止至2015年12月，未发放李某某2016年1月1日至2016年1月20日的工资。李某某2016年2月16日就职于某电力科技有限公司，从事电力产品研发。

- **案件争点**

1. 李某某主张某工贸有限公司支付竞业限制补偿金是否成立？
2. 竞业限制补偿金是否可以一次性发放？

- **裁判要旨**

法院一审认为：李某某与某工贸有限公司签订的《竞业限制协议书》意思表示真实、内容合法，为有效合同，该合同对双方当事人均有法律约束力，都应当依约履行合同约定的义务。《竞业限制协议书》中竞业限制补偿金的数额以及发放时间有明确约定，双方都应当受该协议的约束。李某某后就职于某电力有限公司，某工贸有限公司确认该公司与其的经营范围没有冲突，因此李某某至今仍遵守协议义务，其要求某工贸有限公司支付竞业禁止赔偿金的要求本院予以支持。按照协议约定，竞业限制补偿金的标准是离职前月度平均工资的三倍金额，应由某工贸有限公司在李某某离职次月一次性发放。李某某2015年8月17日实发工资为4 685.56元；2015年9月15日实发工资为8 055元；2015年10月15日实发工资为6 817.07元；2015年11月16日实发工资为7 990.42元；

2015年12月15日实发工资为7 691.75元；2016年1月15日实发工资为7 990.42元；李某某离职前5个月的平均工资为7 708.9元。某工贸有限公司应按协议约定一次性发放2年的竞业限制期的补偿金23 126.8（7 708.9×3）元，现李某某主张某工贸有限公司按照《竞业限制协议书》支付竞业限制补偿金28 500元，超过协议约定补偿的数额，予以部分支持。

二审法院认为：双方当事人签订的《竞业限制协议书》约定，竞业限制期限为李某某离职后2年，从离职后开始计算竞业限制期限，某工贸有限公司应向李某某支付竞业限制补偿金。因双方劳动合同已解除，李某某已离职，且现没有证据表明李某某存在违反竞业限制约定的情形，故李某某要求某工贸有限公司依约支付相应竞业禁止补偿费符合合同约定。厦门某工贸有限公司称其有单方解除权，在本案一审审理中多次提出解除竞业限制协议，如解除劳动合同则相应解除竞业协议，一审既然判决解除双方劳动合同，则应支持厦门某工贸有限公司解除竞业协议，厦门某工贸有限公司无须支付竞业限制补偿金。二审法院认为，《最高人民法院关于审理劳动争议案件适用法律若干问题的解释（四）》（法释〔2013〕4号，已废止）第九条规定："在竞业限制期限内，用人单位请求解除竞业限制协议时，人民法院应予支持。在解除竞业限制协议时，劳动者请求用人单位额外支付劳动者三个月的竞业限制经济补偿的，人民法院应予支持。"用人单位在竞业限制期限内有权解除竞业限制协议，但本案系李某某提起仲裁请求，仲裁及诉讼过程中，某工贸有限公司未提出反请求，也未明确提出解除竞业限制协议的诉讼请求，相反，其在本案二审中仍主张双方劳动合同并未解除，并要求继续履行劳动合同。因此，某工贸有限公司拒绝支付李某某竞业限制补偿金的抗辩缺乏事实和法律依据，不能成立。

三、司法案例类案甄别

（一）事实对比

样本案例一，2014年3月5日劳动者入职用人单位。2014年3月6日双方签订了劳动合同及《员工竞业限制协议》，约定用人单位在劳动者离职时，先预付第一季度的竞业限制补偿费；从第二季度开始，在劳动者提供确切的就业单位（或未就业证明）及个人账户后，按季度向劳动者支付竞业限制经济补偿金。该协议还约定，用人单位不履行协议上述义务，拒绝向劳动者支付竞业限制补偿费的，协议自行终止。2019 年 4 月 30 日劳动者辞职，后用人单位未按约向劳动者支付竞业限制补偿金，劳动者因此申请了劳动仲裁。

样本案例二，2014 年 3 月 24 日劳动者入职用人单位，2017 年 11 月 7 日，双方协商解除劳动关系并签订《竞业限制协议》，约定竞业限制补偿金为 20 万元，公司于 2017 年 11 月 28 日前一次性支付，如违反本协议，应当向公司支付违约金，违约金为竞业限制补偿金总额的三倍。后用人单位主张劳动者在竞业限制期内违反竞业限制义务，遂起诉要求劳动者返还已领取的竞业限制补偿金并支付违约金。

样本案例三，2015 年 7 月 15 日劳动者入职用人单位，当日，劳动者与用人单位签订《职守协议书》《保密协议》以及《竞业限制协议书》。协议约定竞业禁止补偿费的标准为离职前月度平均工资的三倍，从离职次月一次性发放。2016 年 1 月 22 日，李某某向劳动仲裁委申请仲裁，请求用人单位支付竞业限制补偿金。

上述案例一是约定按季度支付竞业限制补偿金，案例二与案例三均是约定在离职后一定时间内一次性发放，该约定均是双方当事人真实意思的表示，不违反法律和行政法规的强制性规定，应属有效约定。

（二）适用法律对比

样本案例一，仲裁庭认为，根据《最高人民法院关于审理劳动争议案件适用法律若干问题的解释（四）》（法释〔2013〕4 号，已废止）第九条规定："在竞业限制期限内，用人单位请求解除竞业限制协议时，人民法院应予支持。在解除竞业限制协议时，劳动者请求用人单位额外支付劳动者三个月的竞业限制经济补偿的，人民法院应予支持。"本案中，根据双方签订的《员工竞业限制协议》的约定，用人单位承诺从双方解除（终止）劳动关系之日起向乙方支付竞业限制经济补偿金。在离职时，先预付第一季度的竞业限制补偿费，从第二季度开始，在劳动者提供确切的就业单位（或未就业证明）及个人账户后，按季度支付竞业限制经济补偿金。该协议还约定，如用人单位不履行协议上述义务，拒绝向劳动者支付竞业限制补偿费，本协议自行终止。该协议系双方真实意思表示，未违反相关法律法规的规定，本院认定其合法有效。劳动者离职时用人单位未预付其第一季度的竞业限制补偿金，可见用人单位以实际行为作出了终止竞业限制协议的决定，双方的竞业限制协议应于劳动者离职时终止，用人单位应额外支付劳动者三个月的竞业限制经济补偿。

样本案例二，法院认为，用人单位与劳动者签订的《竞业限制协议》及《解除劳动关系协议书》合法有效，双方均应遵守。因劳动者在与用人单位存在竞争关系的另外一家公司参与经营，且名片显示其为另一公司总经理，故劳动者违反了《竞业限制协议》，用人单位有权要求其返还竞业限制补偿金并支付违约金。

样本案例三，法院认为，双方当事人签订的《竞业限制协议书》约定，竞业限制期限为劳动者离职后 2 年，从离职后开始计算竞业限制期限，用人单位应向劳动者支付竞业限制补偿金。因双方劳动合同已解除，劳动者已离职，且没有证据表明劳动者存在违反竞业限制约定的情形，故劳动者要求用人单位依约支付相应竞业限制补偿金符合合同约定。

（三）类案大数据报告

截至 2022 年 12 月 31 日，以"竞业限制""经济补偿""按月给付"为关键词，通过公开数据库共检索到类案 538 件，经逐案阅看、分析，与本规则关联度较高的案件共有 197 件，因其中存在同一案件的一审、二审、再审裁判，严格意义上应将其认定为一件案件（还有套案等因素，实质上争议的焦点问题是相同的），故剔除前述情形后，实际共有 150 件案件。整体情况如下：

从类案地域分布看，涉案数最多的地域是江苏省，共 24 件；其次是北京市和广东省，均为 18 件；再次是上海市和山东省，均为 15 件。

从类案结案时间看，结案最多的年份是 2020 年，共有 28 件；其次为 2021 年，共有 25 件；再次为 2019 年，共有 20 件。

从案件经历的审理程序看，只经过一审程序的共计 49 件，经过一审、二审程序的共计 98 件，经过一审、二审及再审程序的共计 3 件。

四、类案裁判规则的解析确立

用人单位与劳动者关于竞业限制补偿金非按月支付的约定不违反《中华人民共和国劳动合同法》（2012 年修正）第二十三条的规定。该条第二款规定"对负有保密义务的劳动者，用人单位可以在劳动合同或者保密协议中与劳动者约定竞业限制条款，并约定在解除或者终止劳动合同后，在竞业限制期限内按月给予劳动者经济补偿。"首先，从条文本义来看，在该条款中，对约定竞业限制条款用的是"可以"，对支付竞业限制经济补偿支付的时间，也并不是表述为

"应当"，即没有强制要求用人单位必须按月支付竞业限制经济补偿金给劳动者。因此该条规定并非法律强制性规定，而系倡导性的规定。法律之所以作出这样的倡导，是因竞业限制补偿金的本质不是工资，而是由于竞业限制制度制约了劳动者的择业自由权而给予劳动者的补偿。其次，从条文文义来看，法律条文一般不会赋予多种解读和矛盾的含义，既然条文用的是"可以"，因此从维护法律概念的统一性和法律体系的协调性出发，立法者是没有要求用人单位必须按月支付竞业限制补偿金的用意的。

用人单位与劳动者关于竞业限制补偿金非按月支付的约定不适用《最高人民法院关于审理劳动争议案件适用法律问题的解释（一）》（法释〔2020〕26号，2021年1月1日起施行）第三十六条的规定。该条针对的是"未约定解除或者终止劳动合同后给予劳动者经济补偿，劳动者履行了竞业限制义务"的情形，即在这种情形下若劳动者要求用人单位支付经济补偿，应当按月支付。而当劳动者与用人单位签订了《竞业限制协议》，且明确了用人单位要给予劳动者经济补偿、补偿的具体数额、支付的具体时间后，支付经济补偿的时间就应当从约定，而不是必须按月支付。这正如法谚"依法成立之契约，于当事人之间犹如法律"之精神，即针对竞业限制补偿金的支付时间，有约定应当从约定，没有约定的情况下，才可以适用该解释第三十六条予以救济，从而完善了劳动者的救济途径，保障了劳动者的合法权益。

用人单位与劳动者关于竞业限制补偿金非按月支付的约定与《最高人民法院关于审理劳动争议案件适用法律问题的解释（一）》（法释〔2020〕26号，2021年1月1日起施行）第三十八条的规定不冲突。该条规定："当事人在劳动合同或者保密协议中约定了竞业限制和经济补偿，劳动合同解除或者终止后，因用人单位的原因导致三个月未支付经济补偿，劳动者请求解除竞业限制约定的，人民法院应予支持。"从该条规定本义来理解，是指在用人单位未及时按约支付竞业限制补偿金，劳动者请求解除竞业限制的期限应在用人单位应当支付竞业限制补偿金的最后一天起经三个月后才能行使。这是对劳动者因用人单位不按期支付竞业限制补偿金而行使竞业限制协议解除权的规定。即，由于用人单位没有按时支付竞业限制补偿金，那么经过三个月后，劳动者是可以选择跳出竞业限制的约束，从而重新获得择业自主权的。本案中该规定对双方当事人仍然有效，即若用人单位约定每3个月支付一次补偿金的，在第三个月的最后一天未支付竞业限制补偿金，在又经过三个月后，劳动者便可以行使竞业限制的解除权。然而，双方约定中的"每三个月"与该法条规定的"三个月"并不是同一性质，不能从法条中当然推导出竞业限制补偿金支付的时间只能小于三个月，更不能推导出竞业限制补偿金只能按月支付。

若劳动者认为支付竞业限制补偿金的支付时间过长，可以申请予以变更或撤销。关于竞业限制协议的订立，由于用人单位往往处于较为优势的地位从而占据主动权，可在竞业限制协议的磋商中尽力压缩劳动者竞业限制补偿金的利益空间。常见的情况有：用人单位与劳动者签订协议约定"在职期间发放竞业限制补偿金""解除劳动合同关系时一次性发放竞业限制补偿金""竞业限制期结束后一次性发放竞业限制补偿金"等。笔者认为，这三种约定都应当是有效的，但结合具体情况劳动者可依据"订立合同时显失公平"为由申请变更或撤销：1. 若在职期间发放的竞业补偿金明显过低，低于月工资的30%；2. 劳动者的工资报酬与竞业限制补偿金不能明显区分；3. 竞业限制补偿金除竞业限制的条件外，其发放还附加了其他条件；4. 这三种情况中，约定合理与公平的证明责任应当由用人单位来承担。若用人单位每三个月支付劳动者一次竞业限制补偿金，但每三个月约定的用人单位支付的竞业补偿金数额较高，能够充分保障劳动者的生活，是可以的。若劳动者认为约定的支付时间过长，可以依法提出变更或撤销，以维护自己的合法权益。

五、关联法律法规

（一）《中华人民共和国劳动合同法》（2012年修正）

第二十三条　对负有保密义务的劳动者，用人单位可以在劳动合同或者保密协议中与劳动者约定竞业限制条款，并约定在解除或者终止劳动合同后，在竞业限制期限内按月给予劳动者经济补偿。

（二）《最高人民法院关于审理劳动争议案件适用法律问题的解释（一）》（法释〔2020〕26号，2021年1月1日起施行）

第三十六条　当事人在劳动合同或者保密协议中约定了竞业限制，但未约定解除或者终止劳动合同后给予劳动者经济补偿，劳动者履行了竞业限制义务，要求用人单位按照劳动者在劳动合同解除或者终止前十二个月平均工资的30%按月支付经济补偿的，人民法院应予支持。前款规定的月平均工资的30%低于劳动合同履行地最低工资标准的，按照劳动合同履行地最低工资标准支付。

（三）《最高人民法院关于审理劳动争议案件适用法律问题的解释（一）》（法释[2020]26号，2021年1月1日起施行）

第三十八条　当事人在劳动合同或者保密协议中约定了竞业限制和经济补偿，劳动合同解除或者终止后，因用人单位的原因导致三个月未支付经济补偿，劳动者请求解除竞业限制约定的，人民法院应予支持。

竞业限制案件裁判规则

第3条

单位逾期3个月以上未支付竞业限制补偿金的，竞业限制协议并不自动失效

一、聚焦司法案件裁判观点

■ 争议焦点

单位逾期 3 个月以上未支付竞业限制补偿金的,竞业限制协议是否自动失效?

■ 裁判观点

用人单位与劳动者约定了竞业限制,并约定了竞业限制补偿金的给付方式和给付期限,但单位逾期 3 个月以上未支付竞业限制补偿金,劳动者有权向单位提出解除竞业限制协议。在劳动者提出解除竞业限制协议前,该竞业限制协议并不自动失效;如劳动者未向单位提出解除竞业限制协议,且遵守了竞业限制义务,其有权要求单位继续按约定支付相应的竞业限制补偿金。

二、司法案例样本对比

样本案例一

某某复材构件有限公司诉纪某竞业限制纠纷案

• 当事人

上诉人(原审原告):某某复材构件有限公司
被上诉人(原审被告):纪某

• 基本案情

原告系于 2007 年 3 月 15 日由某国 T 公司独资设立的有限责任公司,原企业名称为"某某聚能复合件有限公司"。2007年经工商核准变更登记,企业名称变更为"某某复材构件有限公司";经营范围及方式为无机非金属材料及相关产品的开发、生产、销售公司自产产品并提供售后服务(依法须经批准的项目,经相关部门批准后方可开展经营活动)。

员工手册保密项目中载明:"在T公司的业务中产生和接收的保密信息对T公司业务、发展前景和竞争能力至关重要。保密信息包括所有可能被竞争对手使用的,或经披露可对本公司产生不利后果的非公开信息。为本准则规定之意图,T公司人员应当将所有与本公司有关且未以新闻发布或公司网站公开形式披露的信息视为保密信息。T公司人员不得披露或散发T公司保密信息,但该披露行为获得T公司授权、为有关法律和规章制度所要求,或为执行有关法律程序所必需的除外。T公司人员仅可为达成本公司的合法目的而使用保密信息。在劳动合同终止或因其他原因而不再为T公司服务时,T公司人员应将T公司保密信息和/或其掌握的其他专有信息交还T公司。"

2009年2月26日,原告向被告发送"招聘书"确认聘用被告为原告处总经理。"招聘书"载明:"上任第一天之前需要做的:签署这份招聘书,竞业禁止协议和保密协议。注意事项:这封信里只是列出大致信息,如果你对招聘书中列出的信息有任何疑问或者是对所列的任何信息需要详细阐述,请告诉我们。这份招聘书视您签署T公司竞业禁止协议和保密协议的情况而定。"

同年2月27日,被告签署竞业限制相关协议,载明:"我现在或是将要被T公司集团雇佣(以下简称"T公司")受此雇佣,我会投入到与T公司经营相联系的工作,包括为T公司设计、发展和修理产品。基于此合同成立时以及接下来我的受雇期限内对我提供的服务的补偿,我在此同意:1.不要求T公司的任何补偿。在我的就职期间内以及就职结束之后的一年内,有任何独立或者同别人一起的设计、发明或是改良,若是与T公司的经营相关,或是来自于此,或是有为T公司做的任何工作相关的,我都会立马公开并将此转让给公司。2.在T公司就职期间的所有由我制造、发现或是获取的发明、发现、改进以及任何技术数据、商业秘密、信息,不论是专利还是非专利,都将一直是T公司的财产。不论是在任职期间还是离职以后,没有T公司的授权,我都不会使用与T公司的产品、生产程序、方法、设备和商业实践相联系的任何信息、商业秘密、技术数据,或是将上述信息泄露给除T公司主管之外的任何人。3.我会尽一切努力使本协议有效,并且一旦不再在T公司供职,在没有T公司同意的情况下,我不会带走任何T公司的图纸、蓝本、复件、副本、记录、录音或其他与T公司经营相关的或是在我控制之下的材料。4.虽然这份协议并没有限制我在结束T公司的任期之后供职于T公司的竞争对手,我特此同意在结束

T公司任职之后的一年之内,我不会以个人身份获取或试图将竞争产品卖给任何在上述终止期内是T公司顾客的个人、公司。"

2009年4月28日,被告进入原告处工作,担任总经理一职,双方签订了劳动合同并参加了社会保险。劳动合同期限自2009年4月20日起至2019年4月20日止。原告承诺每月30日为发薪日。经双方协商,被告的工资报酬按照原告依法制定的规章制度中的内部工资分配办法确定,根据被告的工作岗位,确定其每月工资为94 154元。

2013年5月3日,W先生向被告发出嘉奖信邮件,邮件载明:"纪某您好,很高兴我将在此对您的薪酬待遇作出调整,并已于2013年4月1日起正式生效。1. 头衔:亚洲/欧洲业务副总裁。2. 您每个月的基本工资将上调至125 500元人民币。3. 按中国惯例规定,您将有权享受该比例基本工资长达13个月。4. 您2013年标准年度奖金为年薪的30%,其中年薪包括您的基本工资、住房津贴以及第13个月的奖金:在2013年里,您年薪的30%将基于您在某某复材构件有限公司的整体公司业绩,30%基于您在某某土耳其分公司的业绩,另外40%是基于您在某某中国分公司的业绩。自2014年起,您年薪的30%将基于您在某某复材构件有限公司的整体公司业绩,35%基于您在某某土耳其分公司的业绩,另外35%是基于您在某某中国分公司的业绩。"

2015年4月30日,W先生向被告再次发出嘉奖信邮件,邮件载明:"纪某您好,很高兴我将在此对您的薪酬待遇作出调整,并已于2015年4月1日起正式生效。1. 头衔:亚洲业务高级副总裁。2. 您每个月的基本工资将上调至145 895元人民币。3. 按中国惯例规定,您将有权享受该比例基本工资长达13个月。4. 您2014年标准年度奖金为年薪的30%,其中年薪包括您的基本工资、住房津贴以及第13个月的奖金,您也有机会在2015年5月15日前,通过努力达到以下延伸目标,从而获得四种10%额外津贴。5. 您的住房津贴将保持在46 836元人民币/月。感谢一直以来您为我们中国的业务所作出的一切贡献。"

2015年8月4日,原告某某复材构件有限公司("甲方")与被告纪某("乙方")签订《合同》一份,载明:"1. 合同期限:1.1 本合同为固定期限劳动合同,自2015年8月4日("起始日")开始,至(1)2017年12月31日(2)双方共同另行确定的合同终止日或(3)按照本合同第6条终止或解除之日正式终止,三者以先到者为准。2. 工作职责:2.1 按照本合同附件一规定的甲方组织架构调整条款,自本合同起始日起至2015年12月31日止,乙方将继续担任亚洲运营资深副总裁及总经理职位,并应将全部工作时间和精力致力于履行其工作职责,但是其具体职责和权限将按照本合同附件一的相关约定予以调整和执行。双方一致同意,乙方与甲方的劳动关系将于2015年12月31日解除，并且其所担任的亚洲运营资深副总裁及总经理职务也将于 2015 年 12 月 31 日被免除。在剩余的合同期限内，乙方将转为担任亚洲首席执行官资深顾问，其具体职责届时将由亚洲首席执行官另行确定。2.2 乙方同意其自 2015 年 7 月 21 日起不再担任某某电叶片有限公司的法定代表人和执行董事的职务。此外，乙方同意将甲方公章和法定代表人印章（银行印鉴）、甲方和某某电叶片有限公司的银行钥匙以及甲方和某某电叶片有限公司其他所有印章全部移交给甲方的授权代表 W 先生或甲方在本合同签署日或签署之前指定的其他授权代表。自 2015 年 8 月 4 日起，甲方确认其已为自起始日起恢复乙方的总经理职务采取了一切必要措施。2.3 乙方应服从甲方的指挥和管理，严格遵守甲方依法制定的规章制度（参见本合同第 5.1 条定义）及现行法律的规定。如果乙方违反该规章制度，甲方有权按照规章制度的规定对乙方予以适当纪律处分。2.4 在本合同的期限内，或在 2017 年 12 月 31 日前（如本合同在 2017 年 12 月 31 日前因任何原因解除的），除非事先获得甲方的书面同意，乙方不得直接或间接地，无论是以自行从事还是与任何第三方合作或是为任何第三方提供服务的形式，从事任何与甲方及其子公司、关联公司业务相同、相似或与甲方及其子公司、关联公司业务竞争的业务活动；同时乙方未经甲方事先书面允许也不得在任何其他公司或其他业务主体担任任何职务或从事任何工作……2.7 自（1）2016 年 1 月 1 日或（2）本合同终止之日（若本合同在 2016 年 1 月 1 日前终止的），两者以先到者为准，至 2017 年 12 月 31 日，甲方将按照本合同附件一的约定，按月支付乙方竞业限制义务补偿。2.8 本合同第 2.4、第 2.5 条及第 7 条在本合同解除或终止后仍然有效……4. 薪酬：4.1 在 2015 年 12 月 31 日以前（除非按照本合同相关条款本合同在此日期前被解除），乙方现有的薪酬，包括其 2015 年薪酬总结所详列的基本工资、奖金机会以及个别费用津贴均保持不变。乙方 2015 年的奖金将根据本合同附件二约定的 T 公司中国的税息折旧及摊销前利润预期目标的达成情况以及 T 公司中国管理团队的留任情况予以计发。中国员工所获得的全部奖金以及与 T 公司中国业务有关的或可归属于 T 公司中国业务的法律、咨询及其他费用均将视作计算 T 公司中国税息折旧及摊销前利润所支出的费用……4.4 自 2016 年 1 月 1 日起的本合同剩余有效期内（除非按照本合同相关条款本合同在此日期前被解除），甲方将按照本合同附件一的约定支付乙方顾问费。乙方可请求甲方迟延支付顾问费。在上述迟延支付不违反中国法律的前提下，甲方可根据乙方的请求选择迟延支付……4.5 乙方应按照中国法律的规定如实申报其按照本合同附件一所获得的全部顾问费及其他收入。乙方应保证甲方避免或负责赔偿与乙方个人所得税、保险费以及乙方依照本合同约定取得的顾问费等收入而产生的法定代扣代缴义务有关的索赔、损害、损失及支出的合理费用，包括律师费及其他专业人员费用……7. 限制条款：7.1　在受雇于甲方期间及本合同解除或终止后，乙方同意按照其于 2009 年 2 月 27 日签订的竞业限制相关协议的约定向甲方和某国 T 公司及关联公司遵守保密义务……8. 赔偿：8.1　在本合同期限内，如果乙方给甲方造成任何经济损失，乙方应承担相应的赔偿责任。乙方特别同意，乙方向甲方负有的任何未付款项（包括但不限于前述乙方对甲方造成经济损失的赔偿），甲方将有权自甲方应向其支付的款项（包括但不限于甲方应向乙方支付的工资、经济补偿金、商业报销费用等款项）中做相应的扣除……10. 附则：10.1　本合同自甲方授权代表 W 先生及乙方本人签字，和甲方盖章之日起生效。10.2　本合同附件构成本合同不可分割的组成部分。本合同及其附件是双方关于本合同中相关主题事项的完整协议，除双方在本合同第 7.1 条的另行约定，本合同及其附件应取代双方在此之前关于相关主题事项的任何和所有的口头和书面的讨论、谈判、通知、备忘录、文件、协议、合同和沟通。"

合同附件一第三条咨询费、竞业限制补偿、期权奖励以及经济补偿金载明："1. 自 2016 年 1 月 1 日起至本合同有效期内（除非本合同被提前解除的），乙方的薪酬总额将由以下按月支付的咨询费及竞业限制补偿组成，且甲方向乙方支付的薪酬总额不应超过 270 万美元。（1）在 2016 年上半年每月 80 000 美元，前提是 T 公司中国当月度税息折旧及摊销前利润预期目标均予达成。如 T 公司中国半年税息折旧及摊销前利润预期目标达成的，就在 2016 年上半年当中月度预期目标未完成的月份，甲方将按照每月总计 80 000 美元的标准予以补发薪酬，即甲方将补发在 2016 年上半年中月度预期目标未完成的月份的薪酬。（2）在 2016 年上半年每月 80 000 美元，前提是当月甲方本合同附件二列明的核心员工中仍有 14 人以上（包括本数）留任甲方。如附件二中列明的留任人数不足 14 人但超过 10 人的，本项薪酬将减至每月 25 000 美元。如果当月留任甲方的核心员工少于 10 人（包括本数）的，乙方无权获得本项薪酬。（3）按照本合同第 2 条履行竞业限制义务的经济补偿，每月 50 000 美元。甲方将在每月的最后一天前将上述按月支付的竞业限制补偿支付至乙方指定账户。2. 作为对乙方迄今为止所作贡献的认可，乙方将按照 T 公司 2015 年股票期权激励计划所确定的奖励标准，额外获得 72 份受限股票单元，即乙方享有的受限股票单元将从 144 增加至 216。除本条前述内容，乙方参加的其他管理层股权项目均保持不变，包括解除条款，股票期权激励的兑现也将继续按照股票期权激励兑现时间表执行，直至乙方与甲方的劳动或服务关系按照本合同解除或终止。3. 如果自起始日至 2015 年 12 月 31 日期间，双方的劳动关系一直存续，甲方将在 2016 年 1 月的第一周向乙方支付经济补偿金，共计 540 000 美元。"

2015年8月6日，W先生向被告发送邮件，内容为"纪某，以下为我们讨论的后续目标。一旦我们得到税息折旧及摊销前利润的任何最新预测，包括将特殊的法律/咨询费用一并计入在内以后，我们将对税息折旧及摊销前利润作出相应调整。后续目标：目标110%，在2015年里，纪某在某公司开发的订单发票至少达到180套，在能源公司开发的订单发票至少达到153套；目标210%，在2015年里，纪某在电气公司开发的价值4千万元的订单发票达到111套，价值5千万元的订单发票达到165套，价值5690万元的订单发票达到95套；目标310%，创造5千万美元的税息折旧及摊销前利润；目标410%，纪某和管理团队在某公司的所有合作事宜均彼此透明公开……"

2016年1月6日，原告向被告发出解除通知，载明："鉴于，你在被T公司和/或其控制、被其控制或与其受共同控制的公司或实体（包括公司本身，统称'集团'，各自称为'集团公司'）聘用期间，严重违反了企业规章制度，严重失职、营私舞弊，给公司及其他集团公司造成了重大损害，和/或从事严重与你应当尽到的忠实和保密义务相悖的不当行为，公司现决定解除你与公司的合同，任何你与任何关联公司的劳动/顾问关系以及任何职务（包括你的总经理职位以及公司或者董事会内的其他职位）（'解除'）。解除将于今天，2016年1月6日，即时生效。公司无须向你支付任何经济补偿，并且保留就你对集团造成的损失对你采取法律行动的权利。最后，请注意你必须根据你的合同履行你的竞业限制义务。"

2016年1月25日，被告向原告邮寄通知一份，载明"鉴于公司在2016年1月6日面呈本人的解除通知，本人现郑重书面告知某某复材构件有限公司（后统称'公司'）和/或其控制、被控制或与其受共同控制的公司或实体。1. 为保护本人的合法权益和名誉不受进一步侵犯和伤害，要求公司书面提供本人所谓违反企业规章制度、严重失职、营私舞弊的证据和事实，以及所谓从事严重与本人应尽到的忠实和保密义务相悖的具体不当行为。2. 鉴于公司为逃避经济补偿义务而随意解除本人在2015年8月4日根据《中华人民共和国劳动合同法》有关规定签订的相关固定期限劳动合同，本人郑重通知公司继续履行上述合同。3. 本人正式通知公司必须遵守《中华人民共和国劳动合同法》的有关规定以及本人的聘用合同条款，继续按月缴纳本人的养老金、医疗保险、失业金和住房公积金等各种相关社会福利。4. 本人正式通知公司，根据上述合同，公司需要在2016年的第一周支付本人2015年合同期内规定的13薪、年终奖金和经济补偿金。5. 本人要求公司在2015年1月30日前书面答复上述要求，本人保留对公司及集团采取进一步法律行动的权利。"后原告签收该通知。

2016年10月20日，原告提起劳动仲裁，要求：1.判令原、被告之间于2015年8月4日签署的合同附件一第3.1.C"每月5万美元"竞业限制补偿金条款和附件一第3.3"540 000美元"补偿金条款无效；2.判令被告向原告支付违反竞业限制违约金296 932.85元，并要求被告于2017年12月31日前继续履行竞业限制义务。2017年6月11日，某市劳动人事争议仲裁委员会作出仲裁裁决书，裁决被告应当在2016年11月1日前履行竞业限制义务，对原告要求确认原、被告之间于2015年8月4日签署的合同附件一第3.1.C"每月5万美元"竞业限制补偿金条款和附件一第3.3"540 000美元"补偿金条款无效及被告向原告支付违反竞业限制违约金296 932.85元的仲裁请求不予支持。后原告不服该裁决，向一审法院提起诉讼。

在仲裁庭审中，被告明确提出要求于2016年11月1日解除与原告在2015年8月4日所签订的《合同》中有关竞业限制的约定。2016年11月10日，被告向原告发出《解除竞业限制约定通知书》，该通知书载明："2015年8月4日贵司与本人签订《合同》一份，贵司在《合同》第2.4条、第2.5条中对本人提出了竞业限制要求，同时《合同》第2.6条（第2.7条）以及《合同》附件一第3.1.C条亦对贵司每月应支付给本人的竞业限制补偿金的金额及支付方式、时间进行了约定。然而，上述《合同》签订之后，贵司竟出尔反尔，不仅在2016年1月6日违法解除了与本人签订的上述《合同》，而且对《合同》约定的竞业补偿金，贵司至今亦分文未付，但本人至今却仍始终恪守着上述竞业限制约定并严格履行竞业限制义务……据此，本人特依据《最高人民法院关于审理劳动争议案件适用法律若干问题的解释（四）》第八条等相关法律、法规的规定，决定自即日（2016年11月10日）起解除贵司与本人在2015年8月4日所签订的《合同》第2.4条、第2.5条有关竞业限制的约定，同时请贵司立即将2016年1月至10月本人履行竞业限制义务期间的竞业限制补偿金50万美金支付给本人。"次日，被告将该通知书邮寄送达原告。

（一）针对2015年8月4日签署的合同附件一第3.1.C"每月5万美元"竞业限制补偿金条款和附件一第3.3"540 000美元"补偿金条款的效力问题

原告认为"每月5万美元"的竞业限制补偿金数额违反了相关法律对于竞业限制补偿金数额的强制性规定，且原、被告签订"每月5万美元"竞业限制补偿金条款及"540 000美元"补偿金条款时存在欺诈、胁迫、乘人之危的情形，故对该约定应认定为无效，并向一审法院提交了情况说明、2016年6月17日W先生发送的邮件、2015年7月5日—7月19日被告的往来邮件、管理层收购股权事宜邀约函、一致行动人授权书、2015年6月15日—9月2日被告与韩某某等人的往来邮件、常年顾问合同、名片、法律顾问费、解除合同通知函及公证书等证据。

情况说明，载明："目前我担任T公司复材构件有限公司的总裁和首席执行官……2015年7月初，W先生（T公司当时的首席运营官，现在是T公司的首席制造技术官）和我来到中国与纪某（T公司亚洲区前高级副总裁）见面。此行的目的是讨论T公司对于中国管理团队的内部调查，原因是纪某被人举报有不当行为……开会的时候，纪某给了我一份文件，文件上说明T公司中国的管理团队在对T中国公司发起'管理层收购'。纪某还威胁，如果T公司不接受，管理层就会离职或罢工……7月22日，T公司的几名客户告知T公司的管理层，他们收到了来自'中国管理层'的信件，通知他们T公司中国要完成一场管理层收购计划。就在客户收到这样的电子邮件之后，我很快也收到了来自客户的多个电子邮件和电话，表达了他们对T公司中国公司和管理团队稳定性的深深担忧，同时表达了他们对T公司能否生产出满足客户需求的叶片的担忧……"

W先生出具的情况说明，载明："我现在任职CMTO，即T公司复材构件有限公司的首席制造技术官……2015年6月24日至26日，T公司的首席财务官和我在T公司审查委员会的指示下，前往中国进行一项关于指控纪某不当行为的内部调查，指控内容包括纪某向T公司供应商要求个人补偿，作为供应商与T公司中国公司进行交易的对价以及进行过多的费用支出……6月26日星期五中午，在我前往机场之前，我和纪某单独见面。当时纪某告知我T公司除将其中国的公司通过管理层收购（MBO）交易卖给T公司在中国的管理团队外别无他选，否则纪某会创建一个竞争性企业'纪某产业'，那时T公司将会垮台。2015年7月1日至3日……纪某给了我一份文件，说明T公司在中国的管理团队正在开展T公司中国公司的管理层收购（MBO）。纪某还以'如果不同意，管理层就会离职或进行罢工'威胁我……2015年7月20日至8月5日……会议进行过程中，纪某让T公司中国管理团队的五个成员加入了我们的会议。纪某给我们看了一份文件，并说明这份文件表明了纪某有权在管理者收购（MBO）问题上代表T公司中国管理团队的近20名成员……一两天后，我返回了总部，进一步要求纪某把T公司中国公司的印章给我们。纪某拒绝合作并告诉我们他不知道章放哪了……7月22日，T公司的几名客户开始通知我们他们收到了来自'中国管理层'的邮件，告知T公司中国管理团队计划完成一项管理者收购。7月24日或25日，我开始与一名劳动法律师准备离职协议。我、纪某以及我们的代表律师一起准备并最终完成了离职协议。纪某在2015年8月4日签署了离职协议……"

2016年6月17日《致T公司（中国）客户的一封信》载明："……基于T公司中国公司对T公司集团在技术、资源、人力和资金上的巨大支持与帮助，T公司发展到了现在。然而，T公司中国团队不但没有受到基本的信任，反而受到严重的歧视！所谓的对T公司中国公司的'调查'伤害了T公司中国团队的每一个人。我们在三个方面与T公司总部的领导者有重大的不同意见……因此，T公司中国的管理团队一致决定T公司中国公司应当进行管理者收购（MBO）……此致，T公司中国管理团队……"

2015年7月5日—7月19日被告与宋某、肖某的往来邮件显示，2015年7月5日，被告向宋某发送邮件，内容为"除了我昨天发你的重要领导人邮件地址外，我还需要你收集GE美国的领导人邮件、采购、重要材料、所有股东"相关信息。同日，宋某通过邮件的方式，回复："好，我来做好。"2015年7月7日，宋某向被告发送了内容关于相关人员的通讯录表格。同日，被告向宋某转发了2014年8月13日发送给被告的主题为"BoardBook"邮件。2015年7月19日，被告向宋某发送了主题为"MBO"的邮件，并附言"下午讨论"。同日，被告向肖某发送了主题为"接受：与蒋律师会晤"的邮件。

管理层收购股权事宜邀约函、一致行动人授权书，可知2015年7月2日，被告向原告发送《管理层收购股权事宜邀约函》，载明："基于T公司中国区管理层骨干与T公司集团之间对公司战略发展及业务模式的不同观点，以及T公司集团管理层对T公司中国区的极端不信任和歧视，T公司中国区管理层决定启动对T公司中国的收购事宜。现授权于纪某，全权代理T公司中国区管理层……"宋某、马某等人在内的98名人员签署了《一致行动人授权书》。

2015年6月15日—9月2日被告与肖某、韩某某等人的往来邮件显示，2015年6月15日，被告向宋某、肖某发送了主题为"韩律师"的邮件，内容为："韩律师是某地一家比较大的律师事务所的合伙人。我请他周三下午来谈谈中行诉讼的事以及将来其他合作的事，你们参加认识一下。"2015年6月26日，韩某某向肖某发送了主题为"关于聘请常年法律顾问合同书（××公司）"的邮件，内容为"肖总好，合同书请查收，如果没有问题，我盖章后下周一（29日）下午过来签约。"次日，肖某回复"可以"。2015年6月27日，韩某某又向肖某发送了邮件，内容为"肖总好，您昨天早晨提到的名称问题，除了'一致行动人'，我也想了几个，供您参考：共同行动人（者）、共同参与人（者）、共同响应人（者）、一致参与人（者）。"同日，肖某回复"谢谢"。2015年7月13日，肖某发送主题为"七月放假通知"的邮件。2015年7月19日，肖某向被告发送了主题为"与韩律师会晤"的邮件，还向被告发送了主题为

"放假通知"邮件。2015年7月19日,肖某发送主题为"管理沟通会议"的邮件。2015年7月20日,肖某向被告发送了主题为"章程",附件为"公司章程全201003减资后.docx"的邮件。同日,肖某向被告发送主题为"中国区工厂工会名单"的邮件。2015年7月21日,肖某向吴某某发送主题为"转发:新工会法",附件为"工会的性质、新工会法"的邮件。

常年顾问合同、名片、法律顾问费、解除合同通知函:2015年5月29日,原告以及案外人某某电叶片有限公司与某律师事务所签订《聘请常年法律顾问合同书》一份,约定由某律师事务所指派韩某某律师担任原告以及某某电叶片有限公司的常年法律顾问,并约定一年的顾问费为150 000元。后原告通过银行转账方式支付了150 000元法律顾问费。2016年3月24日,原告及某某电叶片有限公司向某律师事务所发出《解除合同通知函》,提出自2016年5月28日起,解除原告和某某电叶片有限公司聘请某律师事务所为常年法律顾问的合同及相关协议。

钱某某出具的说明及问询记录,问询记录载明"本人,钱某某……目前供职于某某复材构件有限公司……现任工程部高级工程师……根据本人所知,本人现声明如下:1.本人知晓'上海某模具有限公司'……上海某模具有限公司与某某复材构件有限公司并无任何商业合作或业务往来关系。2.本人同时知晓上海某工业自动化有限公司……据本人所知,T公司中国公司跟上海某模具有限公司无业务往来。3.本人知晓上海某模具有限公司,是因为某某复材构件有限公司的工程师,也就是我的同事,亲口告诉本人,他们在上海某模具有限公司的动态工厂内进行工作,即模具生产。这些工程师包括'周某某'、'戴某某'和'黄某某'。其中周某某是受某某复材构件有限公司工程经理的安排,去到东台进行模具生产,戴某某和黄某某是受管某某的安排,去到东台进行模具和时代新材进行模具的生产和安装。在该生产过程中,用到了某某复材构件有限公司的技术、设备和原材料……根据周某某和黄某某对本人的亲口表述,纪某不仅知晓且是主要授意人……9.根据本人掌握的信息,上述所有参与到上海某模具有限公司东台工厂生产的人员,其各自的分工、职责、主动或被动参与的情况如下:纪某是上海某模具有限公司东台工厂的主要设立人,起最核心作用……11.2015年7月6日(大约是这个时间),吴某和闭某某组织一次会议,所有的工程师和生产主管均参加……在会上,吴某和闭某某要求所有的工程师和生产主管保证与纪某共进退,并要求所有的工程师和生产主管签署授权书给纪某,授权纪某可以代表所有的工程师和生产主管,代为向公司提出辞职。吴某和闭某某在会上表示,纪某已经明确承诺商谈,凡签署该授权委托书的工程师和生产主管,均可能在辞职后,获得24个月的工资补偿。但凡不签署该授权书的与会人员,后果可以自己考虑……13. 在 2015 年 7 月份,簦某某和闭某某曾通知某某复材构件有限公司模具厂员工放假……"

被告认为 2015 年 8 月 4 日的《合同》系双方真实意思表示,合法有效,并向一审法院提交了停职和带薪年假通知、调查笔录、电子邮件及公证书等证据:

停职和带薪休假通知:2015 年 7 月 23 日,原告向被告发送《停职和带薪休假通知》,载明:"某某复材构件有限公司和某某电叶片有限公司在此共同通知您,经慎重考虑后,公司已于 2015 年 7 月 21 日通过执行董事和股东决议。该决议决定:A、免除您在某某复材构件有限公司总经理职务;以及 B、免除您的法定代表人和执行董事的职务。由于目前两家公司均没有其他合适的岗位可以提供给您,我们决定从 2015 年 7 月 23 日起暂停您的工作。我们现要求您停止一切工作,在家休息,直至收到我们的进一步通知……"

宋某、许某某、杨某某、郭某的调查笔录,被调查人均陈述:2015 年 6 月中下旬,T 公司某国总部带着调查人员突然来到某某复材构件有限公司进行调查,管理层员工集体感到受到了侮辱,都去找纪某,希望纪某能为大家做主并代表所有管理层人员与 T 公司某国总部人员进行谈判,所以大家签署了《一致行动人授权书》,上面的签名系自愿签署,并不存在胁迫、威逼、利诱的情形。之后,均与 T 公司中国公司协商解除劳动合同。

W 先生与被告之间的电子邮件,显示 2015 年 12 月 15 日,W 先生向被告发送了主题为"纪某的服务费"的邮件,其中附件为马某发送给 W 先生的邮件,内容为"按照我们之前讨论过的内容,请注意以下几点:1. 协议于 8 月 4 日签署,并且当天的固定汇率为 1 美元=6.12 人民币。2. 必须按照服务费支付给他,不含税……"次日,被告回复:"我不同意使用去年的汇率……根据我们之间签订的合同,我希望在 2016 年 1 月的第一个星期收到以下款项:2015 年第 13 个月薪水人民币 145 895 元、2015 年基本奖金 737 600 元、2015 年额外奖金分红 983 467 元、补偿金 540 000 美元,按汇率为人民币 3 491 154 元,合计人民币 5 358 116 元。"

(二)针对被告在竞业限制期间是否存在违反竞业限制的行为问题

原告认为被告存在违反竞业限制的行为,且被告有义务向原告承担包括支付违约金、履行竞业限制约定在内的违约责任。同时,原告向一审法院提交了 2015 年 10 月 7 日—12 月 10 日被告与马某、许某某的往来邮件、百度定位图、某投资中心(有限合伙)及某新能源有限公司的工商登记材料、某新能源有限公司的通讯录、微信朋友圈徒步照片、被告参与某新能源常熟厂址动土奠基活动的照片、三份公证书等证据:

马某、许某某与被告等人之间的往来邮件显示：2015年10月7日，被告向许某某发送主题为"平面图"的邮件；2015年10月8日，马某向被告发送主题为"平面图"的邮件，被告向许某某发送主题为"layout"的邮件；2015年10月13日，许某某向被告发送主题为"3options.pptx的邮件"，内容为"这是三个厂房的基本情况。关于租金和租赁条件，我想等我们周五商讨后再逐一联系"，次日被告回复"ok"；2013年11月18日，倪某某向被告发送主题为"公司基建、场地、行车、食堂、办公楼投入清单"的邮件，后被告于2015年12月10日将该邮件转发。原告认为根据往来邮件可以看出被告在原告处担任高管期间参与了某投资中心、某新能源有限公司租房、筹建的事实。

工商登记资料显示某投资中心（有限合伙），设立日期为2016年2月15日，执行人为贺某某，股东为贺某某、潘某某，经营场所为某市某镇某某号房，经营范围及方式为项目投资、投资管理及咨询、企业管理及咨询（依法须经批准的项目，经相关部门批准后方可开展经营活动）；某新能源有限公司，设立日期为2016年3月10日，法定代表人为贺某某，股东为某投资中心（有限合伙）、贺某某，经营范围为新能源领域内的技术服务、技术咨询、技术转让，企业管理服务，新能源设备的组装，新能源设备的销售（前述经营项目中法律、行政法规规定许可经营、限制经营、禁止经营的除外）（依法须经批准的项目，经相关部门批准后方可开展经营活动），2017年2月3日，某新能源有限公司法定代表人变更为被告纪某，被告纪某同时担任执行董事兼总经理。

公证书及朋友圈照片，显示被告曾参加徒步活动。

某新能源有限公司员工通讯录显示，工厂总经理为马某、人事行政总监为肖某、财务总监为贺某某。

被告认为在竞业限制期间并不存在违反竞业限制的行为，并向法院提供了民事判决书、劳动手册、2015年11月4日的电子邮件及公证书、被告与潘某某、贺某某的电子邮件及另外两份公证书等证据：

民事判决书中对被告是否存在违反竞业限制行为认定为"一审法院认为……关于争议焦点之二……3.违反竞业禁止方面……被告纪某是否存在竞业禁止行为的问题，原告认为被告纪某在职期间参与某新能源有限公司的筹建活动，但原告未能提交有证明力的证据支持其主张，故不足以认定被告纪某有违反竞业禁止义务的行为……"目前，该案尚处于二审阶段。

劳动手册及劳动合同书显示2016年3月31日起，被告开始申领失业金至同年6月29日。同年8月10日起，被告工作单位为灵活就业。后被告与某节能环保投资股份有限公司签订固定期限劳动合同，期限自2016年11月15日至2021年11月14日止。

2015年11月4日W先生发给被告的电子邮件，主题为"回复：印度模具"，内容为："以下问题已经得到解决了吗：1. 请问××需要制造模具的空间是否与GW的生产安排相冲突？2. 我们是否有足够的模具制造资源来负责处理印度模具、GW模具和土耳其模具，包括安装？3. 印度模具会妨碍可能的土耳其模具吗？4. 模具订单的最后截止日期是什么时间？请和N某密切合作，如你所知，他将会负责获取订单。"

被告与贺某某、潘某某之间的邮件往来，显示贺某某于2015年10月6日向被告发送主题为"转发：商业计划书"，附件内容为"离型纸商业计划书"的邮件。

另查明，被告提供的银行交易明细中显示：2016年2月6日，原告转账支付被告摘要内容为N的钱款金额59 386.57元，2016年3月5日、4月1日、4月30日、6月3日原告分别转账支付被告摘要为工资、交易金额为59 386.57元的款项。原告认为上述款项均为竞业限制补偿金，被告认为上述款项系工资。

- **案件争点**

在竞业限制期间内，原、被告双方是否履行了各自的竞业限制义务？

- **裁判要旨**

一审法院认为，1. 原告是否履行了有关竞业限制义务。根据原、被告之间的竞业限制约定，被告应于2016年1月1日起履行竞业限制义务，同时原告也应当向被告支付每月5万美元的竞业限制补偿金。参照被告提供的银行卡交易明细，即便如原告所述2016年1月1日后每月所支付的59 386.57元均系竞业限制补偿金，原告也未按照双方约定的数额足额支付，且仅付了5个月。依据《最高人民法院关于审理劳动争议案件适用法律若干问题的解释（四）》（法释〔2013〕4号，2013年2月1日起施行，已废止）第八条的规定，当事人在劳动合同或者保密协议中约定了竞业限制和经济补偿，劳动合同解除或者终止后，因用人单位的原因导致三个月未支付经济补偿，劳动者请求解除竞业限制约定的，人民法院应予支持。故被告在2016年11月10日提出解除竞业限制的约定正当合法，对于原告要求至2017年12月31日前继续履行竞业限制义务的请求法院不予支持。

2. 被告是否存在违反竞业限制的行为。竞业限制协议是一种双务合同，在该合同中，双方当事人所承担的义务与享受的权利相互关联，互为因果，除双方有特殊约定以外，应同时对等给付，一方不得要求他方先行履行。结合本案证据，一是被告从2017年2月3日起担任与原告生产同类产品、经营同类业务的某新能源有限公司的法定代表人的事实客观存在；二是原告未履行或全部履行其给付竞业限制补偿金的事实也客观存在。关键是哪一方所提供的证据更具有证明力。第一，被告所提供的劳动手册及劳动合同书，显示自2016年3月31日起，其开始申领失业金至同年6月29日。同年8月10日起，被告的工作单位为灵活就业。后被告与某节能环保投资股份有限公司签订固定期限劳动合同，期限自2016年11月15日至2021年11月14日止。至少从证据外观上与某新能源有限公司并无关联性。第二，原告提供的某新能源有限公司通讯录，其中司机陶某某、财务总监贺某某、人事行政总监肖某等原为原告处员工，且被告亦使用了带某新能源有限公司的英文缩写的邮箱。应当说，竞业限制协议仅约束被告的个人行为，对其他案外人有违反竞业限制行为的可由原告另行主张，至于是否可以使用有英文缩写的邮箱，双方在竞业限制合同中并无约定且"WSE"在中文中存在多种解释，并不具有唯一性。第三，原告提供证据主张被告参与了某新能源有限公司的厂房选址及经营管理。有关厂房选址定位等被告解释系因原告董事W先生的要求，即扩大生产规模，寻找新的生产基地，并提供了2015年8月6日及2015年11月4日W先生与被告之间的邮件往来予以印证，具有一定的合理性。第四，法律并没有禁止现企业职工与原企业职工除涉及本企业生产经营、商业秘密等之外的邮件往来。鉴于原告对自己提出的诉讼请求所依据的事实未能充分举证加以证明，故应承担不利的后果。综上所述，原、被告于2015年8月4日签署的《合同》合法有效，双方均应按照合同内容享有权利、履行义务。原告未按照约定支付竞业限制补偿金超过三个月，被告有权要求解除竞业限制约定。在竞业限制期内，被告不存在违反竞业限制约定的行为，原告无权要求被告支付违约金。

二审法院认为，根据民事诉讼"谁主张，谁举证"的原则，上诉人公司应对纪某存在违反竞业限制的行为负有举证责任。本案中，上诉人没有任何证据可以证明纪某在竞业限制期间（2016年1—10月）参与了某能源公司的投资、经营或管理。相反，根据纪某所提供的劳动手册及劳动合同书，显示自2016年3月31日起，其开始申领失业金至同年6月29日。同年8月10日起，纪某的工作单位为灵活就业。后纪某与某节能环保投资股份有限公司签订固定期限劳动合同，期限自2016年11月15日至2021年11月14日止。因此，上诉人对自己提出的诉请所依据的事实未能提供充分有效的证据予以证明，理应承担不利的法律后果。

样本案例二

田某某与某园林股份有限公司劳动争议纠纷案

• 当事人

上诉人：田某某

被上诉人：某园林股份有限公司（以下简称"园林公司"）

• 基本案情

田某某于 2009 年 11 月 9 日入职园林公司，双方最后一次签订劳动合同的期限为 2016 年 1 月 1 日至 2018 年 12 月 31 日。2018 年 3 月 15 日，田某某申请离职，故双方劳动关系解除，田某某离职前任职副总经理。2017 年 4 月 24 日，田某某在园林公司《关于自然人股东、董事、监事、高级管理人员的调查问卷》中填写"兼职情况为否，其配偶郭某某任职单位某市某科技通讯有限公司，职务总经理"。2017 年 11 月 21 日，园林公司与田某某签订《保密协议及竞业限制协议书》，该协议约定："劳动者承诺并保证无论何种原因在离职后的两年内，无论在何地域，除非获得公司书面许可，将不会直接或间接实施下列行为：以任何方式在公司的竞争对手担任任何职务或者拥有利益，上述任何职务包括但不限于雇员、董事、监事等；单独组建、参与组建或受雇于与公司或其关联方经营同类业务且有竞争关系或者其他利害关系的其他公司或企业或组织；本人承诺不为自己或者他人谋取属于公司的商业机会，自营或者为他人经营与公司同类业务，本人保证不利用自身特殊地位损害公司及其他股东的合法权益，也不利用自身特殊地位谋取非正常的额外利益，本人关系密切的家庭成员也遵守以上承诺；从事任何与公司或其关联方业务或相类似的其他活动。第四条第 4 点约定：田某某被新单位录用后应在一周内将新单位的名称及职务通知公司，同时田某某应将自己负有竞业限制义务的情况告知公司，否则，公司有权拒绝向田某某支付竞业限制补偿款。第六条（违约责任）第 3 点约定：若田某某违反本协议竞业限制，应立即与公司竞争对手脱离关系，继续履行本协议，按照违约期间本合同约定竞业限制补偿款的 2 倍向公司支付违约金，并一次性返还公司的补偿款。"2018 年 4 月 20 日，园林公司与田某某签订《确认书》，载明："田某某承诺已归还并结清公司的所有资产，在办妥现有离职手续的情况下，仍应协助办理经手业务、配合经手业务的追款等工作；同意履行双方于 2017 年 11 月 21 日签订的《保密协议及竞业限制协议》的所有内容，田某某离职后两年内承诺不会直接或间接利用亲属和他人名义投资、参股、合作、承包、租赁、委托经营或其他任何方式参与任何竞争性业务；无论是否获取经济利益，包括但不限于本确认书后附劳动者及其团队在公司曾接触或正在跟进的业务及线索，否则应向公司支付竞业限制违约金30万元。公司同意从2018年3月16日起至2020年3月15日止，按《保密协议及竞业限制协议》支付竞业限制补偿款5 828元/月，限两年，竞业限制补偿于每月15日前（遇节假日顺延至下一工作日）转账至田某某指定账户，因公司原因导致累计三个月未及时支付经济补偿的，《保密协议及竞业限制协议》自动终止失效。劳动者承诺在竞业限制期限内每季度一次以发邮件至公司邮箱的方式汇报工作近况，积极履行及进行同业竞争业务的工作情况说明义务。"2018年5月8日，园林公司委托广东某律师事务所向田某某发出《律师函》，载明：根据公开工商资料显示，田某某或其配偶郭某某设立的某品居公司、某奥联公司均与园林公司经营园林绿化工程服务等同等业务，田某某至今仍在某品居公司担任高管职务，认为田某某已严重违反了双方签订的《保密协议及竞业限制协议》，应立即停止从事与申请人竞争的同类业务工作，停止在上述同业竞争公司中任职，并于三日内，依约向园林公司出具书面说明在上述公司任职的情况。

某品居公司"企业信用信息公示报告"显示：公司于2014年8月18日成立，某品居公司前名称为某某通信科技有限公司，于2017年5月11日变更名称为某品居公司，2016年10月10日田某某为监事，2018年5月21日变更监事，变更前郭某某（执行董事兼经理）、田某某（监事），变更后郭某某（执行董事兼经理）、肖某某（监事），一般经营项目包括园林绿化工程服务；2017年5月11日变更经营项目，变更前公司无园林绿化工程服务项目，变更后增加园林绿化工程服务项目等。某奥联公司"企业信用信息公示报告"显示：公司于2015年11月6日成立，股东两人，郭某某是股东之一，职务执行董事兼总经理，经营范围为园林绿化工程服务、景观和绿地设施工程施工等。田某某称，园林公司在2017年初就已经知道其配偶郭某某成立某品居公司和某奥联公司的情况，但从未提出任何的异议；其在某品居公司担任监事是在某品居公司成立之初的权宜之计，其在收到《律师函》后不再担任某品居公司的任何职务，不存在任何的违约行为。再有，田某某因为小孩读书问题，学校为了证明家长居住的稳定性，要求家长的社保不能中断，所以田某某才在离职后用某奥联公司和某品居公司名义购买社保，但没有在上述两间公司工作，田某某没有违反竞业限制。

园林公司为证明其主张，向法院提交以下证据：1. 花木种植合同，证明田某某在离职前分别以广州市某林苗圃场、某奥联公司与园林公司合作单位广州某房地产开发有限公司、广州某投资有限公司签订四份合同，田某某在上述合同"法定代表人""项目相关负责人"处署名。2. 2015年3月、4月、6月、7月、11月、12月份业绩，人员及工资变动表，2016年6月份业绩，人员及工资变动表，证明了田某某作为园林公司项目主管获得上述四份合同业绩提成；证据1、2证明了园林公司为上述四份合同的实际履行人。3. 应收账款未收确认函、国内支付业务付款清单显示，园林公司在2018年4月后清查田某某的应收账款时发现田某某经手上述合同项目款项至今仍有45万元应收账款未收回，其中27万元已到某奥联公司账户。4. 二期中地块南区花境工程合同中标通知书、文件、验收证明书、现场图片、工作交接表、中标通知，证明园林公司于2017年10月26日与某国际公司签订花境工程合同，由园林公司承包二期中地块南区花境工程，田某某为该项目负责人，2018年9月20日，某奥联公司中标某国际公司的生命健康管理中心工程，田某某为某奥联公司的联系人。5. 2018年12月13日园林公司员工江某某与某房地产开发公司梁某的微信聊天记录截图，某房地产公司通过微信向江某某发送不再续约声明。

田某某质证意见：对证据1中的四份合同没有原件，对其三性不予认可，且根据证据显示，园林公司不是上述协议的相对方，也不是履行义务的主体，园林公司无权主张任何权利；对证据2无异议，业绩变动表中记载的项目并不是上述的四份合同，事实上，每个规模较大的房地产企业，均有非常多的绿化工程项目，但这些项目并不能对应上述的四份合同；对证据3的应收账款未收确认函真实性予以确认，该表是田某某离职时向同事出具的交接清单，表明相关的工作已经移交给其他同事，但其中的未收账款对应的项目，即上述四份合同的履约方不是园林公司，对证据3中的国内支付业务付款清单不认可，因为无证据原件，园林公司不是付款方也不是收款方，该笔款项与园林公司没有关系；对证据4中的二期中地块南区花境工程合同中标通知书、文件、验收证明书无异议，其余不认可，园林公司提供的中标通知书中显示，项目发包方是某国际公司，项目的名称是二期中地块花境工程，项目的地点是某养生谷，而某奥联公司中标的项目是生命健康管理有限公司，两个项目是不相同的，与本案无关，且该项目中标时，园林公司长达6个月未支付竞业限制补偿金给田某某，《保密协议及竞业限制协议》已经解除并失效，田某某不再受此限制；对证据5三性不予确认，不能确认微信聊天双方的身份，该证据也不能显示是某奥联公司抢夺了园林公司的业务。

园林公司向劳动人事争议仲裁委员会申请仲裁，仲裁庭于2018年11月28日作出裁决书，裁决：一、田某某应继续履行《保密协议及竞业限制协议》及

《确认书》;二、田某某一次性向园林公司支付竞业限制违约金30万元;三、驳回园林公司的其他仲裁请求。园林公司与田某某不服上述裁决诉至法院。

- 案件争点

1. 田某某是否存在违反竞业限制行为的问题?
2. 《保密协议及竞业限制协议书》及《确认书》是否自动失效的问题?

- 裁判要旨

法院认为,关于田某某是否存在违反竞业限制行为的问题。双方签订的《保密协议及竞业限制协议书》约定,田某某向园林公司承诺,其本人及其本人关系密切的家庭成员不为自己或者他人谋取属于园林公司的商业机会;自营或者为他人经营与园林公司同类的业务;保证不利用自身特殊地位损害园林公司合法权益。园林公司提供的证据显示,田某某离职后其配偶从事了与园林公司同类的业务,且田某某本人也利用配偶的同类企业参与了与园林公司的商业竞争,故此,原审认定田某某违反了《保密协议及竞业限制协议书》及《确认书》,证据充分,且阐述理由充分,二审法院予以确认。即使园林公司在2017年已知悉田某某配偶设立同类企业,也不能免除田某某在离职后履行竞业限制的义务。因此,田某某以园林公司早在2017年已知其配偶设立某品居公司及某奥联公司为由,否认存在违反竞业限制义务的行为,与事实不符,二审法院不予采纳。

关于《保密协议及竞业限制协议书》及《确认书》是否自动失效的问题。根据《最高人民法院〈关于审理劳动争议案件适用法律若干问题〉的解释(四)》(法释〔2013〕4号,2013年2月1日起施行,已废止)第八条"当事人在劳动合同或者保密协议中约定了竞业限制的经济补偿,劳动合同解除或者终止后,因用人单位的原因导致三个月未支付经济补偿,劳动者请求解除竞业限制约定的,人民法院应予支持。"的规定,本案中,田某某在接到园林公司2018年5月8日发出的《律师函》后,在合理的期间内未向园林公司作出书面的解释说明,结合其后田某某参与配偶控股的某奥联公司投标获得生命健康公司工程项目的事实,以及园林公司在2018年9月26日向广州市劳动人事争议仲裁委员会申请仲裁,要求田某某支付违反竞业限制违约金的情节,即双方对于田某某是否存在违反竞业限制行为产生争议,故园林公司未支付田某某的竞业限制补偿金,有合理的理由,田某某主张园林公司三个月未支付竞业限制补偿金,协议自动失效,理由不充分,二审法院不予采纳。原审根据法律的规定及本案的事实,支持园林公司的请求,判令田某某继续履行《保密协议及竞业限制协议》及《确认书》的约定,依据充分,二审法院予以维持。田某某上诉主张无须继续履行,与法律规定不符,二审法院不予支持。

样本案例三
玉某某与某集团股份有限公司劳动争议纠纷案

• **当事人**

上诉人(原审原告):玉某某

被上诉人(原审被告):某集团股份有限公司(简称"某集团公司")

• **基本案情**

玉某某于 2006 年 12 月 15 日到某集团公司处工作,入职时与某集团公司签订了期限为 2006 年 12 月 15 日至 2010 年 12 月 14 日的《劳动合同》,合同约定玉某某在管理岗位从事法务工作,工作地点为集团总部,某集团公司依据国家、省(自治区)有关规定和本企业工资奖金分配制度,于每月 15 日、25 日分两次时间以货币形式向玉某某支付上月的工资。某集团公司支付的工资中包含基本工资、职务工资、奖励工资、加班工资、住房补贴、技术津贴等,个人收入所得税由玉某某承担,由某集团公司在发放工资时代扣。

2009 年 9 月 23 日,玉某某与某集团公司签订了《竞业限制协议》,约定:因某集团公司任(聘)用玉某某为法务部主任,……某集团公司对玉某某遵守竞业限制义务的补偿:从双方劳动合同关系解除或终止后第二天起两年内某集团公司按月给予玉某某经济补偿,补偿标准:按玉某某离职时某集团公司所在地政府确定最低工资标准的二倍。还约定:如某集团公司逾期两个月未支付经济补偿的,本协议自动终止。玉某某在某集团公司集团范围内各公司之间调动的,须与调入公司重新签订竞业限制协议。玉某某职务晋升,须重新签订竞业限制协议。有下列情形之一的,本协议对双方不再具有约束力:……玉某某在某集团公司任同一职务满五年后离职的(同一职务任职时间从任职之日起计,含现已任职时间,包括在各公司、各部门任同一职务的时间)。

2010 年 10 月 29 日,玉某某与某集团公司再次签订《竞业限制协议》,除玉某某的职务由法务部主任变更为法务部高级经济师职务外,其余条款的内容与 2009 年 9 月 23 日的《竞业限制协议》的内容一致。

2010 年 12 月 13 日,玉某某、某集团公司再次签订期限为 2010 年 12月

15日至2015年12月14日的《劳动合同》与《劳动合同补充约定条款》，约定集团公司根据国家、省（自治区）有关规定和本企业工资奖金分配制度，每月约15日（最迟不得超过月底）以货币形式向玉某某支付上月工资，集团公司支付玉某某的最低工资不得低于省（自治区）规定的当月最低工资标准。集团公司支付的工资已经充分考虑了玉某某自愿额外利用休息时间、节假日工作所付出的劳动，包含基本工资、职务工资、奖励工资、加班工资、各类津贴、各类补助等。具体的工资结构按甲方有关规定执行。

2015年11月23日，玉某某在《续签劳动合同意向书（适用于科员、班长以上管理人员）》"当事人意见同意续签固定期限/同意续签无固定期限不同意续签签字/日期"一栏中，勾选了"不同意续签"一项并签名。2015年11月30日，玉某某填写了一份《辞职申请表》，在"辞职原因"一栏中填写了"本人劳动合同到期，本人不再续签"。2015年12月9日，玉某某填写了一份《离职手续表（表一）》，载明其离职时间为2015年12月14日，离职类型为合同到期个人不续签。

2015年12月15日，某集团公司作出《关于与玉某某同志终止劳动合同关系的决定》，载明"因劳动合同期满，个人不再续签。依据《劳动法》，决定从2015年12月15日起与玉某某同志终止劳动合同关系，按规定给予补偿金0元"。

2016年11月1日，玉某某向某市劳动人事争议仲裁委员会申诉，请求裁令被申请人即某集团公司：1.支付劳动合同终止的经济补偿金103 500元及50％的额外经济补偿金51 750元；2.支付2015年12月15日至2016年12月14日竞业限制经济补偿28 800元；3.补发2008年1月1日至2014年9月30日应休未休年休假工资72 425.73元及25％经济补偿金18 106.43元；4.退回2015年1月1日至2015年12月15日随意扣玉某某的工资2 000元。2017年6月1日，该委作出仲裁裁决书，裁决如下：一、被申请人支付申请人2015年1月1日至2015年12月15日克扣的工资2 000元；二、对申请人的其他仲裁请求，不予支持。玉某某不服，诉至一审法院。

• 案件争点

玉某某主张的竞业限制经济补偿金是否有事实与法律依据？应否支持？

• 裁判要旨

关于竞业限制补偿金。玉某某与某集团公司签订的《竞业限制协议》，约定玉某某就职期间以及离职后二年内应当遵守竞业限制义务，集团公司给予玉某某竞业限制的经济补偿,双方意思表示真实一致,协议内容除"第三条违约责任:(二)甲方违约责任:如甲方逾期两个月未支付经济补偿的,本协议自动终止"以及"第五条有下列情形之一的,本协议对双方不再具有约束力:……(二)乙方在甲方任同一职务满五年后离职的(同一职务任职时间从任职之日起计,含现已任职的时间,包括在各公司、各部门任同一职务的时间)"外,其余并不违反法律、行政法规的强制性规定,应属有效。而《竞业限制协议》第三条约定的"如集团公司逾期两个月未支付经济补偿的,本协议自动终止"以及第五条约定的"有下列情形之一的,本协议对双方不再具有约束力:……(二)乙方在甲方任同一职务满五年后离职的(同一职务任职时间从任职之日起计,含现已任职的时间,包括在各公司、各部门任同一职务的时间)",属约定竞业限制协议的解除条件,根据《最高人民法院关于审理劳动争议案件适用法律若干问题的解释(四)》(法释〔2013〕4号,2013年2月1日起施行,已废止)第九条第一款"在竞业限制期限内,用人单位请求解除竞业限制协议时,人民法院应予支持"的规定,竞业限制是通过限制劳动者一定的就业选择权,从而保护用人单位在劳动者就职期间知晓或掌握用人单位的商业秘密所蕴含的竞争利益。竞业限制侧重用人单位权利的保护,而是否需要继续保护相关权利,在于用人单位的决定,因此,无论从竞业限制的立法目的、法律特征以及权利义务的平衡上,作为用人单位有权行使竞业限制协议的单方解除权。然而,竞业限制协议毕竟是对劳动者的就业选择权进行了限制,用人单位虽然可以依法行使单方解除权,但对行使单方解除权的时间和方式应有一定限制,以平衡劳动者因用人单位解除竞业限制后再就业选择所需的时间和条件,因此,用人单位单方解除竞业限制协议的,应根据竞业限制协议约定的条件或方式向劳动者明示解除的意思表示,而考量竞业限制协议约定的解除条件时,还应审查所附解除条件是否存在侵害劳动者的利益或加重劳动者的义务等因素。本案中,《竞业限制协议》约定"如集团公司逾期两个月未支付经济补偿的,本协议自动终止"以及"有下列情形之一的,本协议对双方不再具有约束力:(二)乙方在甲方任同一职务满五年后离职的(同一职务任职时间从任职之日起计,含现已任职的时间,包括在各公司、各部门任同一职务的时间)"的解除条件,约定以不作为方式默认集团公司的解除意愿,与用人单位单方解除竞业限制协议的条件不符,且赋予了集团公司随意解除协议的权利,加重劳动者对竞业限制协议解除的注意义务,排除其法定权利,故根据《中华人民共和国劳动合同法》(2012年修正)第二十六条第一款第(二)项"下列劳动合同无效或者部分无效:……(二)用人单位免除自己的法定责任、排除劳动者权利的"的规定,上述《竞业限制协议》第三条和第五条中的上述约定应属无效。被上诉人某集团股份有限公司应支付上诉人玉某某 2015 年 12 月 15 日至 2016 年 12 月 14 日竞业限制经济补偿金 28 800 元。

三、司法案例类案甄别

(一)事实对比

样本案例一,2009 年 2 月 26 日,用人单位向劳动者发送"招聘书"确认聘用其为单位总经理。同年 2 月 27 日,劳动者签署竞业限制相关协议。2009 年 4 月 28 日,劳动者进入用人单位处工作,担任总经理一职,双方签订了劳动合同并参加了社会保险。2016 年 1 月 6 日,用人单位向劳动者发出解除通知,并要求劳动者履行竞业限制义务。在双方解除劳动合同后,用人单位未按时足额向劳动者支付竞业限制补偿金。2016 年 10 月 20 日,用人单位提起劳动仲裁,要求劳动者支付违反竞业限制违约金。

样本案例二,2009 年 11 月 9 日劳动者入职用人单位,双方最后一次签订劳动合同的期限为 2016 年 1 月 1 日至 2018 年 12 月 31 日。2018 年 3 月 15 日,因劳动者申请离职双方劳动关系解除,劳动者离职前任职副总经理。劳动者在职期间双方签订《保密协议及竞业限制协议书》,约定:公司同意从 2018 年 3 月 16 日起至 2020 年 3 月 15 日止,每月支付竞业限制补偿款 5 828 元;劳动者违反竞业限制的,应向公司支付竞业限制违约金 30 万元。后用人单位认为劳动者离职后其配偶从事了与用人单位同类的业务,且劳动者本人也利用配偶的同类企业参与了与用人单位的商业竞争,故起诉要求劳动者支付违反竞业限制违约金。

样本案例三,2006 年 12 月 15 日劳动者到用人单位处工作,双方签订了《劳动合同》,约定劳动者在管理岗位从事法务工作。2009 年 9 月 23 日,双方签订了《竞业限制协议》,该协议中约定,逾期两个月未支付经济补偿的,本协议自动终止。2015 年 11 月 30 日,劳动者填写《辞职申请表》。2015 年 12 月 15 日,用人单位作出《终止劳动合同关系的决定》与劳动者终止劳动合同关系。2016 年 11 月 1 日,劳动者向劳动争议仲裁委员会申诉,请求用人单位支付竞业限制补偿金等。

上述案例一是因用人单位的原因导致三个月未支付经济补偿,劳动者请求解除竞业限制约定,法院予以支持,且用人单位的证据不足以证明劳动者在竞业限制期间违反了竞业限制义务。案例二是劳动者离职后其配偶从事了与用人单位同类的业务,且劳动者本人也利用配偶的同类企业参与了与用人单位的商业竞争,故劳动者违反了竞业限制义务,据此,用人单位有权不向劳动者支付竞业限制补偿金并要求劳动者承担违反竞业限制义务的违约金。案例三用人单位在竞业限制协议中约定以不作为方式默认用人单位的解除意愿,该约定赋予了用人单位随意解除协议的权利,加重了劳动者对竞业限制协议解除的注意义务,排除劳动者的法定权利,故应属无效约定。劳动者遵守竞业限制义务后,有权要求用人单位支付竞业限制补偿金。

(二)适用法律对比

样本案例一,法院认为,1. 劳动者是否履行了有关的竞业限制义务。根据竞业限制协议的约定,劳动者应于 2016 年 1 月 1 日起履行竞业限制义务,同时用人单位也应当向劳动者支付每月 5 万美元的竞业限制补偿金。参照劳动者提供的银行卡交易明细,即便如用人单位所述 2016 年 1 月 1 日后每月所支付的 59 386.57 元均系竞业限制补偿金,用人单位也未按照双方约定的数额足额支付,且仅付了 5 个月。依据《最高人民法院关于审理劳动争议案件适用法律若干问题的解释(四)》(法释〔2013〕4 号,2013 年 2 月 1 日起施行,已废止)第八条的规定:"当事人在劳动合同或者保密协议中约定了竞业限制和经济补偿,劳动合同解除或者终止后,因用人单位的原因导致三个月未支付经济补偿,劳动者请求解除竞业限制约定的,人民法院应予支持。"故劳动者在 2016 年 11 月 10 日提出解除竞业限制的约定正当合法,用人单位要求至 2017 年 12 月 31 日前继续履行竞业限制义务的请求难予支持。2. 劳动者是否存在违反竞业限制的行为。竞业限制协议是一种双务合同,在该合同中,双方当事人所承担的义务与享受的权利相互关联,互为因果,除双方有特殊约定以外,应同时对等给付,一方不得要求他方先行履行。结合本案证据,一是劳动者从 2017 年 2 月 3 日起担任与用人单位生产同类产品、经营同类业务的另一公司的法定代表人的事实客观存在;二是用人单位未履行或全部履行其给付竞业限制补偿金的事实也客观存在。关键是哪一方所提供的证据更具有证明力。第一,劳动者所提供的劳动手册及劳动合同书显示 2016 年 3 月 31 日起,其开始申领失业金至同年 6 月 29 日。同年 8 月 10 日起,劳动者的工作单位为灵活就业。后劳动者与另一公司签订固定期限劳动合同,期限自 2016 年 11 月 15 日至 2021 年 11 月 14 日止。至少从证据外观上与另一公司并无关联性。第二,用人单位没有证据可以证明劳动者在竞业限制期间(2016 年 1 月—10 月)参与了另一公司的投资、经营或管理。因此,用人单位对自己提出的诉请所依据的事实未能提供充分有效的证据予以证明,理应承担不利的法律后果。

样本案例二，法院认为，关于《保密协议及竞业限制协议书》及《确认书》是否自动失效的问题。根据《最高人民法院〈关于审理劳动争议案件适用法律若干问题〉的解释（四）》（法释〔2013〕4号，2013年2月1日起施行，已废止）第八条"当事人在劳动合同或者保密协议中约定了竞业限制的经济补偿，劳动合同解除或者终止后，因用人单位的原因导致三个月未支付经济补偿，劳动者请求解除竞业限制约定的，人民法院应予支持"的规定，本案中，劳动者在接到用人单位发出的《律师函》后，在合理的期间内未向用人单位作出书面的解释说明，结合其后劳动者参与配偶控股的另一公司投标获得工程项目的事实，以及用人单位向劳动仲裁委申请仲裁，要求劳动者支付违反竞业限制违约金的情节，即双方对于劳动者是否存在违反竞业限制行为产生争议，故用人单位未支付劳动者的竞业限制补偿金，有合理的理由，劳动者主张用人单位三个月未支付竞业限制补偿金，协议自动失效，理由不充分，法院不予采纳。

样本案例三，法院认为，关于竞业限制补偿金，双方签订的《竞业限制协议》，约定劳动者就职期间以及离职后二年内应当遵守竞业限制义务，用人单位给予劳动者竞业限制的经济补偿，双方意思表示真实一致，协议内容除"第三条违约责任"中"（二）甲方违约责任：如甲方逾期两个月未支付经济补偿的，本协议自动终止"以及"第五条有下列情形之一的，本协议对双方不再具有约束力"中"（二）乙方在甲方任同一职务满五年后离职的（同一职务任职时间从任职之日起计，含现已任职的时间，包括在各公司、各部门任同一职务的时间）"外，其余并不违反法律、行政法规的强制性规定，应属有效。而《竞业限制协议》第三条约定的"如逾期两个月未支付经济补偿的，本协议自动终止"以及第五条约定的"有下列情形之一的，本协议对双方不再具有约束力"中"（二）乙方在甲方任同一职务满五年后离职的（同一职务任职时间从任职之日起计，含现已任职的时间，包括在各公司、各部门任同一职务的时间）"，属约定竞业限制协议的解除条件，根据《最高人民法院关于审理劳动争议案件适用法律若干问题的解释（四）》（法释〔2013〕4号，2013年2月1日起施行，已废止）第九条第一款"在竞业限制期限内，用人单位请求解除竞业限制协议时，人民法院应予支持"的规定，竞业限制是通过限制劳动者一定的就业选择权，从而保护用人单位在劳动者就职期间知晓或掌握用人单位的商业秘密所蕴含的竞争利益。竞业限制侧重用人单位权利的保护，而是否需要继续保护相关权利，在于用人单位的决定，因此，无论从竞业限制的立法目的、法律特征以及权利义务的平衡上，作为用人单位有权行使竞业限制协议的单方解除权。然而，竞业限制协议毕竟是对劳动者的就业选择权进行了限制，用人单位虽然可以依法行使单方解除权,但对行使单方解除权的时间和方式应有一定限制,以平衡劳动者因用人单位解除竞业限制后再就业选择所需的时间和条件,因此,用人单位单方解除竞业限制协议的,应根据竞业限制协议约定的条件或方式向劳动者明示解除的意思表示,而考量竞业限制协议约定的解除条件时,还应审查所附解除条件是否存在侵害劳动者的利益或加重劳动者的义务等因素。本案中,《竞业限制协议》约定"如逾期两个月未支付经济补偿的,本协议自动终止"以及"有下列情形之一的,本协议对双方不再具有约束力:……(二)乙方在甲方任同一职务满五年后离职的(同一职务任职时间从任职之日起计,含现已任职的时间,包括在各公司、各部门任同一职务的时间)"的解除条件,约定以不作为方式默认用人单位的解除意愿,与用人单位单方解除竞业限制协议的条件不符,且赋予了用人单位随意解除协议的权利,加重劳动者对竞业限制协议解除的注意义务,排除其法定权利,故根据《中华人民共和国劳动合同法》(2012年修正)第二十六条第一款第(二)项"下列劳动合同无效或者部分无效:……(二)用人单位免除自己的法定责任、排除劳动者权利的"的规定,上述《竞业限制协议》第三条和第五条中的上述约定应属无效。用人单位应支付劳动者竞业限制补偿金。

(三)类案大数据报告

截至2022年12月31日,以"竞业限制""超三个月""补偿金"为关键词,通过公开数据库检索到类案657件,经逐案阅看、分析,与本规则关联度较高的案件共有197件,因其中存在同一案件的一审、二审、再审裁判,严格意义上应将其认定为一件案件(同时还有套案因素等,实质上争议的焦点问题是相同的),故剔除前述情形后,实际共有163件案件。整体情况如下:

从类案地域分布看,涉案数最多的地域是广东省,共30件;其次是上海市和江苏省,均为22件;再次是北京市,共18件。

从类案结案时间看,结案最多的年份是2020年,共有38件;其次为2019年,共有30件;再次为2021年,共有28件。

从案件经历的审理程序看,只经过一审程序的共计35件,经过一审、二审程序的共计126件,经过一审、二审及再审程序的共计2件。

四、类案裁判规则的解析确立

用人单位不应滥用竞业限制协议构成对劳动者权利的侵害。竞业限制就其本质而言是对劳动者劳动权利的限制，它在保护用人单位商业秘密的同时也限制了劳动者自由择业权利的实现。

劳动者和用人单位在履行合同过程中应遵循诚实信用原则。若以用人单位未支付补偿金即视为终止或解除竞业限制协议，则对于因信赖而仍履行竞业限制义务的劳动者显然不公，用人单位如果不需要劳动者履行竞业限制义务，则应采取与劳动者协商解除或者发送书面通知、提起仲裁或诉讼等方式终止竞业限制协议。如果单位未履行上述通知义务，且逾期3个月以上不支付竞业限制补偿金的，劳动者有权向单位提出解除竞业限制协议。在劳动者提出解除竞业限制协议前，该竞业限制协议并不自动失效。如劳动者未向单位提出解除竞业限制协议，且遵守了竞业限制义务，其仍有权要求单位继续按约定支付相应的竞业限制补偿金。

五、关联法律法规

《最高人民法院关于审理劳动争议案件适用法律问题的解释（一）》（法释[2020]26号，2021年1月1日起施行）

第三十八条 当事人在劳动合同或者保密协议中约定了竞业限制和经济补偿，劳动合同解除或者终止后，因用人单位的原因导致三个月未支付经济补偿，劳动者请求解除竞业限制约定的，人民法院应予支持。

竞业限制案件裁判规则

第4条

　　劳动者在竞业限制期间内多次违反竞业限制约定的，用人单位可多次向劳动者主张支付违约金

一、聚焦司法案件裁判观点

■ 争议焦点

劳动者在竞业限制期间内多次违反竞业限制约定,用人单位是否可多次向劳动者主张支付违约金?

■ 裁判观点

劳动者违反竞业限制约定,向用人单位支付违约金后,只要是在竞业限制协议期限内,劳动者仍然需要继续履行竞业限制义务。劳动者再次违反竞业限制约定,用人单位再次主张劳动者支付违约金的,应予以支持。

二、司法案例样本对比

样本案例一
钟某某与上海某某公司劳动合同纠纷案

• 当事人

上诉人(原审被告):钟某某
被上诉人(原审原告):上海某某公司

• 基本案情

钟某某于2011年8月22日进入上海某某公司工作,担任销售一职。双方签订的劳动合同期限为2011年8月22日起至2014年8月21日止,其中入职当日至2011年11月21日止为试用期。入职当日,上海某某公司、钟某某签订了保密及竞业限制合同。在该合同中，约定钟某某承诺自离职之日起两年内，或者钟某某根据该合同第四条第4款所约定评估的期限内，不得到生产、经营同类产品或提供同类服务的其他企业、事业单位、社会团体内担任任何职务，包括但不限于法人、股东、合伙人、董事、监事、经理、职员、代理人、顾问等，也不得以其他任何形式从事与上海某某公司存在竞争关系的任何活动。就前述所提及的评估期限，该合同第四条第4款约定，在钟某某离职后两年内，上海某某公司随时可对钟某某竞业限制义务进行评估，若经过评估认为不需要钟某某再履行竞业限制义务的，上海某某公司将按钟某某提供的联络方式书面通知钟某某，自书面通知发出三日后，钟某某竞业限制义务终止，上海某某公司至此不再向钟某某支付竞业限制补偿金。该合同约定就竞业限制补偿金为每月1 000元，并约定支付方式为钟某某在职期间全额或部分支付，并经钟某某确认签字。该合同还约定，若钟某某在职期间，上海某某公司已全额支付竞业限制补偿金，则钟某某离职后，上海某某公司无须再向钟某某支付竞业限制补偿金。

2012年1月17日，钟某某签名确认收到竞业限制补偿金13 000元。2013年2月5日，钟某某签名确认收到竞业限制补偿金7 000元。2013年5月23日，钟某某向上海某某公司递交辞职报告，以个人原因为由向上海某某公司提出辞职。

2013年5月23日以前，钟某某在山东省某市设立甲公司，并担任该公司的法定代表人。2014年3月29日，钟某某经工商登记注册成立了乙公司，并担任该公司的法定代表人。该公司经工商登记的一般经营项目为"化工原料及产品销售；机械设备及配件销售、技术咨询；玻璃制品、塑料制品、太阳能电池片、硅片、金属制品销售"。注册资本为1 000 000元。

2013年11月6日，上海某某公司向上海市某区劳动人事争议仲裁委员会申请仲裁，要求钟某某继续履行竞业限制义务，并向上海某某公司支付竞业限制违约金500 000元。该会于2014年2月28日作出仲裁裁决，裁决钟某某继续履行双方所签订的竞业限制合同至2015年1月23日止，并支付上海某某公司违反竞业限制协议违约金100 000元。该裁决业已生效。之后，上海某某公司向钟某某户籍所在地申请执行该裁决。2014年6月11日，钟某某户籍所在地法院出具受理案件通知书，决定立案执行。

2014年7月10日，上海某某公司以本案诉请事项为由向上海市某区劳动人事争议仲裁委员会申请仲裁。该会于2014年8月19日作出仲裁裁决，裁决钟某某支付上海某某公司违约金100 000元。上海某某公司、钟某某均不服上述裁决，遂上诉。

另查明，上海某某公司经工商登记的经营范围为：电子产品、机电产品、玻璃制品、化工原料及产品（除危险品）的销售，从事电子科技领域内的技术服务、技术转让、技术咨询、技术开发，从事货物及技术的进出口业务。

原审庭审中，钟某某表示其向上海某某公司主张过解除双方所签订的保密及竞业限制合同。另，其已不再担任乙公司的法定代表人。

原审认为，用人单位与劳动者可以在劳动合同中约定保守用人单位的商业秘密和与知识产权相关的保密事项。对负有保密义务的劳动者，用人单位可以在劳动合同或保密协议中与劳动者约定竞业限制条款，并约定在解除或终止劳动合同后，在竞业限制期限内按月给予劳动者经济补偿。劳动者违反竞业限制约定的，应当按照约定向用人单位支付违约金。钟某某入职当日与上海某某公司签订了保密及竞业限制合同。此后，钟某某并未向上海某某公司提出过解除该合同。钟某某应按该保密及竞业限制合同履行竞业限制义务。然钟某某在其递交辞职报告之前，即已在外地注册设立与上海某某公司属于同业竞争的公司并担任法定代表人。上海某某公司发现上述情况并申请仲裁，已生效的仲裁裁决钟某某支付上海某某公司违约金100 000元。2014年3月29日，钟某某经工商登记在南京注册成立了与上海某某公司具有同业竞争关系的公司，并担任该公司的法定代表人。钟某某第二次违反了双方所签订的保密及竞业限制合同，该行为非常恶劣。上海某某公司主张钟某某支付其违约金，于法有据。至于违约金的数额，原审法院酌定为200 000元。同理，就钟某某主张无须支付上海某某公司违约金100 000元之诉请，于法无据，原审法院不予支持。据此，依照《中华人民共和国劳动合同法》（2012年修正）第二条第一款、第二十三条第二款之规定，原审法院判决如下：钟某某于判决生效之日起十日内支付上海某某公司违约金200 000元。

判决后钟某某不服，认为：1.竞业限制补偿金的支付时间为解除或终止劳动合同后，不允许劳动者和用人单位自行约定为在职期间；2.双方约定的竞业限制补偿金每月1 000元金额过低，显失公平；3.上诉人离职后没有收到竞业限制补偿金，故无须履行竞业限制协议；4.上诉人对仲裁裁决在执行阶段之前并不知情，故不存在明知故犯，再次违反竞业限制协议。现请求撤销原审判决，改判上诉人不支付被上诉人违约金200 000元。

被上诉人上海某某公司不接受钟某某的上诉请求，请求驳回上诉，维持原判。

二审审理过程中，钟某某就原审查明事实提出两项补充：第一，钟某某没有收到甲公司案件的仲裁开庭通知；第二，2014年6月20日钟某某收到甲公司案件强制执行通知，2014年6月22日钟某某就已经开始变更乙公司的法定代表人和股东了。上海某某公司对钟某某补充的第一项事实不予认可,称甲公司的仲裁案件是缺席仲裁,钟某某故意逃避而并非没有收到通知。经审查,甲公司案件中某区仲裁委员会系向钟某某公告送达应诉及开庭通知,故本院对钟某某补充的第一项事实不予采信。上海某某公司对钟某某补充的第二项事实亦不予认可,称2014年7月21日调取的乙公司工商登记资料中显示的法定代表人仍然是钟某某,具体变更日期应当是2014年8月1日,且钟某某一直是乙公司的股东。同时,上海某某公司提供从全国企业信用信息公示系统调取的公司信息证明截至2015年4月5日钟某某仍然是乙公司的股东。钟某某对该公司信息予以确认。经审查,法院认为,钟某某对其补充的第二项事实未能提供任何证据予以证明,法院不予采信。

二审审理过程中,上海某某公司就原审查明事实亦提出一项补充:2013年3月27日钟某某成立了甲公司,并担任该公司法定代表人。经审查,钟某某对该项事实予以确认,法院对上海某某公司补充的事实予以采信。

二审另查明,截至2015年4月5日钟某某仍然系乙公司的股东。上述事实由上海某某公司提供的公司信息以及双方的庭审陈述予以佐证。

• **案件争点**

劳动者两次违反竞业限制协议,竞业限制违约金如何计算?

• **裁判要旨**

首先,上海某某公司与钟某某签订的保密及竞业限制合同合法有效,双方理应按照合同的约定履行各自的义务。合同签订后,上海某某公司分别于2012年1月17日及2013年2月5日向钟某某发放了竞业限制补偿金,钟某某对此亦予以签字确认。现钟某某认为其无须依据合同履行竞业限制义务。即使钟某某所称竞业限制补偿金的支付时间不应为在职期间的主张成立,也并不影响竞业限制协议的效力,钟某某仍需遵守竞业限制的约定。其次,钟某某亦未提供任何证据证明,上海某某公司存在将补偿金计算在劳动报酬中,从而降低了钟某某正常工资收入的情况。故钟某某主张其无须履行竞业限制义务,缺乏事实及法律依据,本院不予采信。根据保密及竞业限制合同的约定,钟某某不得到生产、经营同类产品或提供同类服务的其他企业、事业单位、社会团体内担任任何职务,包括但不限于法人、股东等。根据二审查明事实,截至2015年4月5日钟某某仍然担任乙公司的股东,故原审法院认定钟某某再次违反双方签订的保密及竞业限制合同,应当支付违约金200 000元,并无不当,二审法院予以确认。

样本案例二
孙某与北京某某公司劳动争议案

• **当事人**

原告：孙某

被告：北京某某公司

第三人：上海某某公司、北京某某技术公司

• **基本案情**

孙某某提出诉讼请求：1. 原告无须向北京某某公司支付违约金7.2万元；2. 原告无须继续履行与北京某某公司2011年9月1日签订的《保密及竞业限制协议》中的保密义务（庭审中，孙某某撤回第二项诉讼请求）。事实和理由：2016年7月后原告已经处于无业状态，没有与任何公司签订劳动合同，并未违反竞业限制义务，且原告与北京某某公司所签订的《保密及竞业限制协议》已经于2016年8月31日到期。

北京某某公司辩称，不同意孙某某的诉讼请求。在某中级人民法院作出终审判决后，孙某某再次违反竞业限制义务，构成违约，应支付竞业限制违约金。

上海某某公司及北京某某技术公司述称，北京某某技术公司为上海某某公司的全资子公司，孙某某确曾与北京某某技术公司间存在劳动关系，但已离职。

法院经审理认定事实如下：本案争议焦点为2016年4月北京市某中级人民法院作出终审判决，即维持初审，判决孙某某向北京某某公司支付竞业限制违约金7.2万元并继续履行《保密及竞业限制协议》后，孙某某有无再次违反竞业限制义务，及其应否再次向北京某某公司支付竞业限制违约金。

第一，对于孙某某与北京某某公司间"竞业限制"前案纠纷。

孙某某曾于北京某某公司从事技术工作，2011年9月1日双方签订《保密及竞业限制协议》，约定孙某某负有保密义务，并约定孙某某在离职后两年内需履行竞业限制义务。2014年8月31日，孙某某与北京某某公司劳动合同关系到期终止。2015年，北京某某公司提起劳动仲裁，以孙某某违反竞业限制义务为由，要求孙某某支付竞业限制违约金、继续履行竞业限制协议，某仲裁委出具仲裁裁决书，认定孙某某有违竞业限制义务，裁决孙某某向北京某某公司支付违约金7.2万元并继续履行竞业限制义务。孙某某不服诉至法院，初审法院判决书判决孙某某向北京某某公司支付违约金7.2万元并继续履行双方间《保密及竞业限制协议》。孙某某不服一审判决结果提起上诉。2016年4月22日，北京市某中级人民法院出具终审民事判决书，判决驳回上诉、维持原判。经询，孙某某、北京某某公司确认该判决业已执行。

据上述生效判决书，认定孙某某违反竞业限制义务的原因为：北京某某公司与上海某某公司在风险控制等部分领域存有竞争关系，孙某某与上海某某公司间存在工作关系，孙某某曾在另案中自述为成都某某公司高级工程师，上海某某公司及孙某某均为成都某某公司股东，孙某某所提举证据未能有效证明其并未向上海某某公司提供工作。

第二，对于本案中双方争议内容，即2016年4月22日，法院就双方间"竞业限制"纠纷作出生效判决后，孙某某有无再次违反竞业限制义务。

北京某某公司主张，前案诉讼后，孙某某再次违反竞业限制义务，具体表现形式为：孙某某与"上海某某公司""北京某某技术公司""成都某某公司"等多家公司存在劳动关系，与上海某某公司作为股东成立"成都某某公司"。

就此，北京某某公司提交2016年6月27日代理人邵某与上海某某公司工作人员电话录音及公证书为证。录音显示2016年6月27日，北京某某公司代理人邵某致电上海某某公司，询问孙某某是否仍在该公司就职，上海某某公司工作人员称，孙某某在北京分公司，从事风险操控业务，查询显示为在职，座机尾号9500。经庭审质证，孙某某、上海某某公司、北京某某技术公司对该证据真实性均予认可。

孙某某主张，北京某某公司所述"再次违约"行为仅是前案的延续，其并无新的违反竞业限制的行为，亦未对北京某某公司造成损失；且在前案诉讼后，也已积极履行判决内容，法律不应对同一事实进行二次处罚。孙某某称："一、我曾与北京某某技术公司间存在劳动关系。2015年5—6月间入职，正常工作至2016年5月，因'竞业限制'问题离职，此后由北京某某技术公司代缴部分期间社保。二、我曾系成都某某公司股东。北京某某技术公司想在成都开展金融服务业务故而成立公司，由于我在成都有一定的人脉和资源，因此得到40%股份，成都某某公司并未实际经营，目前处于注销阶段。"

就此，孙某某提交以下材料为证：1.《注销前涉税事项清算表》《税务文书受理回执》《注销税务登记申请审批表》显示2016年10月25日"成都某某公司"办理手续，申请依法终止纳税义务。2.《备案通知书》显示2016年11月2日，"成都某某公司"进行清算组备案。经庭审质证，北京某某公司对证据真实性无异议，证明目的不予认可。上海某某公司、北京某某技术公司对该证据真实性均予认可。

上海某某公司及北京某某技术公司主张，孙某某业已从北京某某技术公司离职，称：孙某某曾与北京某某技术公司存在劳动关系，正常工作至2016年5月中旬，双方劳动关系因孙某某自动离职而解除，公司代缴有部分月份社保。

就此，上海某某公司及北京某某技术公司提交社保及公积金缴费查询为证，显示2016年1月至7月，北京某某技术公司为孙某某缴纳社会保险，2016年8月至10月，案外"某诚公司"为孙某某缴纳社会保险；孙某某公积金业已转出。经询问，孙某某对证据真实性无异议。北京某某公司对证据真实性无异议，证明目的不予认可。

庭审中，北京某某公司确认孙某某竞业限制期至2016年8月30日，孙某某当庭表示同意继续遵守《保密及竞业限制协议》中的保密义务。再经询问，北京某某公司表示本案中无法就孙某某违约行为给其公司造成损失进行举证。

最后，就本案的仲裁情况。2016年8月9日，北京某某公司向北京市某区劳动人事争议仲裁委员会提起仲裁，以孙某某无视生效判决一直为上海某某公司工作、拒绝履行《保密及竞业限制协议》为由，要求孙某某支付违约金7.2万元并继续履行《保密及竞业限制协议》，上海某某公司承担连带责任。仲裁庭审理后作出裁决书，裁决：一、孙某某向北京某某公司支付违约金7.2万元；二、孙某某继续履行《保密及竞业限制协议》中的保密义务；三、驳回北京某某公司的其他申请请求。孙某某不服该仲裁裁决起诉至法院，北京某某公司、上海某某公司未起诉。

- 案件争点

1. 孙某某是否构成"再次违约"？
2. 北京某某公司能否要求孙某某支付因再次违反竞业限制义务而产生的违约金？

- 裁判要旨

法院认为，对于裁决书的第二项裁决内容，孙某某当庭表示同意继续履行《保密及竞业限制协议》中的保密义务、撤回相应诉讼请求，则法院对此不持异议。鉴此，孙某某应继续履行与北京某某公司于《保密及竞业限制协议》中约定的保密义务。

对于双方争议的"再次违约"问题。北京某某公司称孙某某与"上海某某公司""北京某某技术公司""成都某某公司"等多家公司存在劳动关系，与上海某某公司作为股东成立"成都某某公司"，构成对双方间竞业限制约定的再次违反。但结合业已生效并执行的前案判决书，前案中认定孙某某违反竞业限制约定并判决其支付违约金的事实基础为"孙某某与上海某某公司间存在工作关系,孙某某曾在另案中自述为成都某某公司高级工程师,上海某某公司及孙某某均为成都某某公司股东"等。考虑到上海某某公司、北京某某技术公司(上海某某公司全资子公司)、成都某某公司(上海某某公司设立)间的关联关系,本案中,北京某某公司主张孙某某"再次违约",其实质上系前案中违约行为的延续,属于前案判决履行问题。鉴此,北京某某公司基于同一违约事实主张孙某某再次违反竞业限制义务并要求孙某某支付违约金,法院无法予以支持。据上,孙某某无须向北京某某公司支付竞业限制违约金7.2万元。

样本案例三

喻某某、江西某某公司竞业限制纠纷案

• 当事人

原告(并案被告):喻某某

被告(并案原告):江西某某公司

• 基本案情

原告(并案被告)喻某某提出诉讼请求:1.依法解除原、被告双方签订的竞业限制协议;2.本案诉讼费由被告江西某某公司承担。事实和理由:2018年5月8日,原、被告双方签订竞业限制协议,约定在双方解除或终止劳动关系后,原告不得到与被告公司生产或者经营同类产品、从事同类业务的有竞争关系的其他用人单位任职,或者自己开业生产或者经营同类产品、从事同类业务;原告的竞业限制期限为二年,自劳动合同解除或者终止之日起开始计算;原告竞业限制的地域范围为中国大陆;在原告竞业限制期限内,被告公司按照原告在劳动合同解除或者终止前十二个月平均工资的30%按月支付竞业限制经济补偿;双方同时就其他事项作出约定。2019年6月5日,原、被告签订《劳动合同书》,约定合同期限从2019年5月1日起至2022年4月30日止;原告的工作地点为某博工厂;双方并就其他事项作出约定。2020年2月原告向被告公司提出离职,双方解除劳动关系。根据竞业限制协议的约定,被告公司从2020年2月份开始就应该每月向原告支付竞业限制经济补偿金,但被告公司却拖欠不予支付,直至2020年6月20日才向原告支付2020年2月至5月的竞业限制经济补偿金,远远超过了《最高人民法院关于审理劳动争议案件适用法律若干问题的解释(四)》(法释〔2013〕4号,2013年2月1日起施行,已废止)第八

条规定的三个月期限。由于双方在签订《竞业禁止制度及协议》时，原告作为劳动者处于弱势地位、法律知识不足，当时被告公司没有给原告该文本，原告也无法在退回竞业限制经济补偿金时提起解除竞业限制协议的仲裁请求，但原告在收到竞业限制经济补偿金的当天，将竞业限制经济补偿金退回被告公司的行为，表明了原告与被告公司解除竞业限制协议的态度。在此，原告请求依法解除双方签订的竞业限制协议。通过国家企业信用信息公示系统查询得知，被告公司注册地为江西，所从事的行业属于通用设备制造业，在其他地域没有投资相同经营范围的企业。原、被告签订的《中华人民共和国劳动合同书》约定工作地点为江西某某公司，但原告实际是业务销售人员，在没有其他专业技能的情况下，却约定竞业限制的地域为中国大陆，显然限制并剥夺了原告的择业权、就业权。因此，退一步讲，即使对原告进行竞业限制，也只能在特定区域的江西进行限制，而不能对竞业限制的范围扩大到全国范围内。并且，原告作为业务销售人员，不属于《中华人民共和国劳动合同法》第二十四条规定的"高级管理人员、高级技术人员和其他负有保密义务的人员"，竞业限制协议中对原告的竞业限制没有法律效力。综上所述，依据《劳动争议调解仲裁法》第50条、《民事诉讼法》第119条之规定诉至贵院，以维护原告的合法权益。

被告（并案原告）江西某某公司辩称：原告喻某某违反了其与被告江西某某公司签订的竞业限制协议，其应按约定承担违约责任。1. 原、被告签订的竞业限制协议符合法律规定。原告经过被告公司内部培训，获悉被告公司的客户信息、产品价格信息及销售薪酬体系。原告也与被告公司签订了《专项保密协议》。因此，原告是负有保密义务的劳动者。根据《中华人民共和国劳动合同法》第23条规定，对负有保密义务的劳动者，用人单位可以在劳动合同或者保密协议中与劳动者约定竞业限制条款……所以，原告符合竞业限制的主体资格条件。原告实际也与被告公司签订了竞业限制协议，负有2年竞业限制义务。被告公司在全国各地大部分区域均有分公司或办事处等营销网点，也在全国性媒体央视投放营销广告，因此，双方约定竞业限制的地域为中国大陆也合法。2. 原告违反竞业禁止约定。根据广东某某公司工商信息，该公司于2020年3月20日成立；周某某、喻某某、罗某某、卢某、蒋某某等人于2020年6月11日一起串通入股广东某某公司，合计持股78%，对广东某某公司控股（此时，原告喻某某等人均未过2年竞业限制期限）；法定代表人由江西某某公司前副总罗某某担任，营销总监由江西某某公司前营销总监周某某担任，监事由江西某某公司前销售罗某某担任；经营范围与江西某某公司高度重合（生产、设计、销售：空调机、制冷设备、冷水机、抽气机、水冷柜、风冷机、家用空调、恒温恒湿机；净化系统工程的方案设计与安装）。根据广东某某公司官网信息，某宏空调源自2009年一家以德国精良制造工艺为主导的大型空调外销生产企业，由广东某某公司全资控股后大力开发国内市场，广东某某公司已形成年产5.8万台全系列舒适性、净化型空气处理设备以及水冷螺杆机组、风冷螺杆机组、风冷模块机组、蒸发冷一体式冷（热）水机组等各类电制冷机组的能力，在空气净化、节能环保等技术领域处于行业领先水平，并在市场上占据主导地位，广东某某公司在中山、深圳、佛山、广东、厦门、湖南、河南、上海、杭州、云南等地有生产基地或营销网点，在2020年4月单月的订单突破1 000万，2年竞业限制期间内对江西某某公司订单造成严重冲击。3. 原告不享有竞业限制协议的解除权。原告在被告公司工作期间一直通过被告公司关联公司深圳某某公司为其缴纳社保（因为原告不愿将社保转回江西，所以一直由深圳某某公司为其缴纳）。根据原告社保缴费明细表可以看出，直到2020年3月深圳某某公司仍在为其缴纳社保。原告在劳动仲裁阶段也称其在2020年3月12日前向被告公司提出离职，所以原告在2020年3月份仍未与被告公司解除劳动关系。被告公司从2020年6月开始支付原告竞业限制补贴未超过三个月时间，原告不享有竞业限制协议的解除权。被告公司支付原告2020年2月、3月的竞业补贴应认定为原告的不当得利，原告也已退回给江西某某公司。另外，根据深圳某某公司甲工商信息，该公司经营范围也包含中央空调、空调冷气设备、空气净化设备、暖通净化设备的销售，与江西某某公司存在同业竞争关系。原告从2020年4月在深圳某某公司甲缴纳社保，与其建立了劳动关系，原告也违反了竞业限制义务，原告违约在先，其无权要求解除竞业限制协议。原告除了从事中央空调制冷行业还有非常多的就业选择，因此，原告履行竞业限制义务不会影响其正常生活，何况被告公司还向其支付竞业限制经济补贴。4. 原告应对其违反竞业限制义务的行为承担违约责任。原告离职后（离职前都在筹备）马上与深圳某某公司甲建立劳动关系，并与罗某某、周某某等人一起投资入股广东某公司，其行为严重违反了竞业限制义务，严重损害了被告公司权益。根据竞业限制协议第三条违约责任第3款约定及《中华人民共和国劳动合同法》第23条规定，原告不仅应向被告公司支付违约金（从其入职之日起从江西某某公司所获所有收入的两倍计算，违约金低于100万元按100万元计算），还应继续履行竞业限制义务。综上，请法庭依法驳回原告的诉讼请求。

被告（并案原告）江西某某公司向本院提出诉讼请求：1. 判令被告喻某某履行竞业限制义务至2022年6月11日止，并向原告汇报其竞业限制期间的就业情况；2. 判令被告喻某某向原告支付违约金1 607 920元；3. 本案诉讼费由被告喻某某承担。2021年3月18日，原告公司向本院申请追加诉讼请求，要求判令被告喻某某向原告退还已发竞业限制经济补贴10 935元，原告有权不发放被告违反竞业限制义务期间内的竞业补贴。事实和理由：被告喻某某于2017年入职原告公司，于2018年5月与原告公司签订了竞业限制协议，约定被告喻某某在职期间不得利用原告公司的工作条件等，私自为自己、其他单位或个人工作，与原告公司进行相竞争的活动；不得在与原告公司相竞争的企业任职、兼职；离职后2年内履行竞业限制义务和应保守原告公司商业秘密等义务。被告于2019年6月5日与原告公司续签《劳动合同书》，约定劳动期限从2019年5月1日起至2022年4月30日止。根据该合同约定，被告连续旷工3日（含）或一年内累计旷工达10日者，原告公司可以随时解除劳动合同；被告应当保守原告公司的商业秘密与知识产权相关的保密事项。在双方解除或者终止劳动合同后，被告不得到与原告公司生产或者经营同类产品、从事同类业务的有竞争关系的其他用人单位任职，或者自己开业生产经营同类产品。原告公司后来发现被告在职期间利用其职务便利使原告公司与被告投资经营的河南某某公司、郑州某某公司发生大量交易，从中赚取差价牟利。2020年1月11日，被告与原告公司签订了《协议书》，承认了其前述违约行为，并同意纠正后继续在原告公司处工作。但被告并未履行该《协议书》约定，于2020年3月15日起未正常上下班，连续旷工超过3日。原告公司于2020年6月12日向被告出具《解除劳动合同告知书》，解除双方劳动关系。被告离职前担任原告公司郑州办事处负责人。原告公司在被告离职后，一直在向其支付竞业限制经济补偿。经查，被告和原告公司前副总罗某某、营销总监周某某、销售罗某某、卢某、蒋某某等人于2020年6月11日串通一起入股广东某某公司。根据广东某某公司工商信息，该公司于2020年3月20日成立，由原告前副总罗某某担任法定代表人，经营范围含生产、设计、销售空调机、制冷设备、冷水机、抽气机、水冷柜、风冷机、家用空调、恒温恒湿机；净化系统工程的方案设计与安装。被告该行为违反了《劳动合同书》、竞业限制协议及《协议书》约定。××区劳动仲裁委员会认为被告喻某某在2019年9月已从河南某某公司撤股和撤出经营，于2019年6月注销郑州某某公司，错误认为其已履行了竞业限制义务，停止了侵权。虽然被告喻某某前述行为可能停止了侵权，但其侵权行为已经严重损害了原告公司权益，且其又在离职后的竞业限制期限内伙同罗某某等人入股广东某某公司，公然与原告公司同业或竞业竞争，仍继续严重违反竞业限制义务，严重损害了原告公司管理制度，严重侵犯了原告公司的合法权益。综上，被告与周某某、罗某某等人合谋的违约行为不仅严重损害了原告公司的经济利益，还破坏了原告公司的管理制度，导致原告公司客户流失，造成原告公司在中山、长沙、郑州等三地成熟地区的业务陷入困境，被告应当按照约定履行竞业限制义务，并按约定支付违约金。被告离职后，原告公司向其发放竞业限制经济补贴，因被告离职后一直持续违反竞业限制义务，原告公司有权不发放被告违反竞业限制义务期间的竞业限制经济补贴，并有权要求被告退回已发放的竞业限制经济补贴。

原告（并案被告）喻某某辩称：一、法律规定的竞业限制经济补偿是从劳动合同解除或终止后开始发放，被告与原告江西某某公司签订的竞业限制协议也约定了竞业期限自劳动合同解除或终止之日起开始计算。从原告公司在2020年6月向被告支付2020年2月至5月期间的竞业限制补偿金来看，原告公司认可被告在2020年2月之前离开了公司、双方解除了劳动合同。原告公司为了否认并掩盖其未按月支付经济补偿及超过三个月未支付经济补偿的违约及违法事实，在2020年6月12日向被告发出《解除劳动合同通知书》，6月20日才向被告支付2020年2—5月期间的竞业禁止经济补偿，因此，双方解除劳动合同的时间为2020年2月之前。二、被告离开原告公司以后，从2020年2月开始，一直按照约定遵守双方签订的竞业限制协议，因受疫情影响一直找不到工作，而原告公司却不遵守并不履行其应当承担的向被告支付竞业限制经济补偿的法定义务，连续四个月未向被告支付竞业限制经济补偿，在此前提下，被告有权解除竞业限制协议。正是由于原告公司违反按月支付经济补偿的约定不向被告支付竞业限制经济补偿，被告才在2020年6月参股了广东某某公司。广东某某公司工商档案显示，被告于2020年6月12日作为股东参与。被告2020年6月收到经济补偿当日将该款退回原告公司，也是以事实行动表明解除双方竞业限制协议的态度。三、被告在2020年1月11日签订《协议书》之前就已从河南某某公司撤股和撤出经营，并注销了郑州某某公司，已履行竞业禁止义务，且该《协议书》的签订是对之前行为的一种终结，原告公司不能再以此认为被告违反了竞业禁止。另外，从原告公司向河南某某公司授予"战略合作伙伴"牌匾，也说明了原告公司认可河南某某公司的合作地位，认可被告入股经营河南某某公司不在竞业限制之内。四、竞业限制协议系原告公司为了重复使用而预先拟定，并在订立时不与被告进行协商的格式条款，这也从原告公司起诉的系列案件可以得知，系列案件中每个劳动者签订的都是这个版本。协议中对竞业限制经济补偿是以劳动合同解除或终止前十二个月平均工资的30%按月支付，对违反竞业限制的违约金却以从原告公司处领取的所有工资奖金等一切收入的2倍计算，且低于100万元按照100万元计算，该协议明显的不公平、不公正，在签订竞业限制协议时，被告喻某某处于弱势地位，该格式条款明显加重了被告的责任，而减轻了原告公司的责任，该违约金条款应当无效。综上，原告公司违反约定及法定义务不支付竞业限制经济补偿，该协议应当解除，被告不应当向原告公司支付违约金，且违约金约定明显过高，计算的金额也没有依据。

在被告遵守并履行竞业限制协议的 2020 年 2—5 月的四个月期间，原告公司应当向被告支付竞业限制经济补偿，被告收到的 2020 年 9—11 月三个月的共计 10 935 元经济补偿，应当用于冲抵上述期间的经济补偿，并保留向原告公司主张剩余一个月经济补偿的权利。

法院经审理认定事实如下：被告（并案原告）江西某某公司成立于 2013 年 3 月 21 日，注册地在江西省某市某区。公司在全国多地设有分公司外，在中山、长沙、昆明等全国 20 多地设有营销网点办事处。公司经营范围有制冷设备、冷水机、抽气机、水冷柜、风冷机、空调机、恒温恒湿机的设计、生产、销售；自营和代理各类商品进出口（实行国营贸易管理的货物除外）；空气净化工程安装、维修及技术服务。2012 年 8 月，原告（并案被告）喻某某到郑州某某公司任职，后随公司发展到被告（并案原告）江西某某公司任职，职务为郑州办事处负责人。2018 年 5 月 8 日，双方签订竞业限制协议，约定：喻某某在江西某某公司工作期间，不得利用江西某某公司的工作条件、业务资料、设施和渠道，私自为自己、其他单位或个人工作，进行与江西某某公司相竞争的活动，不得在江西某某公司的竞争企业任职、兼职，不得组织公司、工厂或其他实体与江西某某公司竞争；喻某某离职后，不得到与江西某某公司生产或者经营同类产品、从事同类业务的有竞争关系的其他用人单位任职，或者自己开业生产或者经营同类产品、从事同类业务；竞业限制期限为二年，自劳动合同解除或者终止之日起计算；竞业限制的地域范围为中国大陆；在竞业限制期限内，江西某某公司按照喻某某在劳动合同解除或者终止前十二个月平均工资的 30% 按月支付竞业限制经济补偿；违反竞业限制制度，按以下方式累计赔偿公司……按喻某某进入公司之日起从公司领取的所有工资奖金等一切收入的 2 倍计算作为违约金赔偿公司，违约金低于 100 万元按 100 万元计算……2018 年 5 月 18 日，双方签订的《江西某某公司专项保密协议》称：鉴于江西某某公司组织员工参加公司报价体系的学习培训，经双方协商一致签署如下保密协议：保密内容包括但不限于本次组织学习培训涉及的讲稿、客户名单、图纸、业务渠道、供货来源、销售渠道、产品成本、交易价格、利润率、公司的专利和技术秘密等；乙方喻某某负有遵守公司保密制度、保守公司商业秘密的义务……2019 年 6 月 5 日，双方签订《劳动合同书》，约定：合同期限从 2019 年 5 月 1 日起至 2022 年 4 月 30 日止，双方就权利义务、解除劳动合同条件、程序等均作出了相关的约定，同时约定喻某某（仅限于高级管理人员、高级技术人员、负有保密义务的人员）应当保守江西某某公司的商业秘密与知识产权相关的保密事项。在双方解除或者终止劳动合同后，喻某某不得到与江西某某公司生产或者经营同类产品、从事同类业务的有竞争关系的其他用人单位任职，或者自己开业生产或者经营同类产品……此后,江西某某公司发现喻某某投资经营了与江西某某公司同类业务的河南某某公司、郑州某某公司,并利用其是办事处负责人向江西某某公司申请较低折扣,让江西某某公司与上述两公司交易,从中赚取销售提成和差价利润等。2020年1月11日,双方签订《协议书》,约定喻某某愿意留在江西某某公司,遵守公司的规章制度,从本协议签订之日起3个月内将所经营或实际控制的河南某某公司、郑州某某公司予以注销……2020年2月喻某某向江西某某公司提出离职,2020年3月15日,江西某某公司另任他人为郑州办事处负责人。2020年6月11日经核准变更登记,喻某某入股与江西某某公司经营同类业务的广东某某公司。2020年6月12日,江西某某公司向喻某某出具《解除劳动合同告知书》,并分别于2020年6月20日、9月8日分别按3 645元/月的标准向喻某某转账支付2020年2—5月、6—8月的竞业补贴,喻某某于收款当日将款项转账退回江西某某公司。2020年12月3日,江西某某公司按3 645元/月的标准向喻某某转账支付2020年9—11月竞业补贴合计10 935元。江西某某公司因认为喻某某违反竞业限制义务,向某劳动人事争议仲裁委员会申请劳动仲裁,某劳动人事争议仲裁委员会于2020年11月9日作出仲裁裁决书,裁决喻某某应当继续履行竞业限制义务至2022年3月14日,驳回江西某某公司要求喻某某继续履行竞业限制义务至2022年6月11日止,及要求喻某某向其支付违约金1 607 920元的仲裁请求。

另查明,喻某某在江西某某公司2019年已结算业绩提成及返点313 149元,还有2018—2019年近1 600余万元销售业绩因双方有争议未结算提成,喻某某在庭审中自认其在江西某某公司工作年收入约50万元。至2020年3月,喻某某的社保保费均由江西某某公司承担,并以深圳某某公司名义代缴。2020年4—9月,喻某某的社保由深圳某某公司甲代缴,2020年10月起,喻某某的社保由深圳某某电工程公司代缴。

再查明,河南某某公司成立于2017年10月27日。公司经营范围为:机电设备、制冷设备、净化设备、通风设备、中央空调、太阳能产品的销售安装及维修,室内外装饰装修工程设计与施工,暖通工程设计与施工,从事货物和技术的进出口业务,企业管理咨询。喻某某占该公司95%股份。2019年,江西某某公司授予河南某某公司战略合作伙伴牌匾。2019年6月21日,喻某某退出所有股份。

郑州某某公司成立于2014年8月22日。公司经营范围为:中央空调、净化暖通、环保机电产品的设备与零部件的销售及安装和技术咨询服务。法定代表人为喻某,股东为喻某、喻某某。公司于2019年6月5日注销。

广东某某公司成立于2020年3月27日。经营范围是生产、设计、销售：空调机、制冷设备、冷水机、抽气机、水冷柜、风冷机、家用空调、恒温恒湿机；净化系统工程的方案设计与安装；国内贸易（前置审批事项）、货物或技术进出口（国家禁止或涉及行政审批的货物和技术进出口除外）。公司成立初期法定代表人为庄某某，股东为庄某某、罗某某，2020年6月4日，经公司股东会决议，新增罗某某、周某某、蒋某某、喻某某、卢某、珠海市某某公司为公司股东，选举罗某某为执行董事（法定代表人）兼经理，2020年6月11日完成核准变更登记。

• 案件争点

1. 原告（并案被告）喻某某是否负有竞业限制义务的问题？
2. 原告（并案被告）喻某某是否违反竞业限制义务的问题？
3. 喻某某履行竞业限制义务的期限问题。
4. 喻某某违反竞业限制义务违约金的计算问题。
5. 江西某某公司支付竞业限制经济补偿金的问题。

• 裁判要旨

1. 原告（并案被告）喻某某是否负有竞业限制义务的问题。首先，根据双方签订的《专项保密协议》记载，喻某某在江西某某公司参加了公司报价体系学习培训，培训的内容包含公司客户名单、业务渠道、供货来源、销售渠道等商业秘密。且喻某某在江西某某公司任职郑州办事处负责人，是掌握江西某某公司营销方针政策、销售底价、郑州片区客户名单等商业秘密的管理人员，符合《中华人民共和国劳动合同法》（2012年修正）第二十四条规定的"高级管理人员、高级技术人员和其他负有保密义务的人员"竞业限制主体资格，属于负有保密义务的人。其次，江西某某公司虽然注册地设于江西省某市某区，但该公司已在全国各地设有几十家分公司或办事处等营销网点，产品销售及产业竞争范围并不局限于江西，因此，双方约定竞业限制的地域为中国大陆符合江西某某公司的经营现状。最后，喻某某作为江西某某公司营销网点的负责人而非技术人员，其专业技能特长应不是空调技术，而更应该是营销和管理，限制同业竞争对喻某某的就业不存在不合理的影响。竞业限制协议及《专项保密协议》的内容不违反法律规定，喻某某亦没有证据证明存在欺诈、胁迫等协议无效或应撤销的情形，喻某某作为完全民事行为能力人，完全能够理解签订协议的真实意思。作为劳动者，应当依法履行自己的法律义务，遵守用人单位的规章制度，更应当遵守双方约定的竞业限制协议。

2. 原告（并案被告）喻某某是否违反竞业限制义务的问题。喻某某在江西某某公司任职期间，分别与他人入股成立与江西某某公司同业或竞业的郑州某某公司、河南某某公司，并申请较低折扣让江西某某公司与上述两公司发生大量交易，已违反忠实义务，其于 2019 年 6 月退出两公司的经营，是对违约行为的终止。但其 2020 年 3 月 15 日与江西某某公司解除劳动合同后，2020 年 6 月 4 日即参加与江西某某公司同业或竞业的广东某某公司股东大会并入股该公司，再次违反竞业限制义务。其称江西某某公司连续超三个月未向其支付竞业禁止经济补偿而有权解除竞业限制协议与事实不符，对其要求解除竞业限制协议的诉讼请求，法院不予支持。喻某某作为负有竞业限制义务的人，应根据双方的协议在 2 年竞业限制期限内继续履行竞业限制义务，退出广东某某公司的所有经营活动，并向江西某某公司支付因违反竞业限制义务的违约金。

3. 喻某某履行竞业限制义务的期限问题。对于双方解除劳动合同的时间，喻某某称 2020 年 2 月向被告提出离职，江西某某公司称 2020 年 6 月向喻某某出具《解除劳动合同告知书》。根据双方签订的《劳动合同书》约定，合同期内经双方协商一致本合同可以解除；江西某某公司存在未按照合同约定提供劳动保护或劳动条件等六种情形的，喻某某可以随时解除劳动合同；喻某某提前三十日以书面形式通知江西某某公司可以解除劳动合同。双方既未能协商一致解除合同，且江西某某公司亦不存在该六种可以随时解除劳动合同的情形，则应适用喻某某提前三十日通知解除劳动合同的条款。且喻某某在仲裁程序提交江西某某公司人事任命通知证明江西某某公司于 2020 年 3 月 15 日任命新的郑州负责人，江西某某公司为喻某某缴纳社保至 2020 年 3 月份止，故而法院认定双方正式解除劳动合同的时间为 2020 年 3 月 15 日。由此，依据双方协议约定，喻某某履行竞业限制义务的期限为 2020 年 3 月 15 日至 2022 年 3 月 14 日。对江西某某公司要求喻某某向其汇报竞业限制期间就业情况的诉讼请求，因双方在竞业协议中没有约定，法院不予支持。

4. 喻某某违反竞业限制义务违约金的计算问题。双方签订的竞业限制协议第三条的约定，喻某某违反竞业限制约定，按以下方式累计赔偿公司：赔偿公司因此造成的一切直接和间接损失；赔偿公司因培训喻某某所花费的所有的培训费；按喻某某进入公司之日起从公司领取的所有工资奖金等一切收入的 2 倍计算作为违约金，违约金低于人民币 100 万元按 100 万元计算……据此，双方约定违约金的计算依据是江西某某公司因喻某某违反竞业限制而造成的损失、江西某某公司对喻某某花费的培训费用及喻某某在江西某某公司的工资收入。江西某某公司未提供公司损失情况及花费的培训费用情况，法院对此无法作出认定。如按"喻某某进入公司之日起从公司领取的所有工资奖金等一切收入的2倍计算作为违约金，违约金低于人民币100万元按100万元"则于喻某某而言又显失公平。根据喻某某在此前与江西某某公司追索劳动报酬纠纷一案中提供的证据证实，喻某某在江西某某公司期间仅2017—2019年的销售额达2600余万元，且喻某某与罗某某、周某某、蒋某某、卢某等人均是江西某某公司的高级管理人员及营销骨干，喻某某等人同时离职并共同入股经营与江西某某公司竞业的广东某某公司对江西某某公司造成的经营冲击和经济损失不言而喻。违约金兼具赔偿与惩罚的性质，因此，法院结合喻某某的违约过错程度、工资收入情况、喻某某在江西某某公司任职期间的年销售额等情况，酌情认定按喻某某在江西某某公司离职前一年工资收入的2倍计算违约金。对于喻某某在江西某某公司2019年工资收入，法院认为，其已结算提成返点313 149元，结合其还有未结算的部分销售业绩，可按喻某某在庭审中自认的50万元予以认定。

5. 江西某某公司支付竞业限制经济补偿金的问题。根据权利义务对等原则，喻某某履行竞业限制义务期间，江西某某公司必须依双方协议约定向其支付经济补偿金；未履行竞业限制义务期间，喻某某无权要求江西某某公司支付经济补偿金。因此，2020年3月15日至2020年6月3日的2个月零20天期间，江西某某公司应按双方协议约定以喻某某月收入30%（500 000元÷12×30%＝12 500元/月）的标准向喻某某支付竞业限制经济补偿金33 333元，喻某某已收的9—11月经济补偿金10 935元从中抵扣后，江西某某公司还应支付22 398元。喻某某退出广东某某公司的所有经营活动之日起，江西某某公司仍应向其支付竞业限制经济补偿金至2022年3月14日止。

三、司法案例类案甄别

（一）事实对比

样本案例一，劳动者于2011年8月22日进入用人单位，双方签订的劳动合同期限为2011年8月22日起至2014年8月21日止，双方签订了《保密及竞业限制合同》。2013年5月23日，劳动者向用人单位递交辞职报告，以个人原因为由向用人单位提出辞职。2013年11月6日，用人单位向某劳动人事争议仲裁委员会申请仲裁，要求劳动者继续履行竞业限制义务，并支付竞业限制违约金500 000元。该会于2014年2月28日作出仲裁裁决，裁决劳动者继续履行双方所签订的竞业限制合同至2015年1月23日止,并支付违反竞业限制协议违约金100 000元。该裁决业已生效。之后,用人单位向劳动者户籍所在地申请执行该裁决。2014年7月10日,用人单位又向某劳动人事争议仲裁委员会申请仲裁。该会于2014年8月19日作出仲裁裁决,裁决劳动者再次支付用人单位违约金100 000元,再次引起诉讼。

样本案例二,劳动者曾于用人单位从事技术工作,2011年9月1日双方签订《保密及竞业限制协议》,约定劳动者负有保密义务,并约定劳动者在离职后两年内需履行竞业限制义务。2014年8月31日,双方合同关系到期终止。2015年,用人单位提起劳动仲裁,以劳动者违反竞业限制义务为由,要求支付竞业限制违约金、继续履行竞业限制协议,某仲裁委出具仲裁裁决书,认定劳动者有违竞业限制义务,裁决其向用人单位支付违约金7.2万元并继续履行竞业限制义务。劳动者不服该裁决起诉至法院,初审民事判决书判决劳动者向用人单位支付违约金7.2万元并继续履行双方间《保密及竞业限制协议》。劳动者不服一审判决结果提起上诉。2016年4月22日,北京市某中级人民法院出具终审民事判决书,判决驳回上诉、维持原判。该判决业已执行。2016年8月9日,用人单位又向北京市某区劳动人事争议仲裁委员会提起仲裁,以劳动者无视生效判决一直为上海某某公司工作、拒绝履行《保密及竞业限制协议》为由,要求劳动者再支付违约金7.2万元并继续履行《保密及竞业限制协议》,上海某某公司承担连带责任。

样本案例三,2012年8月,劳动者到用人单位任职,后随公司发展担任郑州办事处负责人。2018年5月8日,双方签订竞业限制协议及《专项保密协议》,2019年6月5日,双方签订《劳动合同书》,约定:合同期限从2019年5月1日起至2022年4月30日止,双方就权利义务、解除劳动合同条件、程序等均出了相关的约定,同时约定劳动者应当保守公司的商业秘密与知识产权相关的保密事项。2020年2月劳动者向用人单位提出离职。劳动者在用人单位任职期间,分别与他人入股成立与用人单位同业或竞业的甲公司、乙公司,并申请较低折扣让用人单位与上述两公司发生大量交易,已违反忠实义务,其于2019年6月退出两公司的经营,是对违约行为的终止。2020年3月15日劳动者与用人单位解除劳动合同后,2020年6月4日即参加与用人单位同业或竞业的丙公司股东大会并入股该公司,再次违反竞业限制义务。

(二)适用法律对比

样本案例一,法院认为,劳动者违反竞业限制约定的,应当按照约定向用人单位支付违约金。钟某某入职当日与上海某某公司签订了保密及竞业限制合同。此后，钟某某并未向上海某某公司提出过解除该合同。钟某某应按该保密及竞业限制合同履行竞业限制义务。然钟某某在其递交辞职报告之前，即已在外地注册设立与上海某某公司属于同业竞争的公司并担任法定代表人。上海某某公司发现上述情况并申请仲裁，已生效的仲裁裁决钟某某支付上海某某公司违约金 100 000 元。2014 年 3 月 29 日，钟某某经工商登记在南京注册成立了与上海某某公司具有同业竞争关系的公司，并担任该公司的法定代表人。钟某某再次违反双方所签订的保密及竞业限制合同，该行为非常恶劣。上海某某公司主张钟某某支付其违约金，于法有据。

样本案例二，法院认为，对于双方争议的"再次违约"问题。北京某某公司称孙某某与"上海某某公司""北京某某技术公司""成都某某公司"等多家公司间存在劳动关系，与上海某某公司作为股东成立"成都某某公司"，构成对双方间竞业限制约定的再次违反。但结合业已生效并执行的前案判决书，前案中认定孙某某违反竞业限制约定并判决其支付违约金的事实基础为"孙某某与上海某某公司间存在工作关系，孙某某曾在另案中自述为成都某某公司高级工程师，上海某某公司及孙某某均为成都某某公司股东"等。考虑到上海某某公司、北京某某技术公司（上海某某公司全资子公司）、成都某某公司（上海某某公司设立）间的关联关系，本案中，北京某某公司主张孙某某"再次违约"，其实质上系前案中违约行为的延续，属于前案判决履行问题。鉴此，北京某某公司基于同一违约事实主张孙某某再次违反竞业限制义务并要求孙某某支付违约金，法院无法予以支持。

样本案例三，法院认为，喻某某作为负有竞业限制义务的人，应根据双方签订的协议在 2 年竞业限制期限内继续履行竞业限制义务，退出广东某某公司的所有经营活动，并向江西某某公司支付因违反竞业限制义务的违约金。

（三）类案大数据报告

截至 2023 年 6 月 30 日，分别以关键词"竞业限制""再次违反"通过公开数据库共检索到类案 45 件，经逐案阅看、分析，与本规则关联度较高的案件有 8 件。整体情况如下：

从类案地域分布看，涉案数最多的地域是上海市和江西省，各 2 件，北京市等其余省份各 1 件。

从类案结案时间看，结案最多的年份是 2021 年，共有 3 件；其次为 2015 年、2016 年，各有 1 件。

四、类案裁判规则的解析确立

对离职员工在竞业限制期限内多次违反竞业限制义务的，用人单位是否可多次向离职员工主张违反竞业限制违约金的情形，现行相关劳动法律法规及司法解释并未明确作出规定，但根据《最高人民法院关于审理劳动争议案件适用法律若干问题的解释（四）》（法释〔2013〕4号，2013年2月1日起施行，已废止）第10条规定，劳动者违反竞业限制约定，向用人单位支付违约金后，用人单位要求劳动者按照约定继续履行竞业限制义务的，人民法院应予支持。即，支付了违约金也不免除离职员工继续履行竞业限制义务的法律责任。因此，劳动者违反竞业限制约定，向用人单位支付违约金后，只要是在竞业限制协议期限内，用人单位支付了竞业限制经济补偿，劳动者仍然需要履行竞业限制义务。劳动者再次违反竞业限制约定，用人单位主张劳动者再次支付违约金的，应予支持。

虽然案例二做出了相反的判决，但是该判决的理由是：首先在认定劳动者构成"再次违约"的基础上，结合用人单位与第一次违约涉及的用人单位全资子公司、母公司等关联的事实，进而认定系"同一违约事实"。该判决并没有否定用人单位可以向劳动者主张再次违反竞业限制义务的违约金，只是提醒法官注意，应当注意审查再次违约所涉及的新用人单位之间的关联关系，若实质上系第一次违约事实的延续，则属于前案判决履行问题，法院不能重复审理、裁判，属于民事诉讼法中关于"重复起诉"的判定，并不涉及法律适用问题。

根据《最高人民法院关于适用〈中华人民共和国合同法〉若干问题的解释（二）》（法释〔2009〕5号，2009年5月13日起施行，已废止）第29条规定："当事人主张约定的违约金过高请求予以适当减少的，人民法院应当以实际损失为基础，兼顾合同的履行情况、当事人的过错程度以及预期利益等综合因素，根据公平原则和诚实信用原则予以衡量，并作出裁决。"审判部门应当在考量违反竞业限制违约金具体金额时综合考虑劳动者在职期间的工资收入、违反竞业限制的主观恶意和过错程度、用人单位已支付竞业限制补偿金的数额及因违反竞业限制所造成的实际经济损失等因素，根据公平原则和诚实信用原则予以衡量，对违约金进行酌情调整。在案例一中，钟某某第二次所承担的违约金是第一次违约金的两倍，就是考虑到钟某某主观恶性的因素，是符合合理原则的。

案例三中劳动者第一次违约是在职期间，用人单位并未向劳动者索要违约金，因而劳动者也未支付第一次违约的违约金，法院支持了用人单位索要第二次离职之后违反竞业限制义务支付违约金的请求，但是没有否定用人单位可以对第一次违约行为索要违约金的请求。

五、关联法律法规

（一）《中华人民共和国劳动合同法》（2012年修正）

第二十三条 用人单位与劳动者可以在劳动合同中约定保守用人单位的商业秘密和与知识产权相关的保密事项。

对负有保密义务的劳动者，用人单位可以在劳动合同或者保密协议中与劳动者约定竞业限制条款，并约定在解除或者终止劳动合同后，在竞业限制期限内按月给予劳动者经济补偿。劳动者违反竞业限制约定的，应当按照约定向用人单位支付违约金。

（二）《最高人民法院关于审理劳动争议案件适用法律若干问题的解释（四）》（法释〔2013〕4号，2013年2月1日起施行，已废止）

第十条 劳动者违反竞业限制约定，向用人单位支付违约金后，用人单位要求劳动者按照约定继续履行竞业限制义务的，人民法院应予支持。

（三）《最高人民法院关于适用〈中华人民共和国合同法〉若干问题的解释（二）》（法释〔2009〕5号，2009年5月13日起施行，已废止）

第二十九条 当事人主张约定的违约金过高请求予以适当减少的，人民法院应当以实际损失为基础，兼顾合同的履行情况、当事人的过错程度以及预期利益等综合因素，根据公平原则和诚实信用原则予以衡量，并作出裁决。

（四）《2017年深圳市劳动仲裁院疑难问题研讨会纪要》（深圳市劳动人事争议仲裁委员会，2017年9月8日印发）

第十一条 劳动者在竞业限制期间违反竞业限制协议约定，用人单位主张劳动者返还违反约定期间已支付的竞业限制补偿的，应予支持。

劳动者已支付违约金，用人单位要求继续履行竞业限制协议的，劳动者应当继续履行。劳动者继续违反竞业限制协议约定，用人单位再次主张劳动者支付继续违反约定期间违约金的，应予支持。

竞业限制案件裁判规则

第 5 条

竞业限制义务与保密义务并不等同,用人单位不能仅依据保密协议主张竞业限制违约金

竞业限制类案甄别与裁判规则确立

一、聚焦司法案件裁判观点

■ 争议焦点

竞业限制义务和保密义务是否等同？用人单位是否可以依据保密义务主张竞业限制违约金？

■ 裁判观点

竞业限制义务与保密义务属于不同的义务种类，二者在产生方式、限制的行为、期限、费用支付方式等方面均有不同，且《中华人民共和国劳动合同法》（2012年修正）第二十五条明确规定了用人单位可以与劳动者约定违约金的两种情形，劳动者违反保密义务不属于可以约定违约金的范畴，因此用人单位不能仅依据保密协议主张违约金。

二、司法案例样本对比

样本案例一
高某某与广州某某公司竞业限制纠纷案

- 当事人

上诉人（原审被告）：高某某

被上诉人（原审原告）：广州某某公司

- 基本案情

高某某上诉请求：1.撤销一审判决第一、二项，改判驳回广州某某公司全部诉讼请求；2. 本案全部诉讼费用由广州某某公司承担。事实和理由：1. 广州某某公司主张离职审批流程中的"是否执行竞业协议——否"之选项结果是由其他员工按照高某某的要求选定的，从竞业限制的本质来讲，系用人单位主动限制离职员工的就业权利，员工对此并不享有主动权，因此任何用人单位在员工离职的流程设计上将是否执行竞业协议交由拟离职员工决定是不可能的，广州某某公司的上述主张有违常理。广州某某公司已确认高某某提交的离职审批流程记录的真实性，以及截图中所示均为"同意"的层层审批记录与其系统记录一致。因此，无论是离职审批还是离职流程办理，广州某某公司内部各审批环节的审批人均明确表示同意对高某某不执行竞业协议。2.《保密及竞业限制协议》第十二条约定："竞业限制期间，为保护甲方的商业秘密、营业利益及（或）维持甲方的竞争优势，乙方在受聘期间及（或）符合本协议第十四条的期限内均负有竞争限制义务。"第十四条约定："甲方有权在乙方因任何原因（包括不限于聘用期满、辞退、辞职等）离职时告知乙方，其在自离职之日起两年内应当继续履行竞业限制义务，则乙方应当在此期间继续遵守本协议项下的竞业限制义务。甲方需按照乙方离职前十二个月平均基本工资的50%按月向其支付补偿金。"根据上述约定，广州某某公司如要求高某某承担离职后的竞业限制义务，应在高某某离职时告知高某某。本案广州某某公司从未提交任何证据证明其在高某某离职时曾告知高某某其要求高某某在离职后继续履行竞业限制义务；相反，在高某某离职时，广州某某公司已明确对高某某不执行竞业协议，且经广州某某公司层层审批同意，双方就高某某离职后没有竞业限制义务已达成一致意见。因此，高某某依法依约对广州某某公司不具有离职后的竞业限制义务。3. 保密义务与竞业限制义务属不同的法律概念，离职员工负有保密义务并不等同于负有离职后的竞业限制义务。《保密及竞业限制协议》包含了保密、竞业限制、不招揽、知识产权保护四大并列的内容，本案中广州某某公司所称的补偿金及主张的违约金，均属于竞业限制部分的内容，与保密、不招揽及知识产权保护等条款无关。双方在高某某离职时签署的离职协议书中约定了保密及不招揽的内容，并未约定竞业限制内容，因此，双方之间关于离职后保密义务的约定，与竞业限制无关。综上，高某某对广州某某公司并不负有离职后的竞业限制义务，高某某并不存在违约行为。

广州某某公司向一审法院起诉请求：1. 高某某继续履行《保密及竞业限制协议》至2023年3月1日；2. 高某某向广州某某公司支付违约金547 749.93元；3. 高某某承担本案诉讼费。

一审法院判决：1. 高某某继续履行同广州某某公司之间的《保密及竞业限

制协议》至 2023 年 3 月 1 日；2. 在判决生效之日起十日内，高某某向广州某某公司支付违约金 10 万元；3. 驳回广州某某公司的其他诉讼请求。

二审中，当事人没有提交新证据。二审法院对一审查明的事实予以确认。

• **案件争点**

1. 高某某离职后应否继续履行竞业限制义务？
2. 《保密及竞业限制协议》中保密义务、竞业限制义务是否可以区分？
3. 广州某某公司能否要求高某某支付竞业限制违约金？

• **裁判要旨**

关于高某某离职后应否继续履行竞业限制义务，二审法院认为，虽然高某某在入职的时候签订了《保密及竞业限制协议》，但在广州某某公司办公系统的离职申请中，有"是否执行竞业协议"的选项，而双方选择"否"作为结束双方劳动关系的申请内容之一，并经广州某某公司批准同意离职。另外，双方《离职协议书》仅明确了保密义务，没有明确竞业限制义务。可见，广州某某公司在处理高某某离职事宜时，双方已经变更了《保密及竞业限制协议》的内容，不再继续执行竞业限制。虽然广州某某公司在 2021 年 3 月 30 日首次向高某某发放了竞业限制补偿金，但该发放时间与惯常的按月发放工资的时间不同（每月 10 日左右），不排除广州某某公司是为了本案诉讼而发放该补偿金，而不是广州某某公司在高某某离职时的真实意思表示。综上，双方在处理离职事宜时已经变更为不再执行竞业限制协议，广州某某公司要求高某某支付竞业限制违约金缺乏依据，不应予以支持，一审判决支持欠妥，二审法院予以纠正。

样本案例二

厦门某某公司与黄某某竞业限制纠纷

• **当事人**

上诉人（原审原告）：厦门某某公司
被上诉人（原审被告）：黄某某

• **基本案情**

厦门某某公司上诉请求：1. 撤销一审判决，查明事实后依法支持厦门某某公司的一审诉讼请求。2.本案一、二审诉讼费由黄某某承担。

事实和理由：1.一审判决既然认定黄某某已违反《保密协议书》约定的义务，却未对其违约行为进行追究是错误的，是有违公平及诚实信用原则的，应予以纠正。2.《保密协议书》第六条对保密义务违约责任的约定，应当理解为对包括违反竞业限制义务责任在内的整个协议书责任的约定；把保密条款与竞业限制条款割裂来看，也是对立法初衷和法条本身理解的错误。3.退一步说，即使一审割裂来看《保密协议书》对违约责任的约定，由于违约责任采取的是以补偿性为主、惩罚性为辅的归责原则，在合同未约定违约金额的情况下就应按相对方的损失或违约方的获利来计算违约金。黄某某的行为给厦门某某公司带来的损失已经远远超过百万元，黄某某对厦门某某公司的损害行为也为自己带来了很大的利益，据此也应支持黄某某向厦门某某公司支付违约金。

黄某某辩称：1.双方签订的保密协议第六条第二款明确规定的是违反保密义务的违约责任，而非违反竞业限制义务的责任，应当从合同文义角度解释，不能扩大解释。2.厦门某某公司没有证据证明黄某某违反竞业禁止义务，黄某某不是厦门某顺公司（以下简称某顺公司）的股东和法定代表人，厦门某某公司是在2015年6月26日做的录音公证，已经超过了2年的竞业禁止最高年限。

厦门某某公司向一审法院起诉请求：1.黄某某停止以其个人或某顺公司名义经营与厦门某某公司有竞争关系的同类产品或业务（具体包括但不限于停止在互联网媒体上进行宣传推广，停止研发、生产、销售或提供有关的产品或服务等）。2.黄某某继续履行《保密协议书》中第三条第四款约定的竞业限制义务，即黄某某从即日起三年内不得在与厦门某某公司生产同类且有竞争关系产品的其他企业内任职，也不得自己生产与厦门某某公司有竞争关系的同类产品或经营同类业务。3.黄某某向厦门某某公司支付违约金30万元。4.黄某某支付本案的全部诉讼费用。

一审法院认定事实：2009年6月26日，厦门某某公司申请设立登记，经营范围为研发模具热流道注塑系统；销售机械设备、五金交电及电子产品，法定代表人为刘某某。2014年4月28日，厦门某某公司的法定代表人由刘某某变更登记为刘某良。刘某某仍为厦门某某公司的实际控制人。2010年7月15日，厦门某某公司与黄某某签订《劳动合同》，约定黄某某的工作岗位为热流道销售，合同期限自2010年7月15日起至2013年7月14日止。同日，厦门某某公司（甲方）与黄某某（乙方）签订一份《保密协议书》，约定：保密内容包括厦门某某公司的交易秘密（包括商品产、供、销渠道，客户及供应商名单，买卖意向，商谈的价格，商品性能、质量、数量、交货日期）、经营秘密、管理秘密、技术秘密等；保密范围包括黄某某在劳动合同期内的发明、工作成果、科研成果、专利技术以及黄某某在劳动合同期前、期内厦门某某公司所持有的商业秘密等;协议期限为聘用合同期内以及解除聘用合同后的三年内。《保密协议书》第三条约定:"……4.乙方在双方解除聘用合同后的三年内不得在生产同类且有竞争关系的产品的其他企业内任职,也不得自己生产与甲方有竞争关系的同类产品或经营同类业务……"第五条约定:"1.甲方对乙方保守商业秘密予以保密津贴,甲方按月支付乙方保密津贴人民币100元;2.保密津贴每月15日与工资同时发放;3.乙方调任非涉密岗位,甲方停止支付乙方保密津贴……"第六条约定:"1.乙方违反此协议,给甲方正常生产经营活动带来麻烦的,甲方有权无条件解除聘用合同并索回全部或部分乙方按月领取的保密津贴;2.如果乙方不履行本协议规定的保密义务,应当承担违约责任,一次性向甲方支付违约金人民币30万元;3.乙方违反此协议造成甲方重大经济损失,乙方须承担由其违约行为而给甲方造成的全部直接损失和间接损失……"黄某某在厦门某某公司工作期间,以业务负责人的身份与厦门某某公司的客户签订销售订单。

2011年1月17日,黄某某向厦门某某公司实际控制人刘某某借款4万元,并出具一张借条,载明:"兹借刘某某现金肆万元整,还款方式为从每个月提成中扣除,直到累积肆万元为止!"2011年3月17日至2012年2月15日,案外人吴某英(系厦门某某公司的股东)向黄某某出具8张收条(收据),分别载明于2011年3月17日、2011年5月17日、2011年6月15日、2011年8月15日、2011年9月15日、2011年10月16日、2011年11月15日、2012年2月15日收到黄某某还款4 000元、6 000元、1 000元、6 000元、3 000元、2 000元、3 000元、5 500元,共计30 500元。黄某某最后工作至2012年2月,因黄某某提出离职,双方劳动关系解除。

2012年3月31日,某顺公司注册成立,法定代表人为彭某某,股东为彭某某、黄某某,彭某某出资比例为70%,黄某某出资比例为30%。某顺公司经营范围主要包括:工程和技术研究和试验发展、金属结构制造、其他非金属加工专用设备制造、模具制造、其他机械设备及电子产品批发、五金产品批发、电气设备批发等。此外,厦门某某公司提供的厦门模具信息网载明某顺公司的联系人为彭某某,法人代表为黄某某。

2015年6月26日,厦门某某公司通过其委托代理人与黄某某通话并录音,同时对该录音记录进行公证;黄某某在电话中确认其系某顺公司的经理及"老板"。2015年6月26日,厦门某某公司委托代理人通过计算机查询某顺公司的网站主页,并对查询的网页内容进行公证。经过公证的网页载明某顺公司经营的产品包括分流板系列、热咀系列、温控箱、接线盒系列以及热流道配件等,该网页还显示公司业务部业务经理为黄某某。

2015年8月3日,厦门某某公司向××仲裁委申请仲裁,请求:1.黄某某停止以其个人或某顺公司名义经营与厦门某某公司有竞争关系的同类产品或业务。2.黄某某从即日起三年内不得在与厦门某某公司生产同类且有竞争关系产品的其他企业内任职,也不得自己生产与厦门某某公司有竞争关系的同类产品或经营同类业务。3.黄某某支付厦门某某公司违约金30万元。2015年9月18日,××仲裁委作出裁决:驳回厦门某某公司的请求。该裁决书于2015年9月29日送达厦门某某公司,厦门某某公司不服裁决,于2015年10月10日诉至一审法院。

一审法院认为,厦门某某公司与黄某某签订的《保密协议书》系双方的真实意思表示,对竞业限制的范围、期限进行了约定,虽未约定竞业限制的地域以及竞业限制补偿金条款,仍不应影响《保密协议书》的效力,双方应当按照《保密协议书》的约定全面履行自己的义务。尽管黄某某并非某顺公司的法定代表人、股东,但根据本案查明的事实,黄某某在与厦门某某公司的委托代理人通话时承认其系某顺公司的"老板",在某顺公司的网页上显示黄某某的电话与工商登记的联络人电话相同,故一审法院采信厦门某某公司的主张,即黄某某系某顺公司的实际控制人。厦门某某公司经营范围包括研发模具热流道注塑系统、销售机械设备、五金交电及电子产品等业务,某顺公司经营范围主要包括金属结构制造、模具制造、五金产品批发、电气设备批发等业务,故厦门某某公司与某顺公司所经营的业务存在竞争关系。黄某某自厦门某某公司离职后,即开设与厦门某某公司存在竞争关系的企业某顺公司,已违反了《保密协议书》约定的竞业限制义务。厦门某某公司主张其在黄某某离职时与黄某某协商将4万元借款抵作竞业限制补偿金,黄某某对此予以否认,厦门某某公司未提供其他证据加以证明,一审法院不予采信。厦门某某公司未实际向黄某某支付竞业限制补偿金,黄某某有权依法解除竞业限制,但在解除之前,仍应依约履行竞业限制义务。黄某某如履行了竞业限制义务,可要求厦门某某公司支付竞业限制补偿金。所以,黄某某以厦门某某公司未实际支付竞业限制补偿金为由,提出其不应履行竞业限制义务的主张,不能成立,一审法院不予支持。根据法律规定,竞业限制年限最长不得超过两年,黄某某于2012年2月与厦门某某公司解除劳动关系,现黄某某履行竞业限制义务的期限已届满。因此,厦门某某公司要求黄某某停止以其个人或某顺公司名义经营与厦门某某公司有竞争关系的同类产品或业务(具体包括但不限于停止在互联网媒体上进行宣传推广,停止研发、生产、销售或提供与热流道有关的产品或服务等),以及要求黄某某继续履行《保密协议书》中第三条第四款约定的竞业限制义务,一审法院不予支持。关于厦门某某公司要求黄某某支付30万元违约金的请求,一审法院认为尽管黄某某违反《保密协议书》中有关竞业限制条款的约定，但厦门某某公司与黄某某未约定违反竞业限制的违约金，因此不支持厦门某某公司该项主张。一审法院判决：驳回厦门某某公司的全部诉讼请求。

二审中，当事人没有提交新证据。一审判决已查明的事实，有相关证据佐证，双方当事人均无异议，二审法院予以确认。

• 案件争点

1. 违反竞业限制约定与违反保密约定是否为同一行为？
2. 原告可否基于《保密协议》及《竞业限制协议》的约定要求被告支付违约金？

• 裁判要旨

二审法院认为，根据法律规定，竞业限制年限最长不得超过两年，黄某某于2012年2月与厦门某某公司解除劳动关系，现黄某某履行竞业限制义务的期限已届满。因此，厦门某某公司要求黄某某停止竞业行为以及继续履行《保密协议书》约定的竞业限制义务，已没有事实和法律依据，二审法院不予支持。

关于黄某某是否应向厦门某某公司支付30万元违约金的问题。厦门某某公司与黄某某签订的《保密协议书》系双方的真实意思表示，双方应当按照《保密协议书》的约定全面履行自己的义务。《保密协议书》同时约定了保密条款和竞业限制条款，但违反竞业限制约定与违反保密约定系不同的行为，《保密协议书》第六条"违约责任"中约定"如果黄某某不履行本协议所规定的保密义务，应当承担违约责任，一次性向厦门某某公司支付违约金30万元"，应属对违反保密义务之违约责任的约定，而非对违反竞业限制义务之违约责任的约定。因此，厦门某某公司主张黄某某向其支付违约金30万元，缺乏合同依据。

样本案例三
蒋某、江苏某某公司劳动合同纠纷

• 当事人

上诉人（原审原告）：蒋某

被上诉人（原审被告）：江苏某某公司

• **基本案情**

蒋某上诉请求：撤销一审判决，依法改判支持其一审诉请。事实与理由：1. 江苏某某公司与无锡某某公司系同一家公司。蒋某为无锡某某公司工作时，每月工资系4 950元。后因无锡某某公司的要求，其调动至江苏某某公司工作，但双方约定工资待遇不会降低。因此，一审法院就其月工资标准认定错误，其月工资标准应为4 950元，公司应当根据该标准向其补发克扣的工资。2. 江苏某某公司应当向蒋某支付报销款332.12元。该笔款项的报销单已经由相关负责人王某某审批签字，并移交至公司财务处，但因公司管理混乱，其至今未收到该笔款项。3. 蒋某曾与无锡某某公司签订过保密协议，该协议包含了竞业限制条款。在其被安排至江苏某某公司工作后，江苏某某公司与无锡某某公司均未向其告知该协议已被解除，故该协议的有效性应当从无锡某某公司延续至江苏某某公司。蒋某从江苏某某公司离职后，按约定履行了竞业限制义务，故公司应当向其支付竞业限制补偿。

江苏某某公司答辩称，一审法院判决正确，请求二审法院予以维持。理由：1. 双方已在劳动合同中明确约定了工资标准，即按最低工资标准向蒋某计发每月劳动报酬，故公司不存在克扣其工资的行为。2. 关于蒋某主张的车费报销款，该笔款项不符合公司的报销流程，不应支持。3. 蒋某曾与无锡某某公司发生过劳动争议，在无锡市××区劳动争议仲裁委员会（以下简称仲裁委）的主持下，已达成了调解协议，且该协议已履行完毕。蒋某与无锡某某公司在调解协议中明确约定，协议生效后双方劳动权利义务全部结清，再无其他争议。因此，蒋某无须继续履行与无锡某某公司所签订的竞业限制协议。现蒋某以该协议向江苏某某公司主张竞业限制补偿，于法无据，不应支持。

蒋某向一审法院起诉，请求判令江苏某某公司向其支付2021年3月之前（包括3月）克扣的工资、报销款332.12元以及竞业限制补偿金250 000元。

一审中，蒋某为证明其主张，向法院提交了以下证据：1. 社会保险缴纳证明；2. 照片、抬头为江苏某某公司的发票复印件（2022年11月23日蒋某补充提供），证明江苏某某公司让其在十六届中国国际设计博览会上进行拍摄，并因此购买摄影耗材共计183.92元；3. 现就职公司（江苏某信息技术公司）的劳动合同及社会保险缴纳记录，证明蒋某履行了江苏某某公司的竞业限制条款，现入职的公司也符合条款的要求；4. 劳动仲裁决定书；5. 蒋某与江苏某某公司人事主管许某的聊天记录。

江苏某某公司一审辩称：蒋某主张的克扣工资及报销款无事实依据，不予认可。江苏某某公司未在劳动合同及保密协议中与蒋某约定竞业限制条款，蒋某所主张的竞业限制补偿无事实和法律依据，故请求驳回蒋某的诉讼请求。

江苏某某公司为证明其抗辩意见，向法院提交了以下证据：1.仲裁调解书、回单，证明蒋某与无锡某某公司之间就劳动关系项下产生的权利义务已全部协商解决，且双方再无其他争议；2.蒋某与江苏某某公司签订的劳动合同；3.保密协议；4.蒋某2020年3月至2021年3月的工资发放记录。

江苏某某公司对蒋某提供的证据1和证据4的真实性、合法性、关联性均予以认可；对证据3的关联性不予认可；对证据2和证据5的真实性均不予认可。蒋某对江苏某某公司提供的证据1的真实性无异议，但不认可关联性；对证据2中其本人落款签名无异议，但其认为劳动合同签订时是空白文本，内容是江苏某某公司添加；对证据3的三性均不予认可；对证据4的真实性有异议。

一审法院对上述证据认证如下：对蒋某提供的证据1和证据4，江苏某某公司提供的证据1、2、3、4的真实性、合法性、关联性均予以确认；蒋某提供的证据3和证据5与本案不具有关联性。

一审法院经审理查明：2020年3月20日，蒋某与江苏某某公司签订有固定期限劳动合同，在项目岗位工作，劳动合同期限自2020年3月20日至2021年3月19日止，约定月工资2 000元。年终奖等未作约定。蒋某与江苏某某公司于2021年6月4日签订了保密协议。合同签订后，根据江苏某某公司工资发放表载明的蒋某每月的基本工资为2 020元，保密费为100元。

蒋某的工资发放情况如下：1.2020年4月应发3 320元，代扣社会保险357元，实发2 963元；2.2020年5月扣减工资371元，应发工资2 649元，代扣社会保险357元，实发2 292元；3.2020年6月应发3 320元，代扣社会保险357元，实发2 963元；4.2020年7月扣减工资371元，应发工资3 204元，代扣社会保险357元，实发2 847元；5.2020年8月扣减工资610元，应发工资2 965元，代扣社会保险357元，代扣公积金162元，实发2 446元；6.2020年9月扣减工资150元，应发工资3 561元，代扣社会保险357元，代扣公积金162元，实发3 042元；7.2020年10月扣减工资150元，应发工资3 178元，代扣社会保险357元，代扣公积金162元，实发2 659元；8.2020年11月扣减工资60元，应发工资3 305元，代扣社会保险357元，代扣公积金162元，实发2 786元；9.2020年12月应发工资3 335元，代扣社会保险357元，代扣公积金162元，实发2 816元；10.2021年1月扣减工资353元，应发工资2 922元，代扣社会保险357元，代扣公积金162元，实发2 403元；11.2021年2月应发工资3 230元，代扣社会保险357元，代扣公积金162元，实发2 711元；12.2021年3月扣减工资464元，应发工资2 781元，代扣社会保险357元，代扣公积金 162 元，实发 2 262 元。

江苏某某公司累计扣减蒋某工资的总额为 2 529 元，江苏某某公司未提供扣减蒋某工资的依据。对于蒋某在十六届中国国际设计博览会上进行拍摄购买摄影耗材费用共计 183.92 元，江苏某某公司予以确认。

一审法院另查明：无锡某某公司与江苏某某公司系关联企业，蒋某在入职江苏某某公司前在无锡某某公司工作。蒋某与无锡某某公司发生劳动争议。2021 年 7 月 8 日，仲裁委作出仲裁调解书，就蒋某提出的要求无锡某某公司支付包含岗位补贴、奖金、年休假工资，12 个月保密费、工资扣款、停车补贴等在内的各项费用进行调解，由无锡某某公司一次性给付蒋某 12 000 元，调解书生效后，双方劳动权利义务全部结清，再无其他争议。无锡某某公司已于 2021 年 7 月 13 日将上述款项支付给蒋某。

一审法院认为，合法的劳动关系受法律保护，当事人应全面履行劳动法律法规规定的各项义务。当事人对自己提出的主张，有责任提供证据。本案中，江苏某某公司与蒋某签订的劳动合同约定的月工资 2 000 元，低于最低工资标准 2 020 元，但在该劳动合同履行过程中江苏某某公司实际发放给蒋某的月工资未低于最低工资标准，江苏某某公司在与劳动者签订劳动合同时，应符合《中华人民共和国劳动法》（2018 年修正）的规定。江苏某某公司扣减蒋某工资 2 529 元，未向法院提供扣减工资的证据，该扣减工资部分应当付给蒋某。蒋某因工作需要购买摄影耗材费用 183.92 元，提供了发票复印件，经江苏某某公司确认属实，该项费用应当由江苏某某公司支付给蒋某。蒋某主张的其他报销款部分，其未提交证据，不予采信。蒋某提出其在无锡某某公司至江苏某某公司工作系关联企业调岗，其与无锡某某公司约定有竞业限制事项，故现其向江苏某某公司主张竞业限制补偿 250 000 元，因蒋某与无锡某某公司的劳动争议已经由仲裁委调解了结，且蒋某与江苏某某公司签订的劳动合同及保密协议未就竞业限制作明确约定，江苏某某公司在按月发放给蒋某的工资中亦包含保密费 100 元，故蒋某的该项请求缺乏事实和法律依据，不予支持。

据此，一审法院依照《中华人民共和国劳动合同法》（2012 年修正）第二十九条、第三十条第一款，《中华人民共和国民事诉讼法》（2021 年修正，已修改）第六十七条第一款、第二百六十条之规定，判决如下：1. 江苏某某公司于判决生效之日立即向蒋某支付工资 2 529 元；2. 江苏某某公司于判决生效之日立即向蒋某支付垫付费用 183.92 元；3. 驳回蒋某的其他诉讼请求。

对于一审法院查明的事实，二审法院经审理予以确认。

在二审中，蒋某提供以下证据：1. 蒋某与李某的微信聊天记录。李某系蒋某在江苏某某公司曾经的同事，在 2020 年 11 月 26 日的聊天记录中，李某说：

"在找钥匙,你不说,我就忘记开门试钥匙的事了,只记得给你了。"蒋某认为聊天记录中所提到的试钥匙的事情,就是发生在第十六届中国国际设计博览会上,上述聊天内容可以证明江苏某某公司让其开私家车,为公司运输、搬运材料的事实。2. 蒋某与许某的企业微信聊天记录。在 2021 年 1 月 19 日的聊天记录中,蒋某说:"公司在岗位所有要求信息不明确的情况下,采取欺骗、拖延、下岗威胁等方式逼迫工人入职江苏某某公司。员工未被告知薪酬结构被调整,薪酬莫名大幅降低,屡次向公司提出未得到答复,公司只是说会出台相关规定,本人对该岗位存在疑义,因此要求公司在先明确规定!如果不开放群的发言,我要退群了!"关于上述聊天内容,蒋某认为结合其所提供的"你在江苏某某知识产权账号已被管理员删除"的截图,不仅可以证明其在江苏某某公司的工作岗位,还可以证明其曾就收入减少的问题多次向公司提出异议,同时对公司经营中不合理和涉嫌违法的情况,亦提出过意见。最后,公司将其移出工作群,甚至解散工作群、删除其账号。

江苏某某公司质证认为:关于证据 1,真实性无异议。首先,蒋某使用自己的私家车为公司运输材料,事前并未向公司请示。其次,公司认为蒋某使用私家车的行为是为了自己工作便利而自主决定的,因此而产生的费用不能直接等同于公司经营性费用而申请报销。关于证据 2,聊天内容均系蒋某单方发言,许某并未予以回应,因此蒋某在微信中所陈述内容是否客观真实,公司对此存疑。

二审中,蒋某向法院明确:其向江苏某某公司主张竞业限制补偿金,系依据其与江苏某某公司所签订的保密协议,但计算该竞业限制补偿金的方式与标准,系参照其与无锡某某公司所签订的保密的协议。蒋某表示经过一审法院的释明,二审就该项请求所主张的金额变更为 52 800 元。

另查明,江苏某某公司于 2023 年 2 月 21 日通过银行转账的方式向蒋某支付了 148.20 元的报销款。

- **案件争点**

江苏某某公司是否应当向蒋某支付竞业限制补偿金?

- **裁判要旨**

本案中,在蒋某与江苏某某公司所签订的劳动合同中,双方并未约定工资标准为 4 950 元/月。蒋某主张双方签订劳动合同时劳动合同内有关内容系空白,但其对此并未提供依据,法院不予采信。此外,蒋某陈述,其由无锡某某公司调动至江苏某某公司工作时,公司向其承诺不会降低工资待遇。但就此,蒋某亦未提供证据予以证明。现其要求江苏某某公司按4 950元/月的工资标准向其补发工资，没有事实和法律依据，法院不予支持。

关于江苏某某公司是否应当向蒋某支付竞业限制补偿金。竞业限制约定是对劳动者自由择业权的限制，用人单位应当就此给予劳动者相应的经济补偿。本案中，江苏某某公司无须向蒋某支付竞业限制补偿金。理由：1.从蒋某与江苏某某公司签订的保密协议来看，江苏某某公司只要求蒋某承担保密义务，并未限制蒋某的就业权。因此，双方签订的保密协议并未涉及竞业限制条款，蒋某依据该协议向江苏某某公司主张竞业限制补偿金，于法无据，不予支持。2.蒋某与无锡某某公司因劳动关系所产生的权利义务，在仲裁委的调解下均已了结，双方亦在仲裁调解书明确再无其他争议。因此，蒋某无须继续履行其与无锡某某公司所约定的竞业限制义务，亦不能以此为由向江苏某某公司主张竞业限制补偿金。

三、司法案例类案甄别

（一）事实对比

样本案例一，2019年2月23日劳动者入职用人单位，双方签订了《劳动合同》和《保密及竞业限制协议》，保密协议的第十四条约定："甲方有权在乙方因任何原因（包括并不限于聘用期满、辞退、辞职等）离职时告知乙方，其在自离职之日起两年内应当继续履行竞业限制义务，则乙方应当在此期间继续遵守本协议项下的竞业限制义务。……"2021年2月20日劳动者在用人单位系统发起离职申请，在该系统页面显示"是否执行竞业协议——否"，2021年3月2日劳动者签署了离职交接清单、离职协议书两份文件。

样本案例二，2010年7月15日，劳动者与用人单位签订了《劳动合同》和《保密协议书》，岗位为销售，合同期限自2010年7月15日起至2013年7月14日止。《保密协议书》同时约定了保密条款和竞业限制条款，《保密协议书》第六条"违约责任"中约定"如果乙方不履行本协议规定的保密义务，应当承担违约责任，一次性向甲方支付违约金人民币30万元"。双方于2012年2月解除劳动关系。

样本案例三，2020年3月20日，劳动者与用人单位签订有固定期限劳动合同，在项目岗位工作，劳动合同期限为自2020年3月20日至2021年3月19日止，并于2021年6月4日签订了保密协议，但是协议中用人单位只要求劳动者履行保密义务,并未限制劳动者的自由择业权。

上述案例中均是劳动者与用人单位签订了"保密协议",案例一中是在劳动者离职时双方约定解除了竞业限制条款;案例二中法院认定该违约金的约定系针对保密义务,并非针对竞业限制义务,并且判决不能根据该约定索要违约金;案例三中约定了保密义务但是并未约定涉及竞业限制的内容。综上可见,保密义务和竞业限制义务属于不同的义务,用人单位不能依据保密协议主张违约金。

(二)适用法律对比

样本案例一,法院认为,双方《离职协议书》仅明确了保密义务,没有明确竞业限制义务。可见,在广州某某公司处理高某某离职事宜时,双方已经变更了《保密及竞业限制协议》的内容,不再继续执行竞业限制。

样本案例二,法院认为,《保密协议书》同时约定了保密条款和竞业限制条款,但违反竞业限制约定与违反保密约定系不同的行为,《保密协议书》第六条"违约责任"中的约定,应属对违反保密义务之违约责任的约定,而非对违反竞业限制义务之违约责任的约定。因此,厦门某某公司主张黄某某向其支付违约金30万元,缺乏合同依据。

样本案例三,法院认为,关于江苏某某公司是否应当向蒋某支付竞业限制补偿金,竞业限制约定是对劳动者自由择业权的限制,用人单位应当就此给予劳动者相应的经济补偿。本案中,江苏某某公司无须向蒋某支付竞业限制补偿金。理由:从蒋某与江苏某某公司签订的保密协议来看,江苏某某公司只要求蒋某承担保密义务,并未限制蒋某的就业权。因此,双方签订的保密协议并未涉及竞业限制条款,蒋某依据该协议向江苏某某公司主张竞业限制补偿金,于法无据,不予支持。

(三)类案大数据报告

截至2023年6月30日,分别以"竞业限制""保密义务"和"违约金"为关键词,通过公开数据库检索到类案412件,经逐案阅看、分析,与本规则关联度较高的案件有52件,因其中存在同一案件的一审、二审、再审裁判,严格意义上应将其认定为一件案件,故剔除前述情形后,实际共有35件案件。整体情况如下:

从类案地域分布看,涉案数最多的地域是上海市,共12件;其次是江苏省,为8件;再次是浙江省,为5件。

从类案结案时间看,结案最多的年份是2020年,共有15件;其次为2021年,共有10件。

从案件经历的审理程序看，只经过一审程序的共计21件，经过一审、二审程序的共计11件，经过一审、二审及再审程序的共计3件。

四、类案裁判规则的解析确立

保密义务和竞业限制义务主要存在下面几点区别：

第一，产生方式不同。保密义务属于法定义务，是根据法律规定劳动者必须遵守的义务，不管当事人之间是否有明示的约定，均需履行保守商业秘密的义务；而竞业限制属于约定义务，用人单位和劳动者在订立合同时自行约定，没有约定就不需要履行这项义务。

第二，限制的行为不同。保密义务不限制劳动者从事与劳动单位相竞争的业务，限制的是劳动者在离职后，不能向他人透露自己掌握的用人单位的秘密；而竞业限制指的是，劳动者在离职后不能从事与原单位相同或者相竞争的行业。

第三，期限不同。保密义务一般没有期限，换言之，只要商业秘密存在，劳动者就需要保守商业秘密；相比之下，竞业限制的期限一般是由劳动者与用人单位协商确定，劳动者离职后的竞业限制期限最长不能超过2年。

第四，费用支付方式不同。承担保密义务用人单位可以支付保密费也可以不支付，且一般是在劳动者在职期间发放；竞业限制约定是对劳动者自由择业权的限制，用人单位应当就此给予劳动者相应的经济补偿，一般是在劳动者离职后发放。

通过以上案例可以看出，保密协议并不当然等同于竞业限制协议，两者的权利义务不尽相同，竞业限制只是保护商业秘密的手段之一。保密义务所限制的行为是对商业秘密的泄露和使用行为，竞业限制所限制的是从事某种专业、业务或经营某种产品或服务的行为。虽然负有保密义务的员工恪守秘密是法定义务，无论员工与单位是否有明示的约定，员工在职期间和离职以后均应履行，但并不排除员工与公司自由约定保密的具体事项。

若劳动者与用人单位签订的《保密协议》中约定了竞业限制条款，即涉及竞业限制地域、期限、竞业限制补偿及违约金等内容，用人单位据此主张违约金应当按照竞业限制的相关规定审查。换言之，不能仅凭劳动者与用人单位签订的协议名称简单判定，应当具体审查合同内容，判定其是否属于竞业限制协议。如案例三中，法院审查了协议内容认为该保密协议未涉及竞业限制条款，则不涉及竞业限制的违约金问题。

根据《中华人民共和国劳动合同法》(2012年修正)第二十五条可知，除第二十三条违反竞业限制约定和第二十二条规定的情形之外，用人单位不得与劳动者约定由劳动者承担违约金。根据如上论述，保密义务和竞业限制义务属于不同的义务，用人单位单纯依据保密协议来主张违约金，不应得到支持。

五、关联法律法规

（一）《中华人民共和国劳动合同法》（2012年修正）

第二十三条　用人单位与劳动者可以在劳动合同中约定保守用人单位的商业秘密和与知识产权相关的保密事项。

对负有保密义务的劳动者，用人单位可以在劳动合同或者保密协议中与劳动者约定竞业限制条款，并约定在解除或者终止劳动合同后，在竞业限制期限内按月给予劳动者经济补偿。劳动者违反竞业限制约定的，应当按照约定向用人单位支付违约金。

第二十四条　竞业限制的人员限于用人单位的高级管理人员、高级技术人员和其他负有保密义务的人员。竞业限制的范围、地域、期限由用人单位与劳动者约定，竞业限制的约定不得违反法律、法规的规定。

在解除或者终止劳动合同后，前款规定的人员到与本单位生产或者经营同类产品、从事同类业务的有竞争关系的其他用人单位，或者自己开业生产或者经营同类产品、从事同类业务的竞业限制期限，不得超过二年。

第二十五条　除本法第二十二条和第二十三条规定的情形外，用人单位不得与劳动者约定由劳动者承担违约金。

（二）《最高人民法院关于审理劳动争议案件适用法律若干问题的解释（四）》（法释[2013]4号，2013年2月1日起施行，已废止）

第七条　当事人在劳动合同或者保密协议中约定了竞业限制和经济补偿，当事人解除劳动合同时，除另有约定外，用人单位要求劳动者履行竞业限制义务，或者劳动者履行了竞业限制义务后要求用人单位支付经济补偿的，人民法院应予支持。

竞业限制案件裁判规则

第 6 条

在职期间可以约定竞业限制义务及违约金条款

一、聚焦司法案件裁判观点

■ 争议焦点

劳动者在职期间,用人单位是否可以约定在职期间的竞业限制义务及违约金条款?

■ 裁判观点

法律并未排除劳动关系存续期间相应员工负有的竞业限制义务,以及如违约应承担支付违约金的责任。竞业限制条款及竞业限制违约金并非只能约束劳动者离职后的情况,在劳动者在职期间也可以约定竞业限制条款及竞业限制违约金。

二、司法案例样本对比

样本案例一

上海某某公司与钟某某劳动合同纠纷案

• **当事人**

原告:上海某某公司
被告:钟某某

• **基本案情**

2011年5月20日,原、被告签订《劳动合同书》一份,约定被告担任原告处的销售总监,期限自2011年5月17日至2014年5月16日,每月工资

5 000元，并按公司销售制度提成。原告支付被告工资至2013年3月，被告未提供证据证明其于2013年4月以后为原告工作。2013年6月7日，被告向原告递交辞职信提出辞职，原告收到该辞职信。2013年6月17日，原告向被告发出《解除劳动合同通知书》，被告收到通知。

《员工保密协议书》为《劳动合同书》附件，其中第十一条约定：乙方（被告）承诺，其在甲方（原告）任职期间，非经甲方事先同意，不得在与甲方生产、经营同类服务的其他企业、事业单位、社会团体内担任任何职务（包括但不限于股东、合伙人、董事、监事、经理、代理人、顾问等）。第十五条约定：乙方如违反本协议任一条款，但未造成实际损害后果的，甲方可以要求乙方限期改正，乙方拒不改正，或者造成不利于甲方后果的，乙方应当一次性向甲方支付其年收入二倍的违约金；乙方因此谋取利益的，所得利益归甲方所有；甲方并有权因此解除与乙方的劳动合同或聘用关系。

另查明事实如下：

1. 原告上海某某公司于2010年11月29日成立，经营范围为网络科技、计算机软硬件技术领域内的技术开发、技术转让、技术咨询、技术服务，计算机系统集成，计算机软硬件（除计算机信息系统安全专用产品）的销售。

2. 上海某某公司甲于2012年9月14日成立，股东为被告钟某某和案外人孙某，其中被告钟某某以货币出资475万元，孙某以货币出资25万元。经营范围为：网络科技、计算机科技领域内的技术开发、技术转让、技术咨询、技术服务，计算机服务（除互联网上网服务营业场所），计算机、软件及辅助设备（除计算机信息安全专用产品）……

3. 上海某某公司乙于2012年11月19日成立，股东为被告钟某某和案外人孙某，其中被告钟某某以货币出资95万元，孙某以货币出资5万元。经营范围为：网络、计算机信息（除互联网信息服务）、软件技术领域内的技术开发、技术转让、技术咨询、技术服务，计算机、软件及辅助设备（除计算机信息系统安全专用产品）销售。

4. 原告2012年曾先后与某四家客户签订舆情监测服务合同，被告作为原告的签约代表在合同上签字。

2013年7月9日，原告向上海市××区劳动人事争议仲裁委员会申请仲裁，要求被告赔偿2011年5月30日至2013年6月7日的经济损失1 584 027.49元。该会裁决未支持原告的请求。原告不服，具状来院，作如上诉请。

- 案件争点

在职期间是否可以约定竞业限制条款？在职期间约定竞业限制违约金是否有效？

- 裁判要旨

依法订立的劳动合同具有法律约束力，用人单位与劳动者应当履行劳动合同约定的义务。法律规定劳动者违反服务期或竞业限制约定的，应当按照约定向用人单位支付违约金。被告作为原告处的销售总监，属于竞业限制人员，被告与原告签订的保密协议书，内容实为对被告在职期间的竞业限制及违约责任进行约定，该约定符合法律规定，法院确认该协议合法有效，双方应按协议约定履行相应的义务。被告认为该违约金约定违法，缺乏依据，法院不予支持。被告在原告处任职期间，作为股东分别出资成立上海某某公司甲和上海某某公司乙，该两公司经营范围与原告公司的经营范围非常相近，其中上海某某公司甲的公司名称与原告公司名称极为相似。某四家客户于2012年度均为原告客户，并由被告代表原告与该四家客户签约。2013年度上述四家客户分别与被告出资成立的上海某某公司甲签约，其中被告还出面代表上海某某公司甲与客户签约，被告关于不参与其出资成立的两家公司经营活动之辩解，法院不予采信。综上，法院确认被告的行为违反了双方签订的竞业限制约定，并因此产生了不利于原告的后果，其行为已经构成违约，原告有权根据约定要求被告向原告支付年收入2倍的违约金。

样本案例二

北京市某某学校与孙某某劳动争议案

- 当事人

上诉人（原审被告）：北京市某某学校
被上诉人（原审原告）：孙某某

- 基本案情

2013年5月1日，孙某某（乙方）与北京市某某学校（甲方）签订《劳动合同》《知识产权保护和竞业禁止协议》和《保密协议》,其中《劳动合同》中约定:合同期限自2013年5月4日起至2018年5月3日止;每月基本工资为28 000元、绩效工资为12 000元。《知识产权保护和竞业禁止协议》第九条约定:"在乙方的聘用期限内及其与甲方雇佣关系解除或终止后的一年内,乙方不得从事下列竞争性活动:1.直接或间接到与甲方经营同类产品、从事同类业务的有竞争关系的其他用人单位工作;2.自己直接或间接开业经营同类产品、从事同类业务。竞业禁止的区域为:全国范围内(中国港澳台地区除外)。"第十条约定:"在乙方离职时,双方协商同意由甲方按月按乙方离职上一年度月平均基本工资的30%向乙方支付保密和竞业禁止补偿费,支付时间为乙方离职之日起至乙方承担竞业禁止期限届满之日止……"第十一条约定:"双方协商同意,如果乙方违反竞业禁止约定,乙方应当向甲方支付违约金,金额确定如下:……3.乙方每月基本工资大于或等于2万元者,则支付违约金30万元整。"仲裁阶段,孙某某对《劳动合同》《竞业禁止协议》中落款处"孙某某"签字申请司法鉴定,北京某某物证鉴定中心出具的鉴定意见书认为检材中"孙某某"字迹与样本中的"孙某某"字迹系属于同一人。

关于孙某某在职期间的工作岗位,北京市某某学校主张孙某某是该公司小学数学事业部校长,从事教学管理工作;孙某某则主张工作岗位是教师。

北京市某某学校于2014年2月17日作出的《解除劳动合同通知书》(以下简称《解除通知》)载明:"孙某某先生:据查实,您未经公司同意,于2013年10月17日于北京市××区登记注册了北京某某公司,该公司的经营范围与本公司的主营业务完全重合,此行为严重违反了《劳动合同》《知识产权保护和竞业禁止协议》《企业规章制度》……经公司研究,自2014年2月17日起,本公司解除与您签订的劳动合同,双方劳动关系终止。……您与公司签署的《知识产权保护和竞业禁止协议》继续有效,您可根据协议前往公司财务部以现金形式领取每月竞业禁止补偿金。"

北京市某某学校主张北京某某公司与其经营范围基本相同,主营业务均为教育培训,双方存在同业竞争关系。北京市某某学校民办非企业单位登记证书显示业务范围为:英语、会计、成人高考、口才训练、家庭教育。北京某某公司工商注册信息查询结果显示的经营项目为:技术开发、技术服务、技术咨询、技术转让;教育咨询;承办展览展示活动;组织文化艺术交流活动(不含演出);销售文化用品、玩具、工艺品。

北京市某某学校以要求孙某某继续履行竞业限制义务、支付违反竞业限制违约金、赔偿损失为由,向北京市××区劳动人事争议仲裁委员会提出仲裁申请,孙某某以要求北京市某某学校支付违法解除劳动合同赔偿金、未休年假工资提出反申请，该委员会于2015年6月9日作出如下裁决：1.孙某某向北京市某某学校支付违反竞业限制义务违约金300 000元；2.北京市某某学校向孙某某支付2013年2月16日至2014年2月19日期间未休年假工资18 390.80元；三、驳回北京市某某学校其他仲裁请求；四、驳回孙某某其他仲裁请求。孙某某不服仲裁裁决，于法定期限内向法院提起诉讼；北京市某某学校未起诉。

· 案件争点

在职期间是否可以约定竞业限制条款？在职期间约定竞业限制违约金是否有效？

· 裁判要旨

孙某某从事竞业限制之行为，违反《知识产权保护和竞业禁止协议》约定，具体理由分述如下：第一，孙某某与北京市某某学校签订有《知识产权保护和竞业禁止协议》，系双方真实意思表示，合法有效，双方应履行相应的义务。第二，孙某某在北京市某某学校任职期间担任教师类岗位，属于教育培训机构中掌握教育培训技能和相关信息的专业人员，符合竞业限制的人员范围，孙某某以其并非高级管理人员为由主张不属于竞业限制人员，无事实依据。第三，孙某某在职期间作为股东之一，在外发起成立北京某某公司，担任董事，并任授课教师，而该公司与北京市某某学校的经营范围均包含教育培训，属于同业竞争关系。第四，根据双方约定，竞业限制补偿金系在孙某某离职之后按月支付，现孙某某在职期间便已违反竞业限制约定，且该行为一直延续至离职之后。鉴于此违约行为，北京市某某学校未向其支付竞业限制补偿金的行为并无不当，故孙某某以北京市某某学校未支付该项补偿金作为无须履行竞业限制义务的抗辩理由，缺乏法律依据，法院对此不予采信。

依据《中华人民共和国劳动合同法》（2012年修正）第二十三条之规定，劳动者违反竞业限制约定的，应当按照约定向用人单位支付违约金。关于具体违约金金额，综合考虑如下因素，孙某某应向北京市某某学校支付该项违约金300 000元。第一，双方签订的《知识产权保护和竞业禁止协议》明确约定违反竞业限制义务的违约金为300 000元。第二，孙某某等人作为发起人于2013年10月17日申请设立北京某某公司，系处于其在北京市某某学校任职期间，既违背作为劳动者的基本诚信义务，亦存在与多人合意组织参与设立与北京市某某学校进行同业竞争的公司这一明显主观故意。第三，尽管北京某某公司于2014年2月26日进行变更登记，孙某某不再具备股东资格，且不再担任董事，但其仍担任授课教师,因此其行为对北京市某某学校的影响是自在职期间延续至离职之后。第四,竞业限制义务的核心要义是对商业秘密的保护,商业秘密作为一种无形资产,决定着企业在特定领域的竞争力。在教育培训行业,师资人员的教育培训能力及所掌握的经营信息往往是培训企业的核心竞争力。案件中,北京市某某学校作为教育培训行业的规模企业,孙某某等劳动者同批离职并设立运营竞争企业,无疑对北京市某某学校的竞争力产生直接影响。第五,孙某某作为教育培训行业从业人员,对该行业的运营模式和商业特征应较为熟知,对教育培训师资及商业秘密流失产生的客观影响亦应知晓,其对自身违反竞业限制义务所引发的潜在后果应存在明确预期。

样本案例三
乌鲁木齐某某公司与王某某劳动争议案

• **当事人**

上诉人(原审被告):乌鲁木齐某某公司

被上诉人(原审原告):王某某

• **基本案情**

乌鲁木齐某某公司系从事外科、美容外科等业务的医疗机构。2016年4月5日王某某与乌鲁木齐某某公司签订了有效期至2019年4月4日的劳动合同,约定王某某在乌鲁木齐某某公司处从事医疗工作,合同履行地为乌鲁木齐,工资标准为2 400元/月,双方在2016年6月6日又签订了竞业限制协议。2017年10月8日双方当事人又重新签订了自2017年8月1日至2022年7月31日为期5年的聘用合同,约定自2017年8月开始王某某保底工资为50 000元/月,2018年1月开始保底工资为60 000元/月,超过保底工资按基本工资5 000元/月加绩效核算。同时该合同第三条第一款约定:"因违反同业竞争内容发生单方中止或解除合同,违反方须向对方一次性支付违约金(按合同总价的20%计算),如乙方(王某某)违反同业竞争内容,还需向甲方(乌鲁木齐某某公司)支付进修、培训、参加学术会议等费用。"第三条第二款约定:"双方解除或终止劳动合同后三年为竞业限制期,竞业区域为新疆地区,设立王某某工资中保底工资的10%为竞业限制费用。"2018年2月18日王某某向乌鲁木齐某某公司请假一个月,之后王某某再未到乌鲁木齐某某公司处提供劳动。乌鲁木齐某某公司为王某某缴纳社保费至2018年4月。2018年9月20日乌鲁木齐某某公司向乌鲁木齐市××区劳动人事争议仲裁委员会申请仲裁,要求:1.解除与王某某之间的劳动关系;2.王某某向公司赔偿进修培训费28 000元;3.王某某支付因违反保密义务和竞业限制义务的违约金710 000元。2018年11月22日该仲裁委员会裁决如下:1.2018年9月20日双方劳动关系解除,自裁决书生效之日起十五日内乌鲁木齐某某公司给王某某出具解除劳动关系证明书;2.王某某向乌鲁木齐某某公司支付违反竞业限制义务的违约金710 000元;3.驳回乌鲁木齐某某公司的其他请求。王某某不服诉至一审法院。诉讼中王某某申请撤回其第一项,提出确认双方解除劳动关系时间为2018年4月的诉讼请求。

另查明,2018年2月8日乌鲁木齐某某公司甲注册成立,经营范围包括外科整形、美容医院服务及技术咨询,王某某为该公司自然人股东,出资比例为51%。工商登记显示:2018年6月27日王某某将在乌鲁木齐某某公司甲持有的股份全部转让给自然人李某某。此外,乌鲁木齐某某公司提供的微信记录显示2017年9月至2018年4月期间王某某以教授名义多次在某某整形美容公众号上开展整形美容的宣传及手术预约活动。

再查明,根据中华人民共和国国家卫生健康委员会网站查询结果,王某某的医师级别为执业医师,执业类别为临床,执业范围为外科专业。

• 案件争点

1. 劳动者在劳动关系存续期间是否存在竞业限制问题?
2. 违约金的数额如何确定?

• 裁判要旨

关于劳动者在劳动关系存续期间是否存在竞业限制问题。保守商业秘密与竞业限制虽然常被联系在一起,但两者并不是同一个概念。约定竞业限制是保守商业秘密的一种方式,而在雇佣关系中忠诚于雇主是雇员义不容辞的职责。因此,竞业限制不仅限于离职后,在职期间同样存在竞业问题。乌鲁木齐某某公司通过与王某某签订聘用合同的方式对王某某在履行合同期间及合同解除终止后的竞业限制情形进行了约定,虽然双方在聘用合同中约定竞业限制期限为三年,但这并不必然导致该条款全部无效。因此,双方当事人所签订的协议系真实意思表示,约定的违约金也符合法律规定,属合法有效,对双方具有约束力。

关于违约金的数额如何确定。《中华人民共和国劳动合同法》(2012年修正)第二十三条第二款中规定:"劳动者违反竞业限制约定的,应当按照约定向用人单位支付违约金。"据此,立法上并未要求劳动者违反竞业限制给用人单位造成损失才支付违约金,竞业限制违约金在性质上属于惩罚性违约金,劳动者在签署协议时就对违约责任的承担有一定的预期。因此,如劳动者违反竞业限制约定,应当遵循意思自治原则,即按双方的约定,王某某认为其已将乌鲁木齐某某公司甲股权转让他人,未实际经营公司,在其他美容公司仅开展整形美容的宣传,没有给乌鲁木齐某某公司造成损失,不应支付违约金,该抗辩理由没有法律依据,法院不予采信。关于违约金数额,乌鲁木齐某某公司按照其与王某某签订的5年劳动合同期限及每月50 000元,而主张710 000元违约金。虽然按照聘用合同中约定的计算无误,但根据王某某在乌鲁木齐某某公司任职期间的工资收入、违反竞业限制的主观恶意程度、实际违约事实以及违约给用人单位造成的损失等综合因素考虑,乌鲁木齐某某公司主张数额明显偏高,法院根据公平原则和诚实信用原则予以衡量,对乌鲁木齐某某公司要求王某某支付违反竞业协议的违约金数额作适当的调整,具体数额为350 000元。

三、司法案例类案甄别

(一)事实对比

样本案例一,2011年5月20日,劳动者与用人单位签订《劳动合同书》一份,约定劳动者担任用人单位处的销售总监,期限自2011年5月17日至2014年5月16日,《员工保密协议书》为《劳动合同书》附件,其中第十一条约定:乙方(被告)承诺,其在甲方(原告)任职期间,非经甲方事先同意,不在与甲方生产、经营同类服务的其他企业、事业单位、社会团体内担任任何职务(包括但不限于股东、合伙人、董事、监事、经理、代理人、顾问等);第十五条约定,乙方如违反本协议任一条款,但未造成实际损害后果的,甲方可以要求乙方限期改正,乙方拒不改正,或者造成不利于甲方后果的,乙方应当一次性向甲方支付其年收入二倍的违约金。2013年6月7日,劳动者向用人单位递交辞职信提出辞职,用人单位收到该辞职信。2013年6月17日,用人单位向劳动者发出《解除劳动合同通知书》,劳动者收到通知。

样本案例二,2013年5月1日,劳动者与用人单位签订《劳动合同》《知识产权保护和竞业禁止协议》和《保密协议》,其中《劳动合同》中约定:合同期限自2013年5月4日起至2018年5月3日止;《竞业禁止协议》第九条约定:"在乙方的聘用期限内及其与甲方雇佣关系解除或终止后的一年内,乙方不得从事下列竞争性活动……"用人单位于2014年2月17日作出的《解除劳动合同通知书》，主张劳动者新成立的北京某某公司与其经营范围基本相同，主营业务均为教育培训，双方存在同业竞争关系。

样本案例三，2016年4月5日劳动者与用人单位签订了有效期至2019年4月4日的劳动合同，约定劳动者在用人单位处从事医疗工作，双方在2016年6月6日又签订了竞业限制协议。2018年2月18日劳动者向用人单位请假一个月，之后劳动者再未到用人单位处提供劳动。

以上三个案例均是劳动者于在职期间违反了竞业限制约定，从事了与原用人单位有竞争关系的工作或成立具有竞争性的企业，法院均支持用人单位主张违约金的请求。

（二）适用法律对比

样本案例一，法院认为，法律规定劳动者违反服务期或竞业限制约定的，应当按照约定向用人单位支付违约金。被告作为原告处的销售总监，属于竞业限制人员，被告与原告签订的保密协议书，内容实为对被告在职期间的竞业限制及违约责任进行约定，该约定符合法律规定，法院确认该协议合法有效，双方应按协议约定履行相应的义务。被告认为该违约金约定违法，缺乏依据，法院不予支持。

样本案例二，法院认为，依据《中华人民共和国劳动合同法》（2012年修正）第二十三条之规定，劳动者违反竞业限制约定的，应当按照约定向用人单位支付违约金。孙某某等人作为发起人于2013年10月17日申请设立北京某某公司，系处于其在北京市某某学校任职期间，既违背作为劳动者的基本诚信义务，亦存在多人合意组织设立与北京市某某学校进行同业竞争的公司这一明显主观故意。

样本案例三，法院认为，本案的争议焦点：一是劳动者在劳动关系存续期间是否存在竞业限制问题。保守商业秘密与竞业限制虽然常被联系在一起，但两者并不是同一个概念。约定竞业限制是保守商业秘密的一种方式，而在雇佣关系中忠诚于雇主是雇员义不容辞的职责。因此，竞业限制不仅限于离职后，在职期间，劳动者同样存在竞业问题。乌鲁木齐某某公司通过与王某某签订聘用合同的方式对王某某在履行合同期间及合同解除终止后的竞业限制情形进行了约定，虽然双方在聘用合同中约定竞业限制期限为三年，但这并不必然导致该条款全部无效。因此，双方当事人所签订的协议系真实意思表示，约定的违约金也符合法律规定，属合法有效，对双方具有约束力。

（三）类案大数据报告

截至2023年6月30日，以"竞业限制""在职期间"为关键词，通过公开数据库共检索到类案656件，经逐案阅看、分析，收集与本规则关联度较高的案件有 216 件，因其中存在同一案件的一审、二审、再审裁判，严格意义上应将其认定为一件案件，故剔除前述情形后，实际共有 155 件案件。整体情况如下：

从类案地域分布看，涉案数最多的地域是江苏省，共 34 件；其次是浙江省，为 32 件；再次是上海市，为 16 件。

从类案结案时间看，结案最多的年份是 2021 年，共有 26 件；其次为 2020 年，共有 17 件；再次为 2018 年，共有 13 件。

从案件经历的审理程序看，只经过一审程序的共计 65 件，经过一审、二审两审程序的共计 87 件，经过一审、二审及再审程序的共计 3 件。

四、类案裁判规则的解析确立

《中华人民共和国劳动合同法》（2012 年修正）第二十四条第二款规定了在解除或者终止劳动合同后，竞业限制的期限不得超过二年，对于竞业限制义务是否适用于在职期间，并没有明确的规定。法律条文就解除或终止劳动合同后竞业限制期限、补偿金、违约金作出规定，究其条文文义，并未排除劳动关系存续期间相应员工负有的竞业限制义务，以及如违约应承担违约金的责任。

劳动者在职期间的竞业限制义务并非强制性义务，劳动合同约定排除此类义务的，法律也并未禁止。但劳动关系的人身属性决定了劳动者对用人单位负有忠实义务，忠实义务本就包含保密及竞业限制义务。故竞业限制义务当然包含在职期间，在职期间的竞业限制根源在于双方的劳动合同及缔结劳动合同的目的。如果双方对在职期间竞业限制有约定，显然劳动者应履行竞业限制义务，于法不悖，合法有效，双方应当恪守履行。

五、关联法律法规

《中华人民共和国劳动合同法》（2012 年修正）

第二十三条　用人单位与劳动者可以在劳动合同中约定保守用人单位的商业秘密和与知识产权相关的保密事项。

对负有保密义务的劳动者，用人单位可以在劳动合同或者保密协议中与劳动者约定竞业限制条款，并约定在解除或者终止劳动合同后，在竞业限制期限内按月给予劳动者经济补偿。劳动者违反竞业限制约定的，应当按照约定向用人单位支付违约金。

第二十四条 竞业限制的人员限于用人单位的高级管理人员、高级技术人员和其他负有保密义务的人员。竞业限制的范围、地域、期限由用人单位与劳动者约定，竞业限制的约定不得违反法律、法规的规定。

在解除或者终止劳动合同后，前款规定的人员到与本单位生产或者经营同类产品、从事同类业务的有竞争关系的其他用人单位，或者自己开业生产或者经营同类产品、从事同类业务的竞业限制期限，不得超过二年。

竞业限制案件裁判规则

第 7 条

竞业限制补偿金可以在在职期间与工资一并发放

一、聚焦司法案件裁判观点

■ 争议焦点

劳动者与用人单位约定，竞业限制经济补偿金在在职期间与工资一并发放的，是否有效？

■ 裁判观点

若在职期间发放的费用能够与工资等收入明显区分，可与劳动者离职后的竞业限制行为作对价而认定为补偿金，则竞业限制补偿金可以在在职期间与工资中一并发放。

二、司法案例样本对比

样本案例一
上海某某公司诉徐某某竞业限制纠纷案

· 当事人

上诉人（原审原告）：上海某某公司
上诉人（原审被告）：徐某某

· 基本案情

自 2009 年 4 月 1 日起，徐某某在上海某某公司从事网络游戏开发运营工作。劳动合同约定"甲方（即上海某某公司，系某某公司的子公司）的报酬体系中的 200 元/月为乙方（指徐某某）离职后承担竞业限制义务的补偿费""乙方违反不竞争的约定,除非乙方与新聘用单位解除非法劳动关系,尚须向甲方支付拾万元违约金"。

2012年10月25日,双方签订《协议书》,约定:

"……乙方特作出本保密与不竞争承诺,作为甲方母公司(即某某公司)授予乙方股票期权或限制性股票的对价……

"一、权利和义务 (一)乙方承诺:1.未经甲方书面同意,在职期间不得自营、参与经营与甲方或甲方关联公司构成业务竞争关系的单位;2.离职后两年内乙方不得与同甲方或甲方关联公司有竞争关系的单位建立劳动关系、劳务关系、劳务派遣、咨询顾问、股东、合伙人等关系;3.离职后两年内都不得自办与甲方或关联公司有竞争关系的企业或者从事与甲方及其关联公司商业秘密有关的产品、服务的生产、经营……(二)甲方承诺:由某某公司于乙方任职期间向乙方发放股票期权或限制性股票若干作为乙方承诺保密与不竞争的对价。

"二、违约责任:甲、乙双方约定:(1)乙方不履行本协议约定的义务,应当承担违约责任;……对于已行使的股票期权或限制性股票,甲方有权向乙方追索所有任职期间行使股票期权或限制性股票所生之收益。若行使股票期权所生之收益数额难以确定的,以甲方对乙方的违约行为初次采取法律行动当日的股票市值与授权基础价格之差价计算;限制性股票以采取法律行动当日股票市值计算……"

与前述《协议书》相对应,徐某某和上海某某公司签订了相关协议,明确限制性股票数、登记日、解禁日、过户方式等。解禁并过户至徐某某股票账户内的某某公司限制性股票数合计19 220股,抵扣税款的股票数合计3 388股,实际过户至徐某某名下合计15 832股。

上海某某公司为徐某某办理了离职日期为2014年5月28日的网上离职手续。上海某某公司甲为徐某某办理了入职日期为2014年6月1日的入职手续。

上海某某公司甲成立于2014年1月26日,徐某某为该公司法定代表人、股东。徐某某离职后两年内上海某某公司乙、上海某某公司丙、上海某某公司丁成立。上海某某公司甲为三家公司的股东,徐某某为法定代表人、执行董事。上述四家公司经营范围都包括计算机技术,电子技术,互联网技术,通信技术领域内的技术开发、技术服务、技术转让、技术咨询。上海某某公司的经营范围包括开发、设计、制作计算机软件,销售自产产品,并提供相关的技术咨询和技术服务。徐某某投资的上海某某公司乙曾与深圳某某公司签订有游戏合作协议。

2017年5月27日,上海某某公司申请仲裁,要求徐某某按照《协议书》约定支付23 121 805元。仲裁委员会以上海某某公司的请求不属于劳动争议受理范围为由，作出不予受理的通知。上海某某公司对此不服，向一审法院提起诉讼。

• **案件争点**

竞业限制的补偿金是否可以在在职期间与工资一并发放？是否可以以非货币形式发放？

• **裁判要旨**

《协议书》系当事人的真实意思表示，双方均应履行约定的义务。徐某某认为《协议书》关于竞业限制的约定无效的理由不成立。徐某某在职期间设立上海某某公司甲，担任法定代表人，为该公司股东，并于2014年11月至2015年1月设立上海某某公司乙、上海某某公司丙、上海某某公司丁，担任法定代表人，上海某某公司甲为三公司股东，且经营范围与上海某某公司及关联公司存在重合，一审据此认定徐某某明显违反竞业限制义务，该认定正确。

劳动合同约定报酬体系中的200元/月为竞业限制义务的补偿费，并不违反法律的强制性规定。而且，《协议书》明确约定，由上海某某公司的母公司某某公司授予徐某某限制性股票作为对价。《最高人民法院关于审理劳动争议案件适用法律若干问题的解释（四）》（法释〔2013〕4号，已废止）第八条规定："……因用人单位的原因导致三个月未支付经济补偿，劳动者请求解除竞业限制约定的，人民法院应予支持。"此案中，徐某某虽坚持认为上海某某公司没有支付竞业限制的经济补偿，但其并未请求解除竞业限制约定。因此，二审中徐某某提出的上海某某公司无权主张违约金的理由均不成立。

双方于2012年10月25日签订的《协议书》约定授予限制性股票及违约责任，徐某某也根据《协议书》取得了限制性股票，因此双方已重新约定了相应的权利义务，其应根据《协议书》的约定承担违约责任。

徐某某与上海某某公司签订的《协议书》约定了在职期间以及离职后的竞业限制义务，即在协议签订后，劳动者就负有履行协议约定的竞业限制义务，用人单位在签订协议后即一次性支付经济补偿符合约定。而且用人单位给付的系股票，与以法定货币方式支付的工资截然不同。某某公司的股票，与上海某某公司支付的工资相比较，具有独立性且存在显著区别，可以认定为系依《协议书》约定支付的具备特定目的的竞业限制经济补偿。徐某某接受了股票，且未提出异议，即表示其认可了该支付方式。因此，徐某某之抗辩无依据。

股票由某某公司给付，并不影响上海某某公司主张竞业限制协议约定的权利。《中华人民共和国合同法》[①] 第六十五条规定："当事人约定由第三人向债权人履行债务的，第三人不履行债务或者履行债务不符合约定，债务人应当向债权人承担违约责任。"此案中，上海某某公司与徐某某签订《协议书》约定由某某公司授予徐某某限制性股票，某某公司已履行了义务，符合约定，上海某某公司有权行使竞业限制协议约定的权利。

样本案例二

张某某与江苏某某公司劳动合同纠纷

- **当事人**

原告：张某某
被告：江苏某某公司

- **基本案情**

被告的经营范围为研发、设计、制造、组装绿色工业化住宅（房地产经营除外），从事于本企业生产的同类产品的商业批发、佣金代理（拍卖除外）、进出口业务，提供上述产品的售后及技术咨询服务（依法须经批准的项目经相关部门批准后方可开展经营活动）。2011年3月4日，原告进入被告处工作，职务为总经理，双方签订有劳动合同，最近一期劳动合同期限自2016年4月17日开始。在职期间，原告（乙方）和被告（甲方）签订有《不损害甲方利益及竞业限制协议》，协议主要约定：

一、原告承诺在受雇于被告期间不参与任何与被告业务相竞争的活动，即不得到生产同类、相类似产品及经营同类或相类似的业务或与被告有竞争关系的其他用人单位担任任何职务，包括股东、合伙人、董事、监事、经理、职员、代理人、顾问等；不得为其他与被告有竞争关系的单位或个人提供暗中帮助；也不得自营或合营与被告相同或类似的产品或业务；

二、原告承诺，自离职（双方雇佣关系解除或终止）时起，2年内不得有以上竞业行为。原告承诺，在受雇于甲方期间及离职后，不直接或间接地劝说、引诱、鼓励或以其他方式促使公司的：（一）任何管理人员或雇员终止其与公司

[①] 自2021年1月1日起，《中华人民共和国民法典》（以下简称《民法典》）正式施行，同时《中华人民共和国合同法》（以下简称《合同法》）废止。此处《合同法》第六十五条对应《民法典》第五百二十二条第一款。

的聘用关系；（二）任何客户、供应商、被许可人、许可人或与公司有实际或潜在业务关系的其他个人或组织终止或以其他方式改变与公司的业务关系；

三、被告承诺，将在原告未从事竞业限制行为的前提下，在原告离职后的2年竞业限制约束期内，按月支付原告在被告最后12个月的月平均基本工资的三分之一，作为公司对原告履行竞业限制义务的补偿（如因原告任何个人原因而导致被告无法按时支付补偿的，不免除原告的竞业限制义务；应原告的要求，被告可以在原告在职期间，按月预先支付竞业限制经济补偿金，与工资一并发放）；

四、如果被告不支付或无正当理由故意克扣竞业限制补偿金，协议约定的原告的竞业限制义务自行终止。如果原告违反竞业限制义务，被告有权立即要求其停止违约行为，原告应当向被告支付违约金，违约金的数额为员工年收入的34%。若原告的违约行为造成被告的实际损失超过违约金数额的，被告有权要求原告按照实际损失承担赔偿责任。

2016年9月27日，原告申请辞职；2016年12月28日，原告离职。

依据工资明细显示，2013年7月以前，原告的工资结构中竞业限制补偿金额为0元，工资应发金额为9 400元/月，构成为"基本工资＋岗位工资＋绩效工资"；从2013年7月份开始，工资结构中出现"竞业限制补偿"一项，金额为3 196元/月，构成为"基本工资＋岗位工资＋绩效工资＋竞业限制补偿"。其中，基本工资从4 300元调整为2 800元，岗位工资从2 280元调整为484元。对此，案外人某某公司向法院提交情况说明，称被告系其投资设立的子公司，设立之初聘请原告负责公司运营，原告的薪酬则由某某公司和被告分别发放，在2016年3月份后，为了方便统一计算个税，全部统一由被告进行发放。

关于江苏某某公司甲，2016年9月2日，马耳他籍公民J出具委托书，载明其作为L公司的执行董事，授权原告全权负责L公司在××市设立江苏某某公司甲的事项。2017年1月16日，江苏某某公司甲获准成立，股东为外国企业L公司，经营范围为：从事绿色工业化住宅（房地产经营除外）模块、模块设备构件的研发、设计、制造、销售自产产品并提供售后服务；从事本企业生产产品的同类产品、建筑工程材料、金属材料、装饰材料的批发、进出口、佣金代理（不含拍卖）。在该企业设立过程中，原告在《外商投资企业法律文件送达授权委托书》《委派书》《外商投资企业名称预先核准申请书》《公司章程》等文件中签字，签字身份为"投资人"。另据该公司工商登记备案信息显示，公司在工商简档中留存的联络人为谭某，公司财务负责人亦是此人，谭某原系被告公司员工，岗位为采购，于2011年入职，2017年离职。

被告因与原告发生劳动争议,向××市劳动人事争议仲裁委员会申请仲裁,要求原告支付2017年订单损失7 000 000元、人员招聘成本100 000元、培训费用损失400 000元、返还竞业限制经济补偿金720 000元以及违反竞业限制协议违约金204 000元。该仲裁委员会于2017年8月17日作出裁决:原告返还被告竞业限制补偿金99 588元、支付违约金164 685.8元。该裁决非终审裁决,原、被告均不服,诉至法院。

- 案件争点

1. 双方的竞业限制约定是否有效?
2. 原告是否应履行竞业限制义务以及承担违约责任?
3. 原告工资结构中所包含的"竞业限制补偿"是否可以被认定为被告已经支付了竞业限制补偿金?

- 裁判要旨

《中华人民共和国劳动合同法》(2012年修正)第二十三条规定:"用人单位与劳动者可以在劳动合同中约定保守用人单位的商业秘密和与知识产权相关的保密事项。对负有保密义务的劳动者,用人单位可以在劳动合同或者保密协议中与劳动者约定竞业限制条款,并约定在解除或者终止劳动合同后,在竞业限制期限内按月给予劳动者经济补偿。劳动者违反竞业限制约定的,应当按照约定向用人单位支付违约金。"可见,竞业限制协议是用人单位与劳动者所达成的,基于保护用人单位商业秘密的目的而在劳动关系解除或者终止后,对劳动者进行一定期限内就业限制的约定。此案原、被告在签订竞业限制协议时,意思表示真实,内容也无违反法律强制性规定的情形,应为有效。但是与原告履行竞业限制约定义务所对应的,是协议中关于被告支付竞业限制补偿金的条款,即协议第三条第一款:"如果甲方不支付或无正当理由故意克扣竞业限制补偿金,本协议约定的乙方的竞业限制义务自行终止。"由此可见,被告亦同时负有向原告支付竞业限制补偿金的约定义务,如被告未按约承担此项对待给付,则原告有权行使抗辩权,而不承担竞业限制义务。鉴于此,此案应当进一步审查原告工资结构中所包含的"竞业限制补偿"是否可以被认定为被告已经支付了竞业限制补偿金的问题。从时间角度考虑,依据《中华人民共和国劳动合同法》(2012年修正)第二十三条的规定,竞业限制补偿金可以在劳动关系解除或终止后按月支付,但是由于法律未对劳动关系解除前支付竞业限制补偿金的行为予以否定,故只要关于支付时间的约定未违反强制性规定,则并不当然无效。但是在这种情况下,要对提前支付的款项性质予以严格审查,避免用人单位将工资中的一部分变相拆分成所谓的补偿金,来规避劳动关系终止后竞业限制补偿金的支付义务。此案中,原告所得工资的结构中开始出现竞业限制补偿金一项的时间是 2013 年 7 月份,但是原告于此前后的工资总额却并未发生变化,自 2013 年 7 月份开始,发放的工资数额并未增加,仅是此前相对稳定的"基本工资"和"岗位工资"有所缩减,故法院认定被告对原告工资结构的此种变更实为工资结构的拆分,而非提前支付竞业限制补偿金。据此,法院认定被告未按约履行支付竞业限制补偿金的义务。因此,原告可依照协议约定,不承担竞业限制义务以及相应的违约责任。

从另一个角度考虑,在劳动关系履行期间,劳动者对用人单位负有忠实履职的义务。原告在职期间,职务为被告公司总经理,职务身份决定了其知悉并掌握大量涉及公司商业秘密的内容,较之一般管理人员,原告显然应当具备更高程度的忠实义务。依据审理查明的事实,原告在劳动关系尚未解除前,就开始为与被告经营范围高度重合的江苏某某公司甲的成立工作进行准备与申请,该行为已经违反其对被告所负有的忠实义务,也将不可避免地给被告带来商业利益损失,被告未就具体损失金额予以举证,法院结合原告解除前所得的工资数额考虑原告应承担的惩罚性后果,认定原告应向被告赔偿损失 300 000 元。

样本案例三
童某某与荆州某某公司劳动争议纠纷

• **当事人**

原告:童某某
被告:荆州某某公司

• **基本案情**

2012 年 9 月 1 日,原告童某某与被告荆州某某公司签订了《劳动合同书》,约定合同期限从 2012 年 9 月 1 日起至 2022 年 8 月 31 日止。该合同第四十七条约定:"甲方(即被告荆州某某公司,下同)的规章制度(包括但不限于员工手册、岗位职责、培训协议、保密协议、安全准则等)均属合同的主要附件,其效力与合同条款等同。"2011 年 1 月 20 日,原、被告双方签订了《保密合同》,该合同约定:"……二、保密义务:公司保密制度所规定的各工作人员应该遵守的各项事项;乙方(即原告童某某,下同)离职后不得到生产同类产品或经营同类业务且与原单位有竞争关系的其他企业任职,也不得自己生产与原单位有竞争关系的同类产品或经营同类业务。三、保密期限:甲乙双方确认,乙方的保密义务期限为在甲方任职期间和离职后二年内。乙方的保密义务并不因劳动合同的解除而免除。若乙方提前解除劳动合同或劳动合同期满后不再续签,乙方应提前一个月通知甲方,甲方可将其调整到非商业秘密的工作岗位,一个月满后,乙方方可离职。四、违约责任:如乙方违反上述各项义务而损害甲方利益,乙方须向甲方支付其保密费用的2倍的违约金。并按国家有关法律法规的规定,对给甲方造成的损失予以赔偿。五、在乙方在职期间,除工资以外,甲方另外以其他方式付给乙方保密费;乙方离职时,甲方不再另行支付保密费用。……"据有原告童某某签名确认的《保密费收款收据》显示:原告于2011年1月26日收到被告给付的保密费2 000元、2012年1月18日收到4 000元、2013年2月6日收到8 000元、2014年1月27日收到12 000元,合计26 000元。据原告童某某称,其于2014年6月从被告荆州某某公司实际离职。2015年3月24日,被告制发《解除劳动合同通知书》,因"其他情形"原因,解除2012年9月1日与原告童某某签订的劳动合同。2015年9月9日,案外人某某股份有限公司出具证明:"兹有黄某某、付某某、鲁某某、童某某于2015年6月份离开我公司,现上述四人未在我公司工作,特此证明。"据《某某股份有限公司管理体系图》显示,原告童某某在该公司任维修车间负责人黄某某的主要助手。后被告荆州某某公司就违约金向某劳动人事争议仲裁委员会申请仲裁,该仲裁委员会于2016年5月10日制发仲裁裁决书,并于2016年5月17日送达原告童某某,原告因对该裁决书不服,遂于2016年5月30日向法院提起诉讼,法院依法于2016年6月2日予以受理。

另查明,据被告荆州某某公司营业执照记载,其经营范围为:"加工、销售玻璃;玻璃制造及研发;经营建筑装潢材料、石化产品(不含汽、柴、煤油及危化产品)、批发重质油渣油;仓储服务(不含易燃易爆物品、危险化学品、食品)。"据全国企业信用信息公示系统显示,案外人某某股份有限公司经营范围为:"加工、销售玻璃;玻璃制造及研发;经营建筑装潢材料、石化产品(不含汽、柴、煤油及化学危险品)(法律、法规、国务院决定禁止的不得经营;法律、法规、国务院决定规定应当审批的,经审批机关批准后凭许可证件、文件经营;法律、法规、国务院规定无须审批的,自主选择经营)。"

还查明,被告荆州某某公司为原告童某某缴纳社会保险至2015年3月。

• 案件争点

1. 原告童某某是否应向被告荆州某某公司支付违反竞业限制违约金及支付

金额应为多少？

2. 被告在劳动合同履行过程中按月或者分期向原告发放保密费的支付方式是否有效？

• **裁判要旨**

原、被告之间签订的《劳动合同书》及《保密合同》，均属双方当事人的真实意思表示，且之后原告童某某在被告处工作及从被告荆州某某公司领取保密费的行为，更以民事行为坐实了原、被告双方就本案争议的竞业限制约定，两份合同合法有效，应予以保护。《中华人民共和国劳动合同法》（2012年修正）第二十三条规定："用人单位与劳动者可以在劳动合同中约定保守用人单位的商业秘密和与知识产权相关的保密事项。对负有保密义务的劳动者，用人单位可以在劳动合同或者保密协议中与劳动者约定竞业限制条款，并约定在解除或者终止劳动合同后，在竞业限制期限内按月给予劳动者经济补偿。劳动者违反竞业限制约定的，应当按照约定向用人单位支付违约金。"《最高人民法院关于审理劳动争议案件适用法律若干问题的解释（四）》（法释〔2013〕4号，已废止）第七条规定："当事人在劳动合同或者保密协议中约定了竞业限制和经济补偿，当事人解除劳动合同时，除另有约定外，用人单位要求劳动者履行竞业限制义务，或者劳动者履行了竞业限制义务后要求用人单位支付经济补偿的，人民法院应予支持。"此案中，原、被告就竞业限制事项作出了明确的约定，原告童某某亦依约领取了保密费，故其应遵守解除劳动关系后二年的竞业限制约定。即使按原告童某某陈述，其于2014年6月离开被告荆州某某公司，原告亦应按约于2016年6月前遵守竞业限制约定。但是，案外人某某股份有限公司出具的证明显示，被告童某某于2015年6月前在其公司工作，而两个公司的经营明显属"生产同类产品或经营同类业务"，故原告违反了竞业限制约定，当然应承担相应的违约金。按照《保密合同》约定，现原告童某某共收到了被告支付的保密费26 000元，故其应向被告按双倍支付违约金52 000元。

原告童某某认为，保密费与竞业限制补偿金是不同的法律概念。法院认为，从原、被告双方在《劳动合同书》和《保密合同》的约定来看，其约定明显符合竞业限制的法律要件，其名称不影响约定的法律性质，也不影响约定的执行力。对于原告的此主张法院不予支持。

原告童某某认为，被告在履行劳动合同过程中按月或者分期向原告发放保密费，这种支付方式与劳动合同法规定的竞业限制经济补偿支付方式不同，故原告不应承担违反竞业限制的责任。法院认为，《中华人民共和国劳动合同法》

（2012年修正）规定："对负有保密义务的劳动者，用人单位可以在劳动合同或者保密协议中与劳动者约定竞业限制条款，并约定在解除或者终止劳动合同后，在竞业限制期限内按月给予劳动者经济补偿。"请注意，此法律规定措辞是"可以"而不是"必须"或"应当"。此案中，原、被告双方就竞业限制的约定明确、唯一，保密费和工资区分明确，且在《保密合同》中亦有"在乙方在职期间，除工资以外，甲方另外以其他方式付给乙方保密费，乙方离职时，甲方不再另行支付保密费用"的明确约定，既是对法律规定的尊重和呼应，亦是双方当事人在法律规定的前提下民事意思表示一致的体现。故对于原告的此主张法院不予支持。

三、司法案例类案甄别

（一）事实对比

样本案例一，2009年4月1日起，劳动者在用人单位从事网络游戏开发运营工作。劳动合同约定："甲方的报酬体系中的200元/月为乙方（指劳动者）离职后承担竞业限制义务的补偿费。"《协议书》明确约定，由用人单位授予劳动者限制性股票作为对价。劳动者在职期间设立上海某某公司，担任法定代表人，为该公司股东，明显违反了竞业限制义务。

样本案例二，2011年3月4日，劳动者进入用人单位处工作，职务为总经理，双方签订有劳动合同，最近一期劳动合同期限自2016年4月17日开始。在职期间，双方签订有《不损害甲方利益及竞业限制协议》，劳动者承诺，在受雇于用人单位期间及离职后，遵守竞业限制义务。依据工资明细显示，2013年7月以前，劳动者的工资结构中竞业限制补偿金额为0元，工资应发金额为9 400元/月，构成为"基本工资＋岗位工资＋绩效工资"；从2013年7月份开始，工资结构中出现"竞业限制补偿"一项，金额为3 196元/月，构成为"基本工资＋岗位工资＋绩效工资＋竞业限制补偿"。其中，基本工资从4 300元调整为2 800元，岗位工资从2 280元调整为484元。

样本案例三，2012年9月1日，劳动者与用人单位签订了《劳动合同书》，约定合同期限从2012年9月1日起至2022年8月31日止。在乙方（劳动者）在职期间，除工资以外，甲方（用人单位）另外以其他方式付给乙方保密费；乙方离职时，甲方不再另行支付保密费用。据有劳动者签名确认的《保密费收款收据》显示：劳动者于2011年1月26日收到用人单位给付的保密费2 000

元、2012年1月18日收到4 000元、2013年2月6日收到8 000元、2014年1月27日收到12 000元，合计26 000元。

（二）适用法律对比

样本案例一，法院认为，双方于2012年10月25日签订的《协议书》约定授予限制性股票及违约责任，徐某某也根据《协议书》取得了限制性股票，因此双方已重新约定了相应的权利义务，其应根据《协议书》的约定承担违约责任。

此案中，徐某某与上海某某公司签订了《协议书》约定在职期间以及离职后的竞业限制义务，即协议签订后，劳动者就负有履行协议约定的竞业限制义务，用人单位在签订协议书后即一次性支付经济补偿符合约定。而且，用人单位给付的系股票，与以法定货币方式支付的工资截然不同。某某公司的股票，与上海某某公司支付的工资相比较，具有独立性且存在显著区别，可以认定为系依《协议书》约定支付的具备特定目的的竞业限制经济补偿。徐某某接受了股票，且未提出异议，即表示其认可了该支付方式。

样本案例二，法院认为，依据《中华人民共和国劳动合同法》（2012年修正）第二十三条的规定，竞业限制补偿金可以在劳动关系解除或终止后按月支付，但是由于法律未对劳动关系解除前支付竞业限制补偿金的行为予以否定，故只要关于支付时间的约定未违反强制性规定，则并不当然无效。但是在这种情况下，要对提前支付的款项性质予以严格审查，避免用人单位将工资中的一部分变相拆分成所谓的补偿金，来规避劳动关系终止后竞业限制补偿金的支付义务。此案中，原告所得工资的结构中开始出现竞业限制补偿金一项的时间是2013年7月份。但是原告于此前后的工资总额却并未发生变化，自2013年7月份开始，发放的工资数额并未增加，仅是此前相对稳定的"基本工资"和"岗位工资"有所缩减，故法院认定被告对原告工资结构的此种变更实为工资结构的拆分，而非提前支付竞业限制补偿金，据此，法院认定被告未按约承担支付竞业限制补偿金的义务，因此原告可依照协议约定，不承担竞业限制义务以及相应的违约责任。

样本案例三，法院认为，《中华人民共和国劳动合同法》（2012年修正）规定："对负有保密义务的劳动者，用人单位可以在劳动合同或者保密协议中与劳动者约定竞业限制条款，并约定在解除或者终止劳动合同后，在竞业限制期限内按月给予劳动者经济补偿。"请注意，此法律规定措辞是"可以"而不是"必须"或"应当"。此案中，原、被告双方就竞业限制的约定明确、唯一，保密费和工资区分明确，且在《保密合同》中亦有"在乙方在职期间，除工资以外，甲方另外以其他方式付给乙方保密费；乙方离职时，甲方不再另行支付保密费用"的明确约定，既是对法律约定的尊重和呼应，亦是双方当事人在法律规定的前提下民事意思表示一致的体现。

（三）类案大数据报告

截至 2023 年 6 月 30 日，以"竞业限制""在职期间""补偿金"为关键词，通过公开数据库共检索到类案 453 件，经逐案阅看、分析，与本规则关联度较高的案件有 152 件，因其中存在同一案件的一审、二审、再审裁判，严格意义上应将其认定为一件案件，故剔除前述情形后，实际共有 88 件案件。整体情况如下：

从类案地域分布看，涉案数最多的地域是北京市，共 12 件；其次是上海市，为 8 件；再次是浙江省，为 5 件。

从类案结案时间看，结案最多的年份是 2020 年，共有 16 件；其次为 2021 年，共有 13 件；再次为 2018 年，共有 8 件。

从案件经历的审理程序看，只经过一审程序的共计 40 件，经过一审、二审两审程序的共计 46 件，经过一审、二审及再审程序的共计 2 件。

四、类案裁判规则的解析确立

法律并未禁止用人单位于劳动者在职期间支付竞业限制经济补偿。关于竞业限制补偿金的支付时间，实践中有两种观点：一种观点认为竞业限制经济补偿作为一种制度安排，只能发生在离职时，不能提前。如果允许经济补偿提前发放，经济补偿金将成为工资的一部分，等于否定了经济补偿的存在。另一种观点认为如在职期间发放的费用能够与工资等收入明显区分，可与劳动者离职后的竞业限制行为作对价而被认定为补偿金，则可以认定为提前发放。

一般认为竞业限制补偿金系在劳动者离职后，劳动者履行竞业限制义务将对自主择业带来限制，可能导致生活水平的下降，从而由用人单位向劳动者发放的一定的补偿。因此，竞业限制补偿金作为一种特殊的给付，与工资收入有显著差别，需从工资体系中独立出来。因而在离职后发放竞业限制补偿金，更能体现对劳动者不竞业甚至不就业的补偿。同时，竞业限制协议一般约定的是离职后双方权利义务关系，用人单位也无必要提前履行支付经济补偿的义务。

但这并不意味着竞业限制经济补偿只能在离职后发放。虽然劳动合同法规定"在解除或者终止劳动合同后,在竞业限制期限内按月给予劳动者经济补偿",但并未排除劳动者和用人单位通过合意自主决定发放方式的权利。从法理上说该条系指导性规范,行为主体有一定自行选择的余地。

实践中,经济补偿的支付方式多样,最常见的为按月支付,也有按年支付,甚至一次性支付。因此,只要满足经济补偿支付的特定性与独立性,用人单位可以与劳动者约定以其他方式进行发放,不排除于在职期间提前发放。应当结合劳动合同或者竞业限制条款约定、最低工资标准、发放期限和数额等综合确定在职期间用人单位发放竞业限制补偿金的真实性。实际上如约定用人单位提前支付经济补偿,并没有减少劳动者的利益,相反劳动者还可提前获取相关收益,不能因此认为违反了法律规定而不认定该经济补偿。

五、关联法律法规

(一)《中华人民共和国劳动合同法》(2012年修正)

第二十三条 用人单位与劳动者可以在劳动合同中约定保守用人单位的商业秘密和与知识产权相关的保密事项。

对负有保密义务的劳动者,用人单位可以在劳动合同或者保密协议中与劳动者约定竞业限制条款,并约定在解除或者终止劳动合同后,在竞业限制期限内按月给予劳动者经济补偿。劳动者违反竞业限制约定的,应当按照约定向用人单位支付违约金。

(二)《最高人民法院关于审理劳动争议案件适用法律若干问题的解释(四)》(法释〔2013〕4号,2013年2月1日起施行,已废止)

第七条 当事人在劳动合同或者保密协议中约定了竞业限制和经济补偿,当事人解除劳动合同时,除另有约定外,用人单位要求劳动者履行竞业限制义务,或者劳动者履行了竞业限制义务后要求用人单位支付经济补偿的,人民法院应予支持。

竞业限制案件裁判规则
第 8 条

劳动者借助近亲属名义开设、经营公司以从事与原公司同类经营业务的行为,属于违反竞业限制的违约行为

一、聚焦司法案件裁判观点

■ 争议焦点

劳动者借助近亲属名义实施开设、经营与原公司同类经营业务之公司的行为,劳动者本人是否应承担违约责任?

■ 裁判观点

根据劳动合同相对性原则,劳动者的近亲属并不是劳动合同一方的当事人,用人单位虽不可直接限制劳动者近亲属的就业权利,但是可以禁止劳动者借助近亲属名义实施违反竞业限制义务的行为;劳动者借助近亲属名义开设、经营公司以从事与原公司同类经营业务的行为,应被认定为违反竞业限制的违约行为。

二、司法案例样本对比

样本案例一

深圳某某公司与贺某某竞业限制纠纷案

• 当事人

上诉人(原审原告):深圳某某公司
上诉人(原审被告):贺某某

• 基本案情

贺某某 2010 年 3 月 10 日入职深圳某某公司,工作岗位为技术研发总监,双方签订了无固定期限劳动合同。工资为年薪制，税后年薪 280 000 元，贺某某主张双方的劳动关系于 2019 年 1 月 8 日解除。

双方所签《劳动合同》第九条约定，在劳动合同有效期内或在劳动合同终止或者解除后一年内，劳动者不得到生产与本单位同类产品或者经营同类业务的其他用人单位任职，研究生产制造有竞争关系的同类产品，也不得自己生产或者经营与用人单位有竞争关系的同类产品或者业务（除非经协商后公司允许的产品范围），竞业禁止补偿费用已包括在工资中。第九条第三项约定，乙方如违反与甲方签订的企业员工保密合同，则按该合同对深圳某某公司进行赔偿；第十五条约定："下列文件规定为本合同的附件，与本合同具有同等效力：（一）《企业员工保密合同》"。

深圳某某公司（乙方）与贺某某（甲方）签订了《企业员工保密合同》。该合同第八条约定，"甲方承诺其在乙方任职期间，非经乙方事先同意，不在与乙方生产、经营同类产品或提供同类服务的其他企业、事业单位、社会团体内担任任何职务，包括股东、合伙人、董事、监事、经理、职员、代理人、顾问等等。甲方离职之后是否仍负有前款的义务，由双方以单独的协议另行规定。如果双方没有签署这样的单独协议，则乙方不得限制甲方从乙方离职之后的就业、任职范围。"第十四条约定，"甲方如违反本合同任一条款，应当一次性向乙方支付违约金 500 000 元，无论违约金给付与否，乙方均有权不经预告立即解除与甲方的聘用关系。甲方的违约行为给乙方造成损失的，甲方应当赔偿乙方的损失，违约金不能代替赔偿损失，但可以从损失额中抵扣。"第十七条约定："本合同如与双方以前的口头或书面协议有抵触的，以本合同为准，本合同的修改必须采用双方同意的书面形式"。

S 公司于 2013 年 4 月 19 日成立，系自然人独资有限责任公司，股东马某某、监事周某某。2016 年 3 月 18 日起马某某担任总经理、周某某担任法定代表人兼执行董事。经营范围包括：各种线材、线夹、连接线、连接器、电子元器件、电子产品、线材精密设备、一类医疗器械、五金产品、机械产品的销售及技术研发、技术咨询指导、国内贸易、货物及技术进出口；许可经营项目是电子线及连接线的生产和加工。深圳某某公司的经营范围为：通讯线缆及接插件、高频连接器及组件、低频连接器及组件、高速连接器及组件、光电连接器及传输器件、光电元器件及组件、电源线及组件、印制线路板、工业连接器及组件、无源器件、通信器材及相关产品的技术开发、生产（生产场地另办执照）、销售（不含专营、专控、专卖及限制项目）、经营进出口业务、电子产品与测试设备的研发、生产、销售（不含专营、专控、专卖及限制项目）、技术服务及技术咨询等。贺某某使用的微信号为×××。2018 年 1 月 23 日至 2019 年

5月17日期间，贺某某在微信朋友圈发布的图文信息、文字信息主要是贺某某对医疗探头线束、电子线、连接线等产品的研发方向、贺某某接待国际友人介绍推广医疗极细同轴线产品消息及对行业方向的评论等，图片为各种线材、连接器、电子产品等产品图片，未显示产品的所属公司名称。

S公司于2019年9月9日出具《关于本公司与深圳某某公司及贺某某关系的书面说明》，内容包括："本公司系自然人独资公司，股东为马某某，法定代表人为周某某，贺某某与周某某虽是配偶关系，但两人均非实际投资人，贺某某从未在本公司担任任何职务，也从未领取任何报酬，对本公司不能产生实际控制影响；本公司与深圳某某公司不存在竞争关系，一直保持长期的合作伙伴关系，双方相互提供对方所需的产品、设备等，2017年4月，双方签订合作协议，由深圳某某公司提供生产场所和装修车间，本公司提供生产线和生产设备，即本公司在深圳某某公司处设立生产车间，所生产产品全部供货给深圳某某公司"。

• 案件争点

贺某某配偶担任法定代表人的公司经营业务与贺某某原公司的经营业务相同，能否认定贺某某违反了竞业限制义务？

• 裁判要旨

法院认为，贺某某自愿签署《劳动合同》以及《企业员工保密合同》，该两份文件合法有效，两份文件中均约定了竞业限制条款，贺某某在任职期间及离职后一年内，应按约定履行竞业限制义务。深圳某某公司与S公司在工商部门注册登记的经营范围中都存在连接线、连接器、电子元器件的技术开发和销售、电子产品的研发销售和技术咨询等，故可以认定深圳某某公司与S公司经营范围存在交叉重叠，两家公司的业务存在竞争性。贺某某在深圳某某公司担任技术负责人，即便贺某某未实际向S公司出资或泄露技术秘密，但贺某某的配偶从事同一行业，对深圳某某公司的经营难免产生影响，S公司的收益情况亦影响贺某某配偶收益情况，夫妻一方的收益常理上会用于家庭生活，贺某某可以从中受益，故S公司的经营状况及经营成果与贺某某密不可分。依据贺某某在2018年1月23日至2019年5月17日发布的朋友圈图文、文字信息，可以认定贺某某为S公司工作或参与经营。二审法院认为，从劳动合同的相关内容可以看出，深圳某某公司聘用贺某某担任技术总监，其主要工作任务是为公司研发微细电缆及组件产品。而S公司和深圳某某公司工商登记的该部分业务相同，且贺某某在微信朋友圈对医疗探头线束、电子线、连接线等产品的研发方向、向国际友人推介医疗极细同轴线产品等情况也进一步证明，S公司和深圳某某公司业务重叠，双方存在竞争关系。S公司系贺某某的配偶和亲属经营，贺某某与S公司之间利益相关联。没有证据证明该公司生产经营连接线类产品的技术来源于贺某某之外的第三方，从贺某某在微信朋友圈的产品介绍和一般常理推断，S公司生产经营同类产品的技术服务来源于贺某某。贺某某任职深圳某某公司期间为S公司生产经营同类产品提供技术支持，显然违反了竞业限制的约定。

样本案例二
深圳某某厂、顾某某与张某某劳动合同纠纷

• **当事人**

上诉人（原审原告）：深圳某某厂
上诉人（原审原告）：顾某某
被上诉人（原审被告）：张某某

• **基本案情**

深圳某某厂系个人独资企业，顾某某系投资人；张某某系深圳某某厂业务经理，其与顾某某于2013年1月31日签订《深圳某某厂辞职协议书》约定：一、张某某辞去深圳某某厂业务经理一职；二、补助张某某528 000元，2013年1月31日付300 000元，最后一期付款日期为2013年8月30日；三、张某某必须协助收回其在职期间的货款人民币49 444元，若该货款未收回，应在张某某余下的补偿款中扣除；四、张某某在两年内不得从事刀模行业的任何工作，也不得协助其亲属、朋友从事刀模行业。一经发现，顾某某可拒付补偿款及追究张某某一定的经济和法律责任。协议签订后，深圳某某厂向张某某一次性支付了300 000元。张某某在二审庭审调查期间确认其配偶沈某某曾担任B公司监事一职，并确认其曾在B公司签收过案外人深圳某某公司发送的环球刀、细口刀等原材料，以及B公司向案外人某某厂支付过激光刀模原材料货款3 800元。双方当事人均确认B公司于2013年8月30日成立。

• **案件争点**

张某某配偶担任监事的公司经营业务与张某某原公司的经营业务相同，能否认定张某某违反了竞业限制业务？

• 裁判要旨

法院认为，根据《中华人民共和国劳动合同法》（2012年修正）第二十三条第二款的规定："对负有保密义务的劳动者，用人单位可以在劳动合同或者保密协议中与劳动者约定竞业限制条款，并约定在解除或者终止劳动合同后，在竞业限制期限内按月给予劳动者经济补偿。劳动者违反竞业限制约定的，应当按照约定向用人单位支付违约金。"张某某与顾某某签订的《深圳某某厂辞职协议书》第四条约定，张某某在两年内不得从事刀模行业的任何工作，也不得协助其亲属、朋友从事刀模行业。一经发现，顾某某可拒付补偿款及追究一定的经济和法律责任。该条款属于双方对劳动关系终止后用人单位与劳动者约定的竞业限制条款，且双方约定将张某某履行竞业限制义务作为深圳某某厂向张某某支付上述528 000元补偿款的条件。张某某主张该款系业务提成，而非所谓竞业限制补偿或保密费，其理由为根据法律规定，竞业限制补偿款应当按月支付，而双方约定的补偿款余额支付期限分别为2013年3月30日、2013年4月30日、2013年5月30日、2013年6月30日、2013年7月30日以及2013年8月30日。因此，与法律的相关规定不相符合。法院认为，现行法律并未规定竞业限制补偿款必须按月支付。深圳某某厂与张某某签订了《深圳某某厂辞职协议书》后，即向张某某支付了300 000元的补偿款，并约定剩余补偿款的支付日期，属于双方当事人的真实意思表示，亦没有违反法律的强制性规定，具有法律效力。张某某在二审庭审调查期间确认其配偶沈某某曾担任B公司（于2013年8月30日成立）监事一职，并确认其曾在B公司签收过案外人深圳某某公司发送的环球刀、细口刀等原材料，以及B公司向案外人某某厂支付过激光刀模原材料货款3 800元。法院认为，被上诉人张某某的近亲属在刀模企业中担任管理者（监事），且张某某本人亦实际参与了该刀模企业的具体经营活动，上述事实能够证明张某某违反竞业限制义务，在证据上，具有高度盖然性。法院据此认定被上诉人张某某存在违反竞业限制义务的行为，张某某应当就此承担相应的法律责任。

样本案例三

权某与江苏某某公司、王某某、徐州某某公司竞业限制纠纷案

• 当事人

上诉人（原审被告）：权某

被上诉人（原审原告）：江苏某某公司
原审被告：王某某
原审被告：徐州某某公司

- **基本案情**

江苏某某公司成立于 2002 年 12 月，法定代表人李某，是国内较早从事工程机械系列产品模拟教学仪的开发生产和技术咨询、售后服务的企业。从 1995 年开始生产第一代模拟教学仪以来，至 2010 年已经生产第九代模拟教学仪，产品销往全国各地，并出口印度、俄罗斯等国家，具有一定的市场影响力和知名度。

2006 年 5 月，权某（乙方）到江苏某某公司（甲方）工作。同年 6 月 5 日，担任研发组组长，负责工程机械模拟教学仪的研发、生产、销售工作。同年 9 月 20 日，双方签订《劳动合同书》，关于竞业禁止事项约定为"乙方（权某）无论因何种原因、以何种形式离开公司，三年内不得自营或者为他人经营与本公司有直接竞争的业务，不得到与本公司业务有竞争关系的单位就职，不得以担任顾问、提供咨询的形式变相为与本公司业务有竞争关系的单位提供服务"。

2007 年 12 月 31 日，江苏某某公司（甲方）与权某（乙方）续签《劳动合同书》，江苏某某公司聘任权某担任主管科技研发部的经理，合同期限为 2008 年 1 月 1 日至 2013 年 12 月 31 日。合同第三十条保密协议约定："1. 甲方原有的和乙方在甲方任职期间创建的经营渠道、业务客户、经济合同等经济信息或情报和经营业务、管理技术方面的业绩或聘用期间所产生的职务作品，其知识产权，根据劳资双方有偿服务原则，均属于甲方所有……。2. 对甲方的企业资产和机密，未经甲方书面同意，乙方不得以任何理由在本职工作范围之外以任何形式擅自使用，包括采取以转让、授权他人、泄密等形式的非法使用，否则视为乙方违约，因此给甲方造成的经济和其他方面的损失，甲方享有追究乙方法律责任和要求经济赔偿的权利。3. 本合同期内，乙方不得以任何借口在其他企业兼职；不得为本公司以外的任何单位和个人从事有损本公司利益的活动；不得擅自以甲方名义同第三方订立合同或进行交易。4. 乙方调离甲方或合同期满，乙方应把所有的有关商业秘密的资料移交甲方，同时承担不向外泄露商业秘密的义务，并保证在两年内不从事与甲方商业秘密有关的工作，并不得在同类竞争企业任职；或者自己开业生产；或者经营同类产品、从事同类业务。"第三十一条约定："在合同解除后的两年内，甲方每月给乙方（协商）作为竞业禁止期的经济补偿。乙方违反约定的，除赔偿因此给甲方带来的直接经济损失以外，还应当向甲方支付违约金。数额为甲方已经支付给乙方经济补偿数额的两倍。"

2009年6月5日，权某以个人原因向江苏某某公司提出辞职并获批。根据劳动合同的约定，考虑到竞业禁止条款对权某的择业限制，江苏某某公司给予权某每月1 000元的经济补偿，计24个月，并已实际支付2.4万元。

2010年2月2日，Q公司成立，系自然人独资公司，法定代表人王某某系权某妻子，公司注册资金30万元，研制开发的产品主要包括挖掘机模拟教学仪、装载机叉车模拟教学仪、起重机模拟教学仪、汽车模拟驾驶器等教学设备。在对外宣传彩页上，印制的Q公司的联系电话即为权某所用。

2010年10月23日，Q公司作为协办方，与某某培训中心联合举办了×××工程机械培训学校峰会。权某代表Q公司在运作协议上签字。在峰会会务组分工细则上，权某负责峰会参会人员的邀请、联系，峰会课件的制作及讲解；确定×××峰会主办方及交接工作。后Q公司又举办了×××工程机械培训学校峰会。

2010年11月19日，贵州某某学校建筑技术类教学实训实验仪器设备采购公开招标，贵州某某公司中标。中标产品包括挖掘机模拟教学仪20台，单价2.75万元，装载机叉车模拟教学仪10台，单价2.698万元，共计81.98万元，均为Q公司制造。在投标文件中，关于产品的售后服务，由Q公司承诺提供，维修部经理联系方式为权某的手机号码。在投标文件的附件中，关于投标产品的销售业绩，Q公司提供了其与某某学校在2010年9月2日签订的销售合同，包括挖掘机模拟教学设备35台，单价3.2万元，装载机叉车模拟教学设备25台，单价3万元，共计187万元；与某某学校在2010年7月29日签订的销售合同，包括挖掘机模拟教学设备5台，单价3万元，装载机叉车模拟教学设备3台，单价2.9万元，共计23.7万元；与某某公司在2010年8月12日签订的销售合同，包括挖掘机模拟教学设备50台，单价3万元，装载机叉车模拟教学设备20台，单价2.9万元，共计208万元；以及在2010年4月6日销售给某某学校挖掘机模拟教学设备11台；在2010年3月25日销售给某某学校挖掘机模拟教学设备5台。2010年12月14日，某某学院教学实训设备采购项目C1包招标，某某公司中标。中标产品包括挖掘机模拟教学仪8台，单价2.96万元，装载机叉车模拟教学仪4台，单价2.95万元，共计35.48万元，均为Q公司制造。2011年1月6日，某某学校发布"模拟教学实训室"项目招标公告，公开采购16套挖掘机模拟教学仪。第一中标人为海南某某公司，中标价为65.3万元，中标产品为Q公司制造，并负责提供售后服务。

• **案件争点**

权某的配偶投资设立的公司经营业务与权某原公司的经营业务相同，能否认定权某违反了竞业限制义务?

• **裁判要旨**

法院认为,涉案两份劳动合同中均约定有竞业禁止条款,即在竞业禁止期内权某不能从事工程机械模拟教学仪的经营销售工作。竞业禁止是用人单位对员工采取的以保护其商业秘密为目的的一种法律措施。它是根据法律规定或双方约定,在劳动关系存续期间或劳动关系结束后的一定时期内,限制并禁止员工在本单位任职期间同时兼职于业务竞争单位,限制并禁止员工在离职后从事与本单位竞争的业务,包括不得在生产同类产品或经营同类业务且有竞争关系或其他利害关系的其他业务单位任职,不得到生产同类产品或经营同类业务且具有竞争关系的其他用人单位兼职或任职,也不得自己生产与原单位有竞争关系的同类产品或经营同类业务。因此,权某作为劳动者若违反了上述合同中有关竞业限制的约定义务,依法应当承担相应的违约责任,按照约定向用人单位江苏某某公司支付违约金。

权某于2009年6月5日自江苏某某公司离职后,在其两年的竞业禁止期内,其妻子王某某于2010年2月2日成立了经营范围与江苏某某公司相近的、自然人独资性质的Q公司,但在Q公司其后的经营中,无论是在其宣传彩页上预留的业务联系电话持有、使用人,还是以Q公司名义举办的峰会论坛召集、主持人,抑或Q公司对外承诺的技术人员、维修人员的姓名、电话,甚至Q公司对外招投标的行为人,均系权某实际参与。因此,能够认定权某实际参与了Q公司的经营。虽然在Q公司经营期间,权某为避免江苏某某公司追究其责任而提出代理请求,并通过电子邮件的方式与江苏某某公司法定代表人李某进行沟通,但是双方就代理方式、产品型号、结算价款、结算方式等主要权利义务内容,并未达成合意,不符合合同法关于合同成立必备要件的一般规则要求,且事后权某亦未实际代理销售江苏某某公司的产品,故双方当事人之间的代理关系未依法成立,权某的上述经营行为违反了双方当事人签订的劳动合同中关于竞业禁止的相关约定,权某依法应当承担违约责任。

三、司法案例类案甄别

(一)事实对比

样本案例一,劳动者贺某某于2010年3月10日入职用人单位深圳某某公司，工作岗位为技术研发总监，双方签订了无固定期限劳动合同。工资为年薪制，税后年薪280 000元，劳动者主张双方的劳动关系于2019年1月8日解除。用人单位（乙方）与劳动者（甲方）签订了《企业员工保密合同》。S公司于2013年4月19日成立，系自然人独资有限责任公司，股东马某某、监事周某某。劳动者与周某某系夫妻关系。2016年3月18日起马某某担任总经理、周某某担任法定代表人兼执行董事。S公司经营范围包括：各种线材、线夹、连接线、连接器、电子元器件、电子产品、线材精密设备、一类医疗器械、五金产品、机械产品的销售及技术研发、技术咨询指导、国内贸易、货物及技术进出口，许可经营项目是电子线及连接线的生产和加工。深圳某某公司的经营范围为：通讯线缆及接插件、高频连接器及组件、低频连接器及组件、高速连接器及组件、光电连接器及传输器件、光电元器件及组件、电源线及组件、印制线路板、工业连接器及组件、无源器件、通信器材及相关产品的技术开发、生产（生产场地另办执照）等。

样本案例二，用人单位深圳某某厂系个人独资企业，顾某某系投资人；劳动者张某某系用人单位业务经理，其与顾某某于2013年1月31日签订《深圳某某厂辞职协议书》约定：一、劳动者辞去深圳某某厂业务经理一职；二、补助劳动者528 000元，2013年1月31日付300 000元，最后一期付款日期为2013年8月30日；三、劳动者必须协助收回其在职期间的货款人民币49 444元，若该货款未收回，应在其余下的补偿款中扣除；四、劳动者在两年内不得从事刀模行业的任何工作，也不得协助其亲属、朋友从事刀模行业。劳动者在二审庭审调查期间确认其配偶沈某某曾担任B公司监事一职，并确认其曾在B公司签收过案外人深圳某某公司发送的环球刀、细口刀等原材料，以及B公司向案外人某某厂支付过激光刀模原材料货款3 800元。双方当事人均确认B公司于2013年8月30日成立。

样本案例三，劳动者权某于2006年5月入职用人单位江苏某某公司工作。同年6月5日，担任研发组组长，负责工程机械模拟教学仪的研发、生产、销售工作。同年9月20日，双方签订《劳动合同书》。2009年6月5日，劳动者以个人原因向江苏某某公司提出辞职并获批。2010年2月2日，Q公司成立，系自然人独资公司，法定代表人王某某系劳动者妻子，公司注册资金30万元，研制开发的产品主要包括挖掘机模拟教学仪、装载机叉车模拟教学仪、起重机模拟教学仪、汽车模拟驾驶器等教学设备。在对外宣传彩页上，印制的Q公司的联系电话即为劳动者所用。2010年10月23日，Q公司作为协办方，与某某培训中心联合举办了机械培训学校峰会。劳动者代表Q公司在运作协议上签字。在峰会会务组分工细则上，劳动者负责峰会参会人员的邀请、联系；峰会课件的制作及讲解；确定下一届峰会主办方及交接工作。后 Q 公司又举办了××届工程机械培训学校峰会。

（二）适用法律对比

样本案例一，法院认为，深圳某某公司与 S 公司在工商部门注册登记的经营范围中都存在连接线、连接器、电子元器件的技术开发和销售、电子产品的研发销售和技术咨询等，故可以认定深圳某某公司与 S 公司经营范围存在交叉重叠，两家公司的业务存在竞争性。贺某某在深圳某某公司担任技术负责人，即便贺某某未实际向 S 公司出资或泄露技术秘密，但贺某某的配偶从事同一行业，对深圳某某公司的经营难免产生影响，S 公司的收益情况亦影响贺某某配偶收益情况，夫妻一方的收益常理上会用于家庭生活，贺某某可以从中收益，故 S 公司的经营状况及经营成果与贺某某密不可分。没有证据证明该公司生产经营连接线类产品的技术来源于贺某某之外的第三方，从贺某某在微信朋友圈的产品介绍和一般常理推断，S 公司生产经营同类产品的技术服务来源于贺某某。贺某某任职深圳某某公司期间为 S 公司生产经营同类产品提供技术支持，显然违反了竞业限制的约定。

样本案例二，法院认为，张某某在二审庭审调查期间确认其配偶沈某某曾担任 B 公司（于 2013 年 8 月 30 日成立）监事一职，并确认其曾在 B 公司签收过案外人深圳某某公司发送的环球刀、细口刀等原材料，以及 B 公司向案外人某某厂支付过激光刀模原材料货款 3 800 元。法院认为，被上诉人张某某的近亲属在刀模企业（B 公司）中担任管理者（监事），且张某某本人亦实际参与了 B 公司的具体经营活动，上述事实能够证明张某某违反竞业限制义务，在证据上，具有高度盖然性。据此，认定被上诉人张某某存在违反竞业限制义务的行为，被上诉人张某某应当就此承担相应的法律责任。

样本案例三，法院认为，权某于 2009 年 6 月 5 日自江苏某某公司离职后，在其两年的竞业禁止期内，其妻子王某某于 2010 年 2 月 2 日成立了经营范围与江苏某某公司相近的、自然人独资性质的 Q 公司，但在 Q 公司其后的经营中，无论是在其宣传彩页上预留的业务联系电话持有、使用人，还是以 Q 公司名义举办的峰会论坛召集、主持人，抑或 Q 公司对外承诺的技术人员、维修人员的姓名、电话，甚至 Q 公司对外招投标的行为人，均系权某实际参与。因此，能够认定权某实际参与了 Q 公司的经营。虽然在 Q 公司经营期间，权某为避免江苏某某公司追究其责任而提出代理请求，并通过电子邮件的方式与江苏某某公司法定代表人李某进行沟通，但是双方就代理方式、产品型号、结算价款、结算方式等主要权利义务内容，并未达成合意，不符合合同法关于合同成立必备要件的一般规则要求，且事后权某亦未实际代理销售江苏某某公司的产品，故双方当事人之间的代理关系未依法成立。权某的上述经营行为违反了双方当事人签订的劳动合同中关于竞业禁止的相关约定，权某依法应当承担违约责任。

（三）类案大数据报告

截至2022年12月31日，以"竞业限制""劳动者""近亲属"为关键词，通过公开数据库共检索到类案439件，经逐案阅看、分析，与本规则关联度较高的案件共有166件，因其中存在同一案件的一审、二审、再审裁判，严格意义上应将其认定为一件案件（同时还有套案因素等，实质上争议的焦点问题是相同的），故剔除前述情形后，实际共有125件案件。整体情况如下：

从类案地域分布看，涉案数最多的地域是山东省，为20件；其次是北京市，为16件；再次是广东省，为14件。

从类案结案时间看，结案最多的年份是2021年，共有26件；其次为2019年，共有17件；再次为2022年，共有13件。

从案件经历的审理程序看，只经过一审程序的共计44件，经过一审、二审两审程序的共计76件，经过一审、二审及再审程序的共计5件。

四、类案裁判规则的解析确立

近年来，劳动者离职后利用家属名义投资、经营有竞争关系企业的情况增多，此类案件多是劳动者近亲属投资、经营的企业与用人单位的经营范围存在重合，一般不存在劳动者近亲属到有竞争关系的企业任职的情况。根据劳动合同相对性原则，劳动者的近亲属并不是劳动合同一方的当事人，用人单位虽不可直接限制劳动者近亲属的就业权利，但是禁止劳动者借助近亲属名义实施违反竞业限制义务的行为，实际上约束的仍然是劳动者本人的行为。故审查的重点一般都是劳动者近亲属开设、经营公司是否是为了协助劳动者规避竞业限制义务，劳动者是否存在借助近亲属名义实施违反竞业限制义务的行为，从劳动者与近亲属的专业、经验、资源等方面结合实践判断劳动者是否实际参与经营。劳动者借助近亲属名义开设、经营公司以从事与原公司同类经营范围业务的，应属于违反竞业限制的违约行为。

五、关联法律法规

(一)《中华人民共和国劳动合同法》(2012年修正)

第二十三条 用人单位与劳动者可以在劳动合同中约定保守用人单位的商业秘密和与知识产权有关的保密事项。

对负有保密义务的劳动者,用人单位可以在劳动合同或者保密协议中与劳动者约定竞业限制条款,并约定在解除或终止劳动合同后,在竞业限制期限内按月给予劳动者经济补偿。劳动者违反竞业限制约定的,应当按照约定向用人单位支付违约金。

第二十四条 竞业限制的人员限于用人单位的高级管理人员、高级技术人员和其他负有保密义务的人员。竞业限制的范围、地域、期限由用人单位与劳动者约定,竞业限制的约定不得违反法律、法规的规定。

(二)《最高人民法院关于审理劳动争议案件适用法律问题的解释(一)》(法释〔2020〕26号,2021年1月1日起施行)

第三十六条 当事人在劳动合同或者保密协议中约定了竞业限制,但未约定解除或者终止劳动合同后给予劳动者经济补偿,劳动者履行了竞业限制义务,要求用人单位按照劳动者在劳动合同解除或者终止前十二个月平均工资的30%按月支付经济补偿的,人民法院应予支持。

前款规定的月平均工资的30%低于劳动合同履行地最低工资标准的,按照劳动合同履行地最低工资标准支付。

竞业限制案件裁判规则

第 9 条

劳务派遣单位派遣的劳动者属于竞业限制协议的主体,被派遣劳动者如果属于负有保密义务的人员,可以与其约定竞业限制协议

一、聚焦司法案件裁判观点

■ 争议焦点

劳务派遣单位派遣的劳动者是否可以对其约定竞业限制条款？

■ 裁判观点

派遣员工与用人单位达成真实意思表示订立竞业限制协议的，该协议效力应被予以确认。但在审查是否实施了违反竞业限制行为时，应着重审查被派遣的劳动者是否属于负有保密义务的人员。

二、司法案例样本对比

样本案例一
杜某某与甲公司竞业限制纠纷案

• 当事人

原告：杜某某
被告：甲公司

• 基本案情

原告于 2010 年 4 月 29 日与乙公司签订劳动合同，约定合同期限自该日起至 2013 年 5 月 20 日止、工作岗位按派遣协议书确定等。同日，另签订派遣协议书，约定派遣原告至甲公司处游戏开发岗位工作、派遣期限自该日起至 2011 年 4 月 28 日止等。同日，原、被告签订入职确认书。该确认书的附件一（即涉案竞业限制协议）第一条约定了杜某某的保密义务及具体的保密规则；第二条第二款约定，竞业限制期限为派遣合同终止或解除之日起一年；第二条第三款约定，在雇员遵守本第二条规定的前提下，公司在竞业限制期限内按月向雇员支付补偿费，若无相关补偿费标准，月补偿费则为雇员离职前一年月平均工资收入的30%；第4.2条约定，若雇员违反本协议第二条规定的，应退还公司已经支付的补偿费；立即停止违约行为；支付违约金，金额为派遣合同终止或解除前雇员年工资收入的200%。2013年4月15日，原告以个人原因向被告申请辞职，表示"经与公司协商，离职日期为2013年4月15日"。原告岗位经过多次调整，于2012年9月担任某某院副院长，负责创新院的技术创新项目管理，于2013年3月管理职级由副总监升为总监，继续负责创新院的技术创新项目管理。原告于2012年4月至2013年3月期间，月均应得工资高于50 000元/月。被告已按15 000元/月的标准，支付原告2013年4月至11月的竞业限制经济补偿120 000元。2013年12月5日，被告甲公司向本区劳动人事争议仲裁委员会申请仲裁，要求原告：一、继续履行涉案竞业限制协议，停止违约行为，停止为某某公司丙提供劳务；二、退还竞业限制经济补偿120 000元；三、支付竞业限制违约金1 200 000元。该仲裁委员会于2014年7月21日作出裁决，裁令原告返还被告竞业限制经济补偿120 000元、支付被告竞业限制违约金884 816.06元，未支持被告的其余请求。原、被告均不服该裁决，向法院提起本案诉讼。

另查明，被告的经营范围为计算机硬件及网络的研发，计算机软件的开发、设计、制作、销售自产产品，计算机系统集成的设计、安装、调试、维护，计算机的技术开发、技术转让、技术咨询、技术服务，计算机系统和软件咨询服务，计算机系统分析和设计服务，数据处理服务，商务咨询服务（涉及许可经营的凭许可证经营）。丙公司成立于2013年5月14日，经营范围为从事网络科技，计算机科技领域内的技术咨询、技术转让、技术开发、技术服务，商务信息咨询，企业管理咨询，计算机信息系统集成，电脑图文设计、制作，设计、制作各类广告，利用自有媒体发布广告，计算机网络工程施工，动漫设计，计算机服务（除互联网上网服务营业场所），公共安全技术防范工程设计施工，五金交电，办公用品，服装服饰，工艺礼品，电子产品，计算机软件开发，计算机设备的安装、维修，电子商务（不得从事销售增值电信、金融业务）。丙公司在其网络主页中介绍，公司致力于某游戏平台运营及游戏研发，是业内领先的互联网游戏研发与运营企业。2013年10月30日，原告以丙公司工作人员名义接待求职者。

• **案件争点**

一是原、被告于 2010 年 4 月 29 日所签涉案竞业限制协议对原告的拘束力。二是原告是否违反了涉案竞业限制协议的约定。三是涉案竞业限制协议约定的违约金数额是否明显过高。

• **裁判要旨**

法院认为,原、被告 2010 年 4 月 29 日所签涉案竞业限制协议对原告有拘束力。首先,创设我国的竞业限制制度的目的,在于保护用人单位的商业秘密和与知识产权相关的秘密,同时亦对该种保护设置一定条件的限制,以平衡劳动者的就业权和劳动权。雇佣主体与使用主体合一的一般用工情形下,竞业限制协议的签订主体应为用人单位和与之建立劳动关系的劳动者,前述法律条文亦作有如此规定。但在劳务派遣这种雇佣与使用相分离的特殊用工情形下,商业秘密和与知识产权相关秘密的所有者和知悉者通常为实际的用工单位和被派遣劳动者。故该二者之间签订竞业限制协议,符合竞业限制制度的设置初衷。《中华人民共和国劳动合同法》(2012 年修正)第五章第二节对劳务派遣有专门规定,但未涉及派遣用工情形下的竞业限制问题,故不能得出法律禁止用工单位与派遣劳动者就竞业限制进行约定的结论。其次,原告作为被派遣至被告处的劳动者,虽然前后工作岗位有过调整,先是从事游戏开发工作,后升任某某院副院长、管理职级由副总监升为总监,并持续负责技术创新项目的管理。但是这些岗位均与被告从事的网络游戏开发运营业务密切相关,原告应当知悉被告处的商业秘密和与知识产权相关的秘密,双方亦在涉案竞业限制协议中对原告的保密义务进行了确认。故应认定原告属于可以约定竞业限制的"两高一密"人员。最后,原告与乙公司所签派遣协议书约定的派遣期限截至 2011 年 4 月 28 日,但该期限届满后,原告仍然以派遣劳动者身份在被告处继续提供劳动,并获得了职务和职级的晋升,直至 2013 年 4 月 15 日提出辞职。换言之,原约定的派遣期限届满后虽未另行续签书面派遣协议,但原、被告的派遣用工关系以实际履行的方式进行了延续,相关主体之间存在派遣协议亦予延续的默示意思表示。故原告的竞业限制期限应自 2013 年 4 月 15 日起计算。因此,2010 年 4 月 29 日涉案竞业限制协议合法有效,双方均应依约履行。

关于原告是否违反了涉案竞业限制协议的约定。其一,虽然丙公司为原告缴纳了社会保险,但原告在仲裁阶段首先提交的派遣员工劳动合同并未列明具体的用工单位。数月后再次提交的派遣员工劳动合同虽列明了具体的用工单位,但与前次提交的派遣员工劳动合同所标注的签订日期相同,所载内容亦基本相同,显然不合常理。原告仲裁阶段提供的丙公司经营地址,经仲裁员调查,该处并无丙公司的挂牌信息。故现有证据不能充分反映原告实际被派遣至丙公司工作。其二,相关证据显示,丙公司成立于原告从被告处离职的前后,原告于2013年10月30日以丙公司工作人员的名义接待求职者。其三,丙公司与被告经营范围相近,均从事网络游戏开发运营业务等,存在经营上的竞争关系。综上,可以认定原告在竞业限制期内,实施了违反涉案竞业限制协议约定的行为。

关于涉案竞业限制协议约定的违约金数额是否明显过高。竞业限制制度在保护用人单位商业秘密和与知识产权相关秘密的同时,也对劳动者的就业权和劳动权进行了限制,故个案中需对双方的权益进行平衡。双方涉案竞业限制协议约定,劳动者违反竞业限制义务后,除需退还已领的经济补偿外,还需按离职前年工资收入200%的标准支付违约金。综合考量双方约定的竞业限制的期限(一年)、每月支付的竞业限制经济补偿数额占原月工资收入的比例(30%)、竞业限制经济补偿总额占违约金数额的比例(15%)等,双方约定的年收入200%的违约金数额明显过高,原告请求调整。法院酌情确定原告应当支付被告竞业限制违约金720 000元(50 000×12×200%×60%)。原告实际上违反了竞业限制义务,即失去领取竞业限制经济补偿的基础。故原告要求不按约返还已领的竞业限制经济补偿120 000元缺乏依据,法院不予支持。

样本案例二

丁某某与青岛甲公司、青岛乙公司劳动争议案

• **当事人**

上诉人(原审原告):丁某某
被上诉人(原审被告):青岛甲公司
被上诉人(原审被告):青岛乙公司

• **基本案情**

青岛甲公司与青岛乙公司签订了期限自2013年2月28日起至2014年2月27日期满的劳务派遣合同一份,合同约定青岛乙公司将人员派往青岛甲公司处工作,甲公司向乙公司支付人力资源服务费用。2012年5月25日,丁某某与

青岛乙公司签订了期限至 2015 年 5 月 24 日期满的劳动合同，合同约定丁某某的试用期为 2012 年 5 月 25 日至 2012 年 8 月 24 日，从事物流计划部经理岗位工作，丁某某实际在青岛甲公司工作。2012 年 5 月 24 日，丁某某与青岛甲公司签订了《竞业限制协议》，协议中的职位处载明"物流计划部经理"，协议约定："一、第一条第二款　员工同意在公司雇佣期间，及解除与公司的雇佣关系 12 个月内，不以任何方式披露任何保密信息给以下人员……二、公司义务。在公司与员工签订的劳动合同终止或者解除后，作为对员工遵守上文承诺所带来的经济补偿，公司将向员工支付竞业限制补偿金（补偿金数额按当地法律法规为准）……第四条第一款　当员工的工作岗位发生变化时，员工同意公司按新岗位调整或免除其竞业限制义务……"2012 年 8 月 28 日，丁某某的岗位由物流计划部调整为订单计划部。2012 年 9 月 18 日，乙公司在甲公司公告栏发出公告，公告内容为将丁某某的职位调整为订单计划部，同时免除丁某某的竞业限制义务。同日，乙公司对此进行了公告。丁某某在订单计划部工作直至乙公司于 2013 年 12 月 31 日免除其经理职务。2014 年 2 月 24 日，乙公司为丁某某办理了解除劳动合同手续，出具解除/终止劳动合同报告书，解除日期为 2014 年 1 月 14 日，解除原因为"个人申请解除劳动合同"。

乙公司已为丁某某缴纳社会保险金，缴费满一年，不足五年。2014 年 9 月 18 日，丁某某与青岛甲公司、青岛乙公司因劳动争议纠纷，申诉于劳动人事争议仲裁委员会，申请人丁某某请求裁决：乙公司支付申请人竞业限制补偿金 21 600 元、赔偿失业金 4 980 元；甲公司承担连带责任。

• 案件争点

青岛甲公司、青岛乙公司是否应向丁某某支付竞业限制补偿金？

• 裁判要旨

法院认为，丁某某与青岛甲公司、青岛乙公司签订的《竞业限制协议》中约定了竞业限制条款，同时也约定，当员工工作岗位发生变化时，员工同意公司按新岗位调整或免除其竞业限制义务。因此，根据约定，青岛甲公司、青岛乙公司可以调整岗位并免除丁某某的竞业限制义务。此案中，青岛甲公司、青岛乙公司已经提交了证据证明其给丁某某调整新的岗位并在公司公告栏公告免除了丁某某的竞业限制义务，丁某某在被调整岗位后对此未提出过异议。丁某某对此虽不予认可，并否认青岛甲公司、乙公司合法调整岗位。对此法院认为，即便青岛甲公司、乙公司未给丁某某调整岗位，青岛甲公司、乙公司免除丁某某的竞业限制义务亦不违反法律规定。原审认定青岛甲公司、乙公司已实际免除丁某某的竞业限制义务符合事实，被上诉人无须再向丁某某支付竞业限制补偿金。

样本案例三
上海某某公司与王某某竞业限制纠纷案

• **当事人**

原告：上海某某公司

被告：王某某

• **基本案情**

上海某某公司与被告签有劳动合同一份，约定合同期限为2013年7月16日至2016年7月15日；双方另签有派遣协议书，约定将被告派遣至原告处责任编辑岗位工作，派遣期间为2013年7月16日至2014年7月15日。该派遣协议书到期后，被告按原条件继续在原告处工作。2013年7月16日，原、被告签订涉案竞业限制协议。该协议第二条第一款第一项约定，雇员在全球范围内，在竞业限制期限内，"不得受聘于任何与公司业务相类似或与公司有竞争关系之经济组织以从事与公司业务相竞争的业务，无论雇员在该经济组织内系担任何种职位，亦不论系全职抑或兼职"；第二条第二款约定，"竞业限制期限为派遣合同终止或解除之日起壹年"；第二条第三款约定，"在雇员遵守本第二条规定的前提下，公司在竞业限制期限内按月向雇员支付补偿费。补偿费用应适用派遣合同终止或解除之日公司所在地法律规定的最低补偿费标准，若无相关补偿费标准的，月补偿费应为雇员离职前一年月平均工资收入的30%"；第四条第二款约定，"若雇员违反本协议第二条规定的，应退还公司已经支付的补偿费；立即停止违约行为；支付违约金，金额为派遣合同终止或解除前雇员年工资收入的200%"。

2015年4月9日，被告因个人原因从原告处离职，离职前在责任编辑岗位工作。被告于2015年5月至甲公司工作，后从该公司离职，于2015年7月至乙公司工作，目前仍在职。剔除加班工资、交通补贴等费用后，被告2014年4月至2015年3月期间应得工资收入51 972元。2015年6月23日至2016年2月5日期间，原告共计支付被告竞业限制经济补偿20 300元，另外代扣代缴个人所得税5 075元。2015年9月18日，原告向本区劳动人事争议仲裁委员会申请仲裁，要求被告退还原告 2015 年 4 月至 2015 年 12 月的竞业限制经济补偿 22 737.50 元、支付原告违约金 120 530.32 元并立即停止违约行为、继续履行竞业限制义务。该仲裁委员会于 2016 年 3 月 3 日作出裁决，未支持原告的仲裁请求。原告不服该裁决，向法院提起诉讼。

另查明，原告的经营范围为"计算机软硬件（除计算机信息系统安全专用产品）、网络工程、智能化弱电系统、机电设备、仪器仪表领域内的技术开发、技术转让、技术咨询、技术服务及相关产品的销售……出版物经营"等，实际运营某网等原创文学网站。责任编辑岗位主要负责与作者接洽、编辑修改文稿等。甲公司的经营范围为"出版社批发、零售；从事互联网文化活动；技术推广服务；计算机系统服务……销售电子产品、文具用品、机械设备"等，实际为用户提供图书的手机移动阅读等。乙公司的经营范围为"技术转让、技术咨询、技术服务、技术推广；软件开发；计算机系统服务；数据处理"等，实际从事互动化阅读的经营等；该公司的三名股东之一为熊某。上述事实，由劳动合同、派遣协议书、涉案竞业限制协议、工资支付明细、相关银行的证明、社保缴纳记录、公积金缴纳记录、税收完税证明、仲裁裁决书、工商登记信息、网页截屏，原、被告的当庭陈述等经庭审质证的证据证实。审理中，原告称乙公司也从事互联网阅读等经营，与原告存在业务竞争关系；于 2016 年 3 月登录该公司网站截屏，现百度快照、百度贴吧中仍存有相应信息，并提供网页截屏七页加以佐证。被告对上述网页截屏不认可，称乙公司的网站尚在建设中；对公证书的合法性、关联性有异议，称不能反映乙公司经营互联网阅读业务，与原告存在竞争关系。对此提供网页截屏一组（显示乙公司的网站尚未开通等）、劳动合同一份（显示被告与乙公司签有自 2015 年 7 月 1 日起的两年期劳动合同，被告在手游部门游戏运营岗位工作等）加以佐证。原告对网页截屏无异议，称代理人在庭审前两周还看到乙公司的网站，现截屏应系该公司为配合本次诉讼而做；对劳动合同真实性不认可。

• **案件争点**

王某某作为被派遣至上海某某公司工作的员工，是否属于竞业限制协议的主体？其与上海某某公司签订的竞业限制协议是否有效？

• **裁判要旨**

法院认为，《中华人民共和国劳动合同法》（2012 年修正）设置竞业限制制度的目的，在于保护用人单位的商业秘密和与知识产权相关的秘密，同时亦对该种保护设置一定条件的限制，以平衡劳动者的就业权和劳动权。雇佣主体与使用主体合一的一般用工情形下,竞业限制协议的签订主体应为用人单位和与之建立劳动关系的劳动者,但在劳务派遣这种雇佣与使用相分离的特殊用工情形下,商业秘密和与知识产权相关秘密的所有者和知悉者通常为实际的用工单位和被派遣劳动者。故该二者之间签订竞业限制协议,符合竞业限制制度的设置初衷。原告主要运营某网等网络阅读网站,被告在原告处责任编辑岗位工作,主要负责与作者接洽、编辑修改文稿等,应当知悉原告处的商业秘密和与知识产权相关的秘密,双方亦在涉案竞业限制协议中对被告的保密义务进行了确认。故应认定被告属于可以约定竞业限制的"两高一密"人员。被告与派遣公司所签派遣协议书约定的派遣期限截至2014年7月15日。但该期限届满后,被告仍然以派遣劳动者身份在原岗位继续提供劳动,直至2015年4月9日提出辞职。换言之,原约定的派遣期限届满后虽未另行续签书面派遣协议,但原、被告的派遣用工关系以实际履行的方式进行了延续,相关主体之间存在派遣协议亦予延续的默示。故被告的竞业限制期限应自2015年4月9日起计算。综上,涉案竞业限制协议合法有效,双方均应依约履行。被告2015年4月从原告处离职后,随即进入甲公司工作。甲公司与原告的经营范围存在交叉,实际从事的经营业务相近。后被告从甲公司离职,于2015年7月进入乙公司工作。原告提供的公证书显示乙公司运营数字化阅读产品,故应认定乙公司与原告的经营范围存在交叉,实际从事的经营业务亦相近。被告提供的网页截屏和劳动合同,即使内容真实,也不影响上述事实的认定。故应认定被告在竞业限制期内实施了违反涉案竞业限制协议约定的行为。竞业限制制度在保护用人单位商业秘密和与知识产权相关秘密的同时,也对劳动者的就业权和劳动权进行了限制,故个案中需对双方的权益进行平衡。双方涉案竞业限制协议约定,劳动者违反竞业限制义务后,除退还已领的经济补偿外,还按离职前年工资收入200%的标准支付违约金。

三、司法案例类案甄别

(一)事实对比

样本案例一,劳动者于2010年4月29日入职用人单位,劳动合同期限自该日起至2013年5月20日止、工作岗位按派遣协议书确定等。同日,另签订派遣协议书,约定派遣原告至被告处游戏开发岗位工作、派遣期限自该日起至2011年4月28日止等。同日,原、被告签订入职确认书。该确认书的附件一

(即涉案竞业限制协议)第一条约定了劳动者的保密义务及具体的保密规则。用人单位的经营范围为计算机硬件及网络的研发,计算机软件的开发、设计、制作、销售自产产品,计算机系统集成的设计、安装、调试、维护,计算机的技术开发、技术转让、技术咨询、技术服务,计算机系统和软件咨询服务,计算机系统分析和设计服务,数据处理服务,商务咨询服务(涉及许可经营的凭许可证经营)。丙公司成立于 2013 年 5 月 14 日,经营范围为从事网络科技,计算机科技领域内的技术咨询、技术转让、技术开发、技术服务,商务信息咨询,企业管理咨询,计算机信息系统集成,电脑图文设计、制作,设计、制作各类广告,利用自有媒体发布广告,计算机网络工程施工,动漫设计,计算机服务(除互联网上网服务营业场所),公共安全技术防范工程设计施工,五金交电,办公用品,服装服饰,工艺礼品,电子产品,计算机软件开发,计算机设备的安装、维修等。二者存在竞争关系。

样本案例二,青岛甲公司与青岛乙公司签订了期限自 2013 年 2 月 28 日起至 2014 年 2 月 27 日期满的劳务派遣合同一份,合同约定青岛乙公司将人员派往青岛甲公司处工作,青岛甲公司向乙公司支付人力资源服务费用。2012 年 5 月 25 日,劳动者与青岛乙公司签订了期限至 2015 年 5 月 24 日期满的劳动合同,合同约定劳动者的试用期为 2012 年 5 月 25 日至 2012 年 8 月 24 日,从事物流计划部经理岗位工作,劳动者实际在青岛甲公司工作。2012 年 5 月 24 日,劳动者与青岛甲公司签订了竞业限制协议。劳动者在订单计划部工作,直至青岛乙公司于 2013 年 12 月 31 日免除其经理职务。2014 年 2 月 24 日,乙公司为劳动者办理了解除劳动合同手续,出具解除/终止劳动合同报告书,解除日期为 2014 年 1 月 14 日,解除原因为"个人申请解除劳动合同"。后劳动者要求乙公司支付其竞业限制补偿金 21 600 元、赔偿失业金 4 980 元;甲公司承担连带责任。

样本案例三,上海某某公司与劳动者签有劳动合同一份,约定合同期限为 2013 年 7 月 16 日至 2016 年 7 月 15 日;双方另签有派遣协议书,约定将劳动者派遣至用人单位(原告公司)处责任编辑岗位工作,派遣期间为 2013 年 7 月 16 日至 2014 年 7 月 15 日。该派遣协议书到期后,劳动者按原条件继续在原告公司处工作。2013 年 7 月 16 日,劳动者与用人单位签订涉案竞业限制协议。2015 年 4 月 9 日,劳动者因个人原因从原告处离职,离职前在责任编辑岗位工作。劳动者于 2015 年 5 月至甲公司工作,后从甲公司离职,于 2015 年 7 月至乙公司工作,目前仍在职。2015 年 6 月 23 日至 2016 年 2 月 5 日期间,用人单位共计支付劳动者竞业限制经济补偿 20 300 元。

（二）适用法律对比

样本案例一，法院认为，首先，《中华人民共和国劳动合同法》（2012年修正）第五章第二节对劳务派遣有专门规定，但未涉及派遣用工情形下的竞业限制问题，故不能得出法律禁止用工单位与派遣劳动者就竞业限制进行约定的结论。其次，原告作为被派遣至被告处的劳动者，虽然前后工作岗位有过调整，先是从事游戏开发工作，后升任某某院副院长、管理职级由副总监升为总监，并持续负责技术创新项目的管理，但是这些岗位均与被告从事的网络游戏开发运营业务密切相关，原告应当知悉被告处的商业秘密和与知识产权相关的秘密，双方亦在涉案竞业限制协议中对原告的保密义务进行了确认。故应认定原告属于可以约定竞业限制的"两高一密"人员。再次，原告与乙公司所签派遣协议书约定的派遣期限截至2011年4月28日，但该期限届满后，原告仍然以派遣劳动者身份在被告甲公司处继续提供劳动，并获得了职务和职级的晋升，直至2013年4月15日提出辞职。换言之，原约定的派遣期限届满后虽未另行续签书面派遣协议，但原、被告的派遣用工关系以实际履行的方式进行了延续，相关主体之间存在派遣协议予以延续的默示。

样本案例二，法院认为，丁某某与青岛甲公司、青岛乙公司签订的《竞业限制协议》中约定了竞业限制条款，同时也约定，当员工工作岗位发生变化时，员工同意公司按新岗位调整或免除其竞业限制义务。因此，根据约定，青岛甲公司、青岛乙公司可以调整岗位并免除丁某某的竞业限制义务。此案中，青岛甲公司、青岛乙公司已经提交了证据证明其给丁某某调整新的岗位，并在公司公告栏公告免除了丁某某的竞业限制义务，丁某某在被调整岗位后对此未提出过异议。丁某某对此虽不予认可，并否认青岛甲公司、青岛乙公司合法调整岗位，对此法院认为，即便青岛甲公司、青岛乙公司未给丁某某调整岗位，甲公司、乙公司免除丁某某的竞业限制义务亦不违反法律规定。原审认定甲公司、乙公司已实际免除丁某某的竞业限制义务符合事实，被上诉人无须再向丁某某支付竞业限制补偿金。

样本案例三，法院认为，在劳务派遣这种雇佣与使用相分离的特殊用工情形下，商业秘密和与知识产权相关秘密的所有者和知悉者通常为实际的用工单位和被派遣劳动者。故该二者之间签订竞业限制协议，符合竞业限制制度的设置初衷。原告主要运营某网等网络阅读网站，被告在原告处责任编辑岗位工作，主要负责与作者接洽、编辑修改文稿等，应当知悉原告处的商业秘密和与知识产权相关的秘密，双方亦在涉案竞业限制协议中对被告的保密义务作了确认。故应认定被告属于可以约定竞业限制的"两高一密"人员。被告2015年4月从原告处离职后，随即进入甲公司工作。甲公司与原告的经营范围存在交叉，实际从事的经营业务相近。后被告从该公司离职，于2015年7月进入乙公司工作。原告提供的公证书显示乙公司运营某某数字化阅读产品，故应认定该公司与原告的经营范围存在交叉，实际从事的经营业务亦相近。双方涉案竞业限制协议约定，劳动者违反竞业限制义务后，除退还已领的经济补偿外，还按离职前年工资收入200%的标准支付违约金。

（三）类案大数据报告

截至2022年12月31日，以"竞业限制""劳务派遣""违约金"为关键词，通过公开数据库共检索到类案499件，经逐案阅看、分析，与本规则关联度较高的案件共有167件，因其中存在同一案件的一审、二审、再审裁判，严格意义上应将其认定为一件案件（还有套案等因素，实质上争议的焦点问题是相同的），故剔除前述情形后，实际共有135件案件。整体情况如下：

从类案地域分布看，涉案数最多的地域是北京市，共25件；其次是上海市和浙江省，均为17件；再次是广东省和湖北省，均为13件。

从类案结案时间看，结案最多的年份是2020年，共有29件；其次为2021年，共有22件；再次为2019年，共有20件。

从案件经历的审理程序看，只经过一审程序的共计50件，经过一审、二审两审程序的共计81件，经过一审、二审及再审程序的共计4件。

四、类案裁判规则的解析确立

《中华人民共和国劳动合同法》（2012年修正）设置竞业限制制度是为了保护用人单位的商业秘密和与知识产权相关的秘密。一般情况下，竞业限制协议的签订主体应为用人单位和与之建立劳动关系的劳动者，但根据《中华人民共和国劳动合同法》（2012年修正）第二十三条、第二十四条规定，并未将劳动关系作为签订竞业限制协议的前提条件。因此，不能仅以双方主体不是用人单位和劳动者就直接否定竞业限制协议的效力，派遣员工与用人单位达成真实意思表示订立竞业限制协议的，该协议效力应予以确认。与此同时，因劳务派遣的工作性质一般为辅助性、临时性或者替代性工作，故在审查是否实施了违反竞业限制行为时，应着重审查被派遣劳动者是否属于负有保密义务的人员。

五、关联法律法规

（一）《中华人民共和国劳动合同法》（2012年修正）

第二十三条、第二十四条，具体内容详见本书第109—110页。

（二）《最高人民法院关于审理劳动争议案件适用法律问题的解释（一）》（法释[2020]26号，2021年1月1日起施行）

第三十八条 当事人在劳动合同或者保密协议中约定了竞业限制和经济补偿，劳动合同解除或者终止后，因用人单位的原因导致三个月未支付经济补偿，劳动者请求解除竞业限制约定的，人民法院应予支持。

竞业限制案件裁判规则

第 10 条

不是高级管理人员和高级技术人员的普通劳动者，如果负有保密义务，也可以被纳入竞业限制人员范围

一、聚焦司法案件裁判观点

■ **争议焦点**

普通劳动者是否可以对其约定竞业限制，该竞业限制协议是否有效？

■ **裁判观点**

不是高级管理人员和高级技术人员的普通劳动者，不排除其也负有一定的保密义务；《中华人民共和国劳动合同法》（2012年修正）第二十四条规定了其他负有保密义务的人员也属于竞业限制的人员，因此普通劳动者也可以被纳入竞业限制人员范围。

二、司法案例样本对比

样本案例一
邹某某诉杭州某某公司竞业限制纠纷案

• **当事人**

原告：邹某某

被告：杭州某某公司

• **基本案情**

2018年2月，原告邹某某入职被告杭州某某公司，从事"主播＋模特"工作。2019年5月6日，原、被告签订期限自2019年5月6日起至2020年5月5日止的书面劳动合同，约定原告在被告直播部门从事"模特＋主播"工作，劳动合同第六章第三条约定:"乙方在职期间和离职后3年内,不得在与公司业务有竞争关系的其他公司投资、全职或者兼职,不得从事与公司业务有竞争关系的活动。如乙方所从事岗位甲方要求签订保密协议和竞业限制协议时,乙方同意签订。"劳动合同中未约定经济补偿及违约责任。根据原告提交的银行流水,其每个月实发工资为70 000元左右,自2020年1月起双方曾口头约定调整工资结构,但未细化调整后的工资方案。

原告邹某某系被告某店铺的主播,主要销售服饰。原告拥有一定数量的粉丝及带货能力,其所在的"某某室"的业务系被告公司的主要业务组成。2020年3月23日,原告邹某某通过微信向被告负责人提出离职申请,之后原告再未到被告店铺工作。2020年5月15日,原告到被告某店铺附近的"×××"(店铺名称)任主播,主要销售服饰、首饰等。

2020年8月,杭州某某公司以邹某某违反竞业限制条款进入竞争对手处从事直播工作为由,向杭州某某区劳动人事争议仲裁委员会提起劳动仲裁申请,请求裁决:1. 邹某某继续履行竞业限制义务;2. 邹某某支付因违约行为造成杭州某某公司直接或间接的损失1 000万元。2020年9月7日,杭州某某区劳动人事争议仲裁委员会作出仲裁裁决书,裁决:1. 邹某某继续履行竞业限制义务;2. 驳回杭州某某公司的其他仲裁请求。邹某某不服该仲裁裁决,诉至法院。

- **案件争点**

原告是否属于负有竞业限制义务的人员范围?

- **裁判要旨**

法院认为,首先,根据庭审陈述能够认定,邹某某自2018年2月入职杭州某某公司以来,经过公司的培训、推广等软硬件的投入,加之邹某某的个人努力,在其离职时已成长为一名拥有大量粉丝、具备一定带货能力的主播,其工作的网店亦成为被告业务的主要组成部分。原告邹某某作为该店铺的主播,即使不直接负责采购、定价等工作,但其对于供应商、采购价格、销售价格、公司运作等核心业务是知晓并熟悉的,原告具备掌握被告商业秘密的现实条件,应当成为《中华人民共和国劳动合同法》(2012年修正)中竞业限制义务的规制对象,属于《中华人民共和国劳动合同法》(2012年修正)第二十四条规定的"其他负有保密义务的人员"范围。《中华人民共和国劳动合同法》(2012年修正)规定经济补偿是对竞业限制条款限制劳动者的劳动自由权、生存权的一种补偿制度。劳动者的劳动自由权、生存权与用人单位对商业秘密的权益、商业利益形成冲突,为了平衡两种权益,经济补偿金就成为必须。如果竞业限制条款未约定经济补偿金或明确约定不给予经济补偿金,显然将使劳动者的权益难以得到保障,不符合《中华人民共和国劳动合同法》(2012年修正)的规范目的。因此,在约定竞业限制的前提下,经济补偿金就自动成为劳动合同的条款,当事人无须明确约定。也可以说,在当事人约定竞业限制条款的前提下,经济补偿金的给付具有强制性。其次,尽管经济补偿金的给付具有强制性,但此种强制性与《中华人民共和国劳动合同法》(2012年修正)第二十六条所规定的"强制性规定"中的强制性有所不同。经济补偿金的强制性,是指在约定离职竞业限制的前提下,必须同时给付经济补偿金。只要当事人不约定竞业限制,经济补偿金即非必须。换言之,当事人可以通过不订立竞业限制条款的方式排除经济补偿金的约定,这与强制性规定不允许当事人约定排除显然不同。因此,《中华人民共和国劳动合同法》(2012年修正)第二十三条关于经济补偿金的规定不属于《中华人民共和国劳动合同法》(2012年修正)第二十六条所规定的法律、行政法规的强制性规定。

综上,本案中,双方虽然仅约定了竞业限制条款,未约定经济补偿条款,但并不违反法律、行政法规的强制性规定。用人单位在与劳动者约定了离职后竞业限制条款的情形下,向劳动者支付经济补偿金系其强制性义务,故即使双方对经济补偿未作约定,亦不影响竞业限制条款的效力。同时应当指出的是,根据《中华人民共和国劳动合同法》(2012年修正)的规定,在解除或者终止劳动合同后竞业限制期限不得超过二年。此案中,双方在劳动合同中约定的竞业限制期限为三年,应当认定双方约定的竞业限制期限超出二年的部分无效。通过以上分析,原告邹某某作为其他负有保密义务的人员,在双方明确约定离职后竞业限制条款的情形下,应当在与被告解除劳动合同后履行竞业限制的义务。同时,被告杭州某某公司作为用人单位,应当依据《中华人民共和国劳动合同法》(2012年修正)的规定按月向原告邹某某支付经济补偿。根据查明事实,邹某某于2020年3月23日提出离职申请,之后未到公司上班。杭州某某公司在邹某某离职后从未向其支付竞业补偿金,邹某某于2020年5月15日到被告的同业竞争者某店担任主播。故而,原、被告双方均存在违约行为,被告有权要求原告承担违约责任。杭州某某公司在提起劳动仲裁申请时,要求邹某某承担因违约造成的损失,有事实和法律依据,法院予以支持。关于违约数额,考虑到违约责任的承担以实际损失为基础,以补偿为主,惩罚为辅,邹某某虽构成违约,但违约责任的承担应当与其主观过错程度、给公司造成的损失、对方的守约与否等情形相适应,杭州某某公司未举证证明邹某某离职给其造成的实际损失。故法院结合邹某某的收入、双方的过错程度、邹某某离职可能给杭州某某公司造成的实际影响等因素，酌情支持邹某某支付杭州某某公司因违约造成的损失 100 000 元。

样本案例二
济南某某公司与唐某劳动争议案

• 当事人

原告：济南某某公司
被告：唐某

• 基本案情

2009 年 12 月 8 日，原、被告双方签订《竞业限制协议书》，内容为："甲方（济南某某公司）；乙方（唐某）；为切实保护甲方的商业秘密及其他合法权益，确保乙方不与甲方竞业，根据相关法律法规规定，经双方协商一致签订以下协议。1. 乙方在甲方工作期间及乙方从甲方离职之日起两年内，乙方不得在与甲方有竞争关系的单位内任职或以任何方式为其服务，也不得自己生产、经营与甲方有竞争关系的同类产品或业务。……3. 第一条所指的'有竞争关系'是指与该员工离职时甲方已开展的业务有竞争关系。泛指治疗近视和矫正视力的行业。……6. 乙方在甲方及甲方关联公司工作期间履行竞业限制义务，甲方无须给乙方任何补偿。乙方离开甲方及其关联公司后如按照本协议的约定履行了竞业限制义务，甲方应给予竞业限制补偿金。每月的数额为乙方在甲方最后六个月月平均基本工资的 20%。7. 乙方的竞业限制补偿金由甲方按季度向乙方支付，乙方以挂号信形式通知甲方乙方所在新公司的地址、名称、经营范围后，甲方将款汇至乙方新公司地址，由乙方从邮局领取。若乙方不履行上述通知义务，则视为乙方自动放弃了领取竞业限制补偿金的权利，但乙方的竞业限制义务并不因此免除。……12. 乙方违反本协议第一条，应立即与甲方竞争单位脱离关系，继续履行本协议，并应向甲方一次性支付违约金＿＿＿元（其中技术人员 10 万元；经理级人员 20 万元；总经理 50 万元）。甲方因此而受到的损失大于该违约金的，应赔偿甲方因此受到的全部损失。损失额依照以下三种方式计算，以计算结果最高的为准：获取或开发该产品技术的全部费用；甲方相关业务因此损失的利润；竞争单位相关业务因此取得的利润。……被告于 2010 年 2 月 1 日与原告签订劳动合同，约定合同期限自 2010 年 2 月 1 日起至 2011 年

1月31日止。2011年1月唐某离开济南某某公司。2011年5月11日，济南某某公司向劳动人事争议仲裁委员会提起申诉，要求唐某承担竞业限制违约金10万元等，该仲裁委员会经审理作出裁决。济南某某公司不服该裁决，在法定期限内诉至法院。

审理过程中，济南某某公司委托代理人陈述唐某离开济南某某公司后，济南某某公司按每月1 200元的标准向唐某支付竞业限制补偿金，但通过电话、传真、快递的方式均未联系上唐某。济南某某公司为证明唐某在北京某某公司工作，向法院提交了录像光盘及证人证言。

另查明，济南某某公司的经营范围为："许可经营项目：销售：Ⅲ类：隐形眼镜及护理用液（塑形角膜接触镜除外）；一般经营项目：眼镜技术开发；批发、零售：眼镜；验光、配镜及相关的技术咨询；会展服务；企业营销策划；计算机图文设计、制作。"

案件审理过程中，济南某某公司主张唐某作为其公司售后助理，能够掌握济南某某公司的商业秘密，唐某擅自离开济南某某公司并在与其有竞争关系的单位任职，违反了双方签订的竞业限制协议书，应当承担违约责任。关于济南某某公司经营范围，济南某某公司提供医疗器械产品注册登记表及某产品组合价目表，上述证据显示，济南某某公司正在实际经营包括角膜接触镜及相关清洗液、润滑液等产品。关于唐某是否掌握原告商业秘密，济南某某公司提供外观设计及实用新型专利证书一份，提供《角膜塑形组合验配手册》《加盟手册》，证实角膜定型接触镜等为原告专有的专利技术、商业秘密及营销策略，唐某作为售后助理知悉并掌握济南某某公司的商业秘密及销售策略等。

• 案件争点

身为售后助理的唐某，知晓企业的商业秘密，是否属于竞业限制的适格主体？

• 裁判要旨

法院认为，根据《中华人民共和国劳动合同法》（2012年修正）的规定，订立劳动合同应当遵循合法、公平、平等自愿、协商一致、诚实信用的原则；依法订立的劳动合同具有约束力，用人单位与劳动者应当履行劳动合同约定的义务。《中华人民共和国劳动合同法》（2012年修正）第二十三条规定："用人单位与劳动者可以在劳动合同中约定保守用人单位的商业秘密和与知识产权相关的保密事项。对负有保密义务的劳动者，用人单位可以在劳动合同或者保密协议中与劳动者约定竞业限制条款，并约定在解除或者终止劳动合同后，在竞业限制期限内按月给予劳动者经济补偿。劳动者违反竞业限制约定的,应当按照约定向用人单位支付违约金。"第二十四条规定:"竞业限制的人员限于用人单位的高级管理人员、高级技术人员和其他负有保密义务的人员。"济南某某公司作为隐形眼镜及护理用液等产品的销售单位及眼镜技术开发企业,拥有自己的专利技术和商业秘密,唐某作为售后助理,能够知悉济南某某公司的商业秘密、运用济南某某公司专有的技术及了解其营销策略,因此唐某应属于"其他负有保密义务的人员"。唐某作为"其他负有保密义务的人员"与济南某某公司签订了竞业限制协议书,内容不违反法律法规的强制性规定,应为合法有效。济南某某公司、唐某均应按照协议书约定履行义务。根据该协议第一条约定,唐某在济南某某公司工作期间及离职之日起两年内,不得在与济南某某公司有竞争关系的单位任职或以任何方式为其服务;唐某在离开济南某某公司后到与原告有竞争关系的北京某某公司工作,违反上述协议约定,理应承担相应的违约责任。

三、司法案例类案甄别

(一)事实对比

样本案例一,劳动者于2018年2月入职用人单位,从事"主播+模特"工作。2019年5月6日,签订期限自2019年5月6日起至2020年5月5日止的书面劳动合同,约定劳动者在公司直播部门从事"模特+主播"工作,劳动合同中未约定经济补偿及违约责任。根据劳动者提交的银行流水,其每个月实发工资为70 000元左右,自2020年1月起双方曾口头约定调整工资结构,但未细化调整后的工资方案。2020年5月15日,劳动者到用人单位任主播,主要销售服饰、首饰等。

样本案例二,劳动者于2010年2月1日与用人单位签订劳动合同一份,约定合同期限自2010年2月1日起至2011年1月31日止;2009年12月8日,双方签订《竞业限制协议书》,2011年1月劳动者离开公司。2011年5月11日,公司向劳动人事争议仲裁委员会提起申诉,要求劳动者承担竞业限制违约金10万元等,该仲裁委员会经审理作出裁决。用人单位不服该裁决,在法定期限内诉至法院。审理过程中,用人单位为证明劳动者在北京某某公司工作,向法院提交了录像光盘及证人证言。

（二）适用法律对比

样本案例一，法院认为，原告邹某某作为某店铺的主播，即使不直接负责采购、定价等工作，但其对于供应商、采购价格、销售价格、公司运作等核心业务是知晓并熟悉的，原告具备掌握被告商业秘密的现实条件，应当成为《中华人民共和国劳动合同法》（2012年修正）中竞业限制义务的规制对象，属于《中华人民共和国劳动合同法》（2012年修正）第二十四条规定的"其他负有保密义务的人员"范围。《中华人民共和国劳动合同法》（2012年修正）规定经济补偿是对竞业限制条款限制劳动者的劳动自由权、生存权的一种补偿制度。劳动者的劳动自由权、生存权与用人单位对商业秘密的权益、商业利益形成冲突，为了平衡两种权益，经济补偿金就成为必须。如果竞业限制条款未约定经济补偿金或明确约定不给予经济补偿金，显然将使劳动者的权益难以得到保障，不符合《中华人民共和国劳动合同法》（2012年修正）的规范目的。原告邹某某作为其他负有保密义务的人员，在双方明确约定离职后竞业限制条款的情形下，应当在与被告解除劳动合同后履行竞业限制的义务。同时，被告杭州某某公司作为用人单位，应当依据《中华人民共和国劳动合同法》（2012年修正）的规定按月向原告邹某某支付经济补偿。根据查明事实，邹某某于2020年3月23日提出离职申请，之后未到公司上班。杭州某某公司在邹某某离职后从未向其支付经济补偿金，邹某某于2020年5月15日到被告的同业竞争者某某店铺担任主播。故而，原、被告双方均存在违约行为，被告有权要求原告承担违约责任。

样本案例二，法院认为，根据《中华人民共和国劳动合同法》（2012年修正）的规定，订立劳动合同应当遵循合法、公平、平等自愿、协商一致、诚实信用的原则；依法订立的劳动合同具有约束力，用人单位与劳动者应当履行劳动合同约定的义务。《中华人民共和国劳动合同法》（2012年修正）第二十三条规定："用人单位与劳动者可以在劳动合同中约定保守用人单位的商业秘密和与知识产权相关的保密事项。对负有保密义务的劳动者，用人单位可以在劳动合同或者保密协议中与劳动者约定竞业限制条款，并约定在解除或者终止劳动合同后，在竞业限制期限内按月给予劳动者经济补偿。劳动者违反竞业限制约定的，应当按照约定向用人单位支付违约金。"唐某作为售后助理，能够知悉济南某某公司的商业秘密、运用济南某某公司专有的技术及了解其营销策略，因此唐某应属于《中华人民共和国劳动合同法》（2012年修正）第二十四条规定的"其他负有保密义务的人员"。唐某作为"其他负有保密义务的人员"与济南某某公司签订了竞业限制协议书，内容不违反法律法规的强制性规定，应为合法有效，济南某某公司、唐某均应按照协议书约定履行义务。根据该协议第一条约定，唐某在济南某某公司工作期间及离职之日起两年内，不得在与济南某某公司有竞争关系的单位内任职或以任何方式为其服务；唐某在离开济南某某公司后到北京某某公司工作，违反上述协议约定，理应承担相应的违约责任。

（三）类案大数据报告

截至2022年12月31日，以"竞业限制""普通劳动者""保密义务"为关键词，通过公开数据库共检索到类案432件，经逐案阅看、分析，与本规则关联度较高的案件共有145件，因其中存在同一案件的一审、二审、再审裁判，严格意义上应将其认定为一件案件（同时还有套案因素等，实质上争议的焦点问题是相同的），故剔除前述情形后，实际共有102件案件。整体情况如下：

从类案地域分布看，涉案数最多的地域是上海市，共17件；其次是北京市和广东省，均为14件；再次是河南省和山东省，均为11件。

从类案结案时间看，结案最多的年份是2020年，共有21件；其次为2021年，共有20件；再次为2019年，共有19件。

从案件经历的审理程序看，只经过一审程序的共计41件，经过一审、二审两审程序的共计59件，经过一审、二审及再审程序的共计2件。

四、类案裁判规则的解析确立

竞业限制条款设立的要旨是用人单位为防止劳动者将商业秘密或技术秘密泄露给第三方，以保护商业秘密和维护竞争秩序。因高级管理人员和高级技术人员作为特殊主体可以接触到用人单位的商业秘密，故应负担对公司较高的忠实义务，因此确定该类劳动者为竞业限制的对象；但当劳动者虽不是高级管理人员和高级技术人员时，并不排除其也负有一定的保密义务。《中华人民共和国劳动合同法》（2012年修正）第二十四条规定了"其他负有保密义务的人员"也属于竞业限制的人员，因此普通劳动者也可以被纳入竞业限制人员范围。因此，在确定劳动者是否是竞业限制条款的适用对象，应审查其工作内容能否接触到商业秘密。

五、关联法律法规

（一）《中华人民共和国劳动合同法》（2012年修正）

第二十三条、第二十四条内容详见本书第109—110页。

（二）《最高人民法院关于审理劳动争议案件适用法律若干问题的解释（四）》（法释〔2013〕4号，2013年2月1日起施行，已废止）

第九条第二款　在解除竞业限制协议时，劳动者请求用人单位额外支付劳动者三个月的竞业限制经济补偿的，人民法院应予支持。

竞业限制案件裁判规则

第11条

在审查是否违反竞业限制义务时,应对用人单位的经营范围进行实际审查,不应局限于营业执照登记的营业范围,还应对两个公司实际经营的内容、市场产品受众、对应市场是否重合等进行综合审查

一、聚焦司法案件裁判观点

■ 争议焦点

在审查是否违反竞业限制义务时，是否仅审查企业营业执照登记的营业范围即可？

■ 裁判观点

审查劳动者是否违反竞业限制协议，一个核心考量因素就是劳动者入职或者设立的企业与原公司之间是否存在竞争关系。此时，用人单位营业执照登记的经营范围是重要的参考，但不是唯一的审查标准。实践中存在大量企业营业执照登记的营业范围与实际经营范围不一致的情况，故对于用人单位与第三方企业之间竞争关系的审查，不应局限于营业执照登记的营业范围，还应对两个公司实际经营的内容、市场产品受众、对应市场是否重合等进行综合审查。

二、司法案例样本对比

样本案例一
重庆某某公司与张某特许经营合同纠纷案

• 当事人

原告：重庆某某公司

被告：张某

• **基本案情**

重庆某某公司成立于 2009 年 3 月 17 日，2016 年 3 月 17 日工商登记经营范围包括："健康技术的开发、技术咨询、技术服务、技术转让；生物技术研究、开发、咨询、技术服务及研究成果转让；销售：化妆品、电子产品、Ⅰ类医疗器械、日用百货；食品生产技术研发；商务信息咨询；家政服务；承办经批准的文化艺术交流；公关策划；会议及展览服务；互联网信息服务；计算机软件及辅助设备的技术开发、技术转让、技术咨询、技术服务；包装装潢设计。"该公司自成立以来，在医疗按摩、保健、美容院、美容师服务、化妆品等相关领域获得多个荣誉。重庆某某公司在商务部登记的特许经营备案信息显示其特许经营备案公告时间为 2010 年 12 月 6 日，特许经营备案信息截止日为 2013 年 9 月 13 日。

2016 年 5 月 22 日，重庆某某公司作为特许人（甲方）、张某作为被特许人（乙方）签订了特许经营合同一份。合同主要载明下述事项：1. 特许人开发了"×××"服务项目，开展女性产后调整恢复、产后恢复产品销售等运营活动。被特许人申请加盟"×××"，同意按照特许人指定的经营模式，并根据合同约定条款，设立"×××"；2."特许经营标识"是指与某某特许经营体系相关的商标、授权证书、字号、招牌（店铺标志）、特有的外部和内部设计、制服、广告及其他识别符号。"特许项目"是指特许人许可被特许人在加盟店内经营的孕前调养、孕期护肤、产后调理、产后塑形、产后美胸、妊娠纹修复、疤痕修复、特许产品出售以及其他经甲方另行书面授权开展的项目；3. 约定的唯一特许经营店址在××市。特许期限从 2016 年 5 月 22 日起至 2017 年 8 月 21 日止；4. 被特许人将依法成立或使用有效存续的个体工商户、有限责任公司或者其他合法经济组织用于运营本特许经营项目。被特许人具备签署本合同的权利能力和行为能力，本合同一经签署即对被特许人构成具有法律约束力的文件；5. 在合同有效期内，被特许人应当专心经营加盟店，除非经特许人事先书面同意，不得从事任何非特许人授权的特许项目，亦不得从事与产后恢复调理服务或产后恢复产品销售形成竞争关系或可能形成竞争关系的活动；6. 被特许人应当向特许人支付加盟费人民币 159 800 元，被特许人选择在合同签订之日一次性支付；7. 被特许人承诺，被特许人、被特许人的配偶和直系亲属、被特许人经营组织的投资人、股东、加盟店内员工不得在本合同有效期内从事同特许人产生竞争的行业。上述人员提供或出售具有和特许项目相同和类似效果的服务和产品的，即视为从事竞争行业。被特许人承诺，在合同终止后一年内，被特许人、被特许人的配偶和直系亲属不得从事同特许人产生竞争的行业。上述人员提供或出售具有和特许项目相同和类似效果的服务和产品的，即视为从事竞争行业；8. 特许人和被特许人协商一致，可以解除合同……当解除合同的条件成立时，解除权人可以解除合同。合同解除不影响合同中清算、清理、违约责任、商业秘密保护、竞争限制、合同终止后当事人的责任等条款的效力。被特许人以自身的名义或特许人的名义对外招商加盟的，特许人有权书面通知单方解除合同，解除合同的决定在通知到达被特许人时生效。被特许人有下列行为之一的，特许人有权书面通知其更正，被特许人应在接到通知后十五日内更正，逾期未更正的，特许人有权书面通知单方解除合同，解除合同的决定在通知到达被特许人时生效：被特许人未按本合同第十六条约定履行其经营限制义务、被特许人未按本合同第四十一条约定履行其义务。合同一方单方解除合同不妨碍其要求追究违约责任或损害赔偿的权利的行使；9. 本合同终止后，特许人授予被特许人的所有权利全部收回，被特许人不再享有特许经营资格。合同终止后，被特许人应立即停止使用特许经营标识并将可移动的标识全部无条件交还特许人。被特许人不得直接或间接地向公众表明其为现任的或前任的被特许人；被特许人应将加盟店内外部设计、装修、装饰、颜色配置、布局、家具全部清除，且不得用于其他任何经营场合；10. 被特许人违反本合同第四十一、四十二条关于竞业禁止的约定的，应当停止违约行为并向特许人支付 200 000 元违约金；11. 未经特许人书面同意，被特许人以自身名义或特许人的名义对外招商加盟的，被特许人应向特许人支付违约金 300 000 元；12. 因本合同的效力、履行、解释、终止等争议导致诉讼（包括诉讼执行），败诉一方应当承担胜诉一方因诉讼（包括诉讼执行）而支付的所有费用，包括但不限于诉讼费（包括诉讼执行费）、律师费、调查费、差旅费。该合同还约定了其他事项。庭审过程中，当事人认可涉案特许经营合同已实际履行且未续签。

上述特许经营合同签订同日，张某就上述特许经营合同签署店面选址确认表和承诺函。该店面选址确认表主要载明事项：加盟商处有张某签字并加盖手印、店面地址为×××号、店面负责人为张某、确认时间 2016 年 5 月 22 日。承诺函主要载明：张某为河南某某中心加盟商，"通过对公司系统地了解，知道公司现已具备国内产后康复师及小儿推拿师职业标准培训资格"，特向重庆某某公司申请赠送产后康复师培训名额 3 个、小儿推拿师培训名额 2 个。承诺函还载明了其他内容。

甲公司成立于 2017 年 5 月 8 日，经营范围包括健康管理咨询服务等业务。被告张某是公司法定代表人，也是该公司股东，职位为执行董事兼总经理。乙公司成立于 2011 年 8 月 5 日，经营期限截止日为 2021 年 7 月 31 日，经营范围包括母婴护理信息咨询、家政服务、月嫂服务信息咨询。被告张某为该公司股东。2017 年 6 月 26 日，某某公司甲在 4401、4402 商品服务类别（包含：护理院、心理专家服务、理疗、饮食营养指导、化妆师服务、芳香疗法、健康咨询、康复中心、美容服务、按摩）申请注册某某中英文加图形商标。

2017 年 7 月 28 日，重庆市某公证处分别出具两份公证书。这两份公证书主要载明：在 2017 年 7 月 27 日，申请人重庆某某公司的委托代理人在该公证处分别对手机登录"××××""×××××"微信公众号所见相关页面进行保全证据。具体形式为对上述两个微信公众号相关页面截屏保存，生成相关图片并刻录入光盘。其中，对"××××"微信公众号生成手机截屏图像 100 幅刻入光盘，选取 34 幅打印附公证书后；对"×××××"微信公众号生成手机截屏图像 204 幅刻入光盘，选取 78 幅打印附公证书后。根据重庆某某公司陈述及公证书显示内容，"××××"微信公众号与本案相关内容为：1. 公众号首页显示："[产后恢复中心地址]×室、[产后加盟电话]×××"；功能介绍："产后形体修复、产后体质调理等，地址：×，服务热线：×××"；账号主体："个人"；注册时间："2015 年 6 月 2 日"；名称记录："2017 年 5 月 26 日改名"；2. 该公众号 2017 年 7 月 19 日推送文章中载有"张总来到了我们的课堂，为大家讲解了某某的企业文化和服务理念"文字及张某的照片配图；2017 年 6 月 27 日推送的文章为对妇女产后恢复种类的详细介绍，文末载有内容"凡新客户仅需 98 元即可享受价值 328 元满月发汗一次，加 1 元可再次享受价值 368 元骨盆修复一次……×××店：×内一楼××××"。"×××××"微信公众号与此案相关内容为：1. 该公众号账号主体："乙公司"；"×××××有限公司加盟专线×××，公司地址：×"；2. 该公众号 2017 年 7 月 11 日推送文章"……某某城市合伙人招商会圆满举办！"文章中载明以下内容"2017 年 7 月 8 日，乙公司子品牌郑州某某公司××××，《城市合伙人招商会》在某方集团圆满举行……首席策划师张某，运营总监张某……"；2017 年 3 月 17 日推送文章"热烈庆祝乙公司隆重开业！"中载明"……总监张某……"。

• 案件争点

张某经营的甲公司与重庆某某公司之间是否属于竞争行业？张某的行为是否构成违反竞业限制义务？

• 裁判要旨

法院认为，关于竞业限制条款，涉案合同约定："被特许人承诺，被特许人、被特许人的配偶和直系亲属、被特许人经营组织的投资人、股东、加盟店内员工不得在本合同有效期内从事同特许人产生竞争的行业。上述人员提供或出售具有和特许项目相同和类似效果的服务和产品的,即视为从事竞争行业。被特许人承诺,在本合同终止后一年内,被特许人、被特许人的配偶和直系亲属不得从事同特许人产生竞争的行业。上述人员提供或出售具有和特许项目相同和类似效果的服务和产品的,即视为从事竞争行业"。而现有证据可以证明以下事实:1. 甲公司成立于涉案特许经营合同有效期内,公司经营范围包括可能与特许人产生竞争业务的健康管理咨询服务等项目,在合同有效期内,该公司还在与特许人产生竞争关系的康复中心、美容服务等领域申请注册相应"×"商标。被告作为该公司法定代表人与股东,职位为执行董事兼总经理,对该公司具有相应的经营管理权并进行实际经营;2. 公证书载明的内容及相应收据、卡片等附件可以证明:在合同约定的竞业限制期内,"××××"为甲公司所经营,该中心店铺现场经营与涉案特许经营合同中特许经营项目同类;同时,还存在在宣传册中宣称为连锁机构,宣传"×"的对外招商加盟行为;3. "××××"微信公众号名称与甲公司店铺"××××"名称相同,公众号中显示的地址与上述地址相同;"功能介绍:产后形体修复、产后体质调理"与涉案特许经营合同特许项目同类;推送的文章中明确记载甲公司的企业实际经营内容以及张某在某某中的经营活动,进一步印证被告张某参与甲公司的经营行为。综合上述事实并比照合同竞业限制条款约定,法院足以认定,在涉案合同所约定的竞业限制有效期内(涉案特许经营合同有效期及合同到期一年内),张某作为被特许人,以甲公司为经营主体,经营同特许经营合同中同类的产后保健等项目,与特许人产生实际竞争,其行为违反了涉案特许经营合同的竞业限制条款约定,属于违约行为。

样本案例二

楼某某与某某公司竞业限制纠纷

• **当事人**

原告:楼某某

被告:某某公司

• **基本案情**

2018年5月1日,原、被告签订《上岗协议》,约定被告公司聘用原告从事展会部主管岗位工作,岗位津贴每月17 000元,该《上岗协议》以原告上岗之日作为签订日,以自然年份12月31日作为协议终止之日。原、被告签订《竞业限制及保密协议》,第一条第二款约定,竞争业务指甲方(被告)或其关联企业从事或计划从事的业务,和与甲方或其关联企业所经营的业务相同、相近或相竞争的其他业务;第一条第三款约定,竞争对手指除甲方或其关联企业外从事竞争业务的任何自然人、法人或非法人组织和机构;第一条第五款第一项约定,竞业限制期限包括乙方(原告)在甲方工作期间及劳动合同终止后二年内,上述期限届满自动终止;第一条第六款关联企业指控制甲方的、由甲方控制的或与甲方受到共同控制的及有重大影响的任何其他法人或非法人经济组织。第三条第一款约定,乙方在甲方工作期间及乙方从甲方离职之日起二年内(不论何种原因离职),未经甲方书面同意,不得直接或间接地自行或促使其关系人从事任何与甲方相竞争的业务;不得直接或间接地自行或促使其关系人投资、建立与甲方有竞争关系的公司或经济实体,或在与甲方有竞争关系的公司、经济实体中取得股权或任何权益;不得直接或间接地自行或促使其关系人参与任何与甲方有竞争关系的公司或经营实体的管理;不得直接或间接地自行或促使其关系人受聘于任何与甲方有竞争关系的单位。第四条第一款约定,乙方违反竞业限制义务,应向甲方支付违约金,违约金金额不低于其所实际领取竞业限制补偿金的5倍;第四条第三款约定,甲方不履行规定义务,未按本协议约定支付乙方竞业限制补偿金的,乙方可不履行竞业限制义务,但若乙方拒绝受领补偿金,不得以此为由豁免其在本协议项下的义务及违约责任。2019年12月13日,原、被告签订《终止劳动关系协议书》,约定双方确认于2019年12月20日通过自愿协商终止劳动关系;自协议签订后,被告公司一次性支付原告工龄补偿金240 000元。

2019年12月18日,被告公司、原告及张某签订《竞业限制补偿协议》,被告公司明确要求原告履行竞业限制义务,并约定原告作为被告公司员工,于2019年12月20日从被告公司离职,张某作为被告公司股东,于2020年1月20日之前代被告公司支付给原告竞业限制补偿700 000元人民币;原告承诺,如原告在其他公司任职,则应及时向被告公司报备工作单位、职位、工作内容等具体信息;竞业限制期限为两年,自原告离职日起算;原告违反竞业限制约定的,应当承担违约责任,还应一次性向被告公司支付相应违约金,违约金金额为2 800 000元人民币,如违约金金额不足以赔偿被告公司损失,被告公司仍有权继续追偿。被告公司于2020年6月18日支付公证费5 000元。2020年6月2日,原告向劳动人事争议仲裁委员会申请仲裁,要求被告支付竞业限制补偿700 000元。2020年6月19日,被告公司提出反申请,要求原告支付违反竞业限制违约金2 800 000元、公证费5 000元。2020年8月11日,该仲裁委员会作出裁决，被告应支付给原告 2019 年 12 月 21 日至 2020 年 1 月 20 日期间竞业限制补偿 29 166.67 元，对原告的其他请求不予支持，对被告的请求事项不予支持。原告不服仲裁裁决，诉至法院。2020 年 9 月 15 日，被告公司依据仲裁裁决支付给原告 2019 年 12 月 21 日至 2020 年 1 月 20 日间竞业限制补偿金 29 166.67 元。

另查，被告公司的经营范围为："文化艺术交流咨询（演出经纪除外），日用品、纺织品（除棉花）、皮革制品、工艺品、文化用品、包装材料、服装及辅料、鞋帽箱包、陶瓷制品、床上用品、眼镜（除隐形眼镜）、电子产品的批发、零售（限分支机构）、网上销售、进出口、佣金代理（拍卖除外）以及配套业务，服装设计，商务咨询，市场营销策划咨询（广告除外）"。C 公司的股东为被告公司，其经营范围为："文化艺术交流策划，设计、制作、代理、发布各类广告，公关活动组织策划，体育赛事策划，企业形象策划，市场营销策划，企业管理咨询，商务咨询，摄影摄像服务（除冲扩），翻译服务，展览展示服务，票务代理，会务服务，产品设计，美术设计，包装设计，服装设计，舞台设计、布置，品牌管理，网络科技（不得从事科技中介），网络工程，从事计算机专业技术领域内的技术开发、技术转让、技术咨询、技术服务，电子商务（不得从事增值电信、金融业务），从事货物及技术的进出口业务，日用品、纺织品、皮革制品、工艺品（象牙及其制品除外）、办公用品、包装材料、服装及辅料、鞋帽箱包、陶瓷制品、床上用品、眼镜（除隐形眼镜）、电子产品、化妆品的销售"。B 公司的股东为某香港公司，其经营范围为："文化艺术交流策划（演出及经纪除外），企业形象策划，企业管理咨询，企业营销策划，商务咨询，图文设计制作（出版物除外），市场营销策划，机电设备租赁，日用品的销售，设计、制作、代理、发布各类广告，票务代理服务，工艺美术品及收藏品零售（象牙及制品除外）（除文物），服装零售，鞋帽零售，箱包零售，会议、展览及相关服务（除主办、承办）"。

又查，2020 年 2 月 1 日，某某公司乙为原告办理了用工手续。在某某微信公众号发布的文章及某某访问音频中，原告陈述其在为香港公司工作。2020 年 4 月 26 日，原告作为某香港公司中国区负责人参加活动。

• 案件争点

楼某某从被告公司离职后入职的 B 公司，是否与被告公司及其子公司之间构成竞争？楼某某的行为是否构成违反竞业限制义务？

• 裁判要旨

法院认为，首先，原告入职被告公司时，双方约定原告需履行竞业限制义务。原告从被告公司离职时,被告公司明确要求原告履行竞业限制义务;其次,根据工商登记材料显示,被告公司的经营范围包括文化艺术交流咨询,服装设计,商务咨询,市场营销策划、咨询,服装及辅料、鞋帽箱包等的批发、零售等。被告公司的子公司C公司经营范围包括文化艺术交流策划,设计、制作、代理、发布各类广告,公关活动组织策划,企业形象策划,市场营销策划,企业管理咨询,商务咨询,展览展示服务,产品设计,美术设计,包装设计,服装设计,舞台设计,从事计算机专业技术领域内的技术开发、技术转让、技术咨询、技术服务、服装及辅料、鞋帽箱包等的销售等。B公司的经营范围包括文化艺术交流策划,企业形象策划,企业管理咨询,企业营销策划,商务咨询,图文设计制作,市场营销策划,设计、制作、代理、发布各类广告、包装材料、服装及辅料、鞋帽箱包批发、零售等,这表明B公司的经营范围与被告公司及其子公司C公司的经营范围高度重合。原告从被告公司离职后,于2020年2月1日入职B公司,违反竞业限制义务,被告公司无须支付原告此后的竞业限制补偿金。

样本案例三

武某某诉某某公司竞业限制纠纷

• **当事人**

上诉人(原审原告):武某某

被上诉人(原审被告):某某公司

• **基本案情**

某某公司与武某某于2013年7月1日签订无固定期限劳动合同,约定武某某担任开发经理,从事项目开发类工作。同日,双方签订《员工保密协议》。武某某于2016年7月2日向某某公司提出辞职。2016年8月12日,双方签订《辞职确认函》,确认双方劳动关系于2016年8月12日解除。该确认函5.1条履行竞业限制义务约定:武某某承认在其与某某公司的劳动关系解除后6个月内,将遵守《员工保密协议》中约定的竞业限制义务;武某某将不为任何位于中国或者在中国从事业务的公司和/或其关联公司的竞争对手工作(不论是作为雇员、顾问、承包商、代理人还是以其他身份),或者直接或间接地向该等竞争对手提供服务,或者以任何方式从事与公司和/或其关联公司的业务直接竞争的任何业务或经营活动；若武某某向任何组织或个人提供服务时可能会因使用公司的保密信息而损害公司或其任何关联公司的利益，则武某某不得向上述组织或个人提供服务；目前公司在中国的竞争对手包括但不限于甲公司等33家公司。该确认函5.2条约定某某公司将在不竞争期限内每月向武某某支付一笔等于武某某离职前最后一个月基本工资50%的款额。该确认函5.3条约定：如武某某违反本函5.1条项下的限制，某某公司将不再支付任何竞业补偿，武某某将向某某公司支付违约金70 200元。某某公司向武某某支付2016年9月竞业限制经济补偿10 615元。2016年10月19日，某某公司向上海市劳动人事争议仲裁委员会申请仲裁，要求武某某支付违反竞业限制违约金70 200元、返还竞业限制经济补偿10 615元。该仲裁委员会对某某公司的请求均予以支持。武某某不服仲裁裁决，诉至原审法院，请求判决其不支付某某公司违反竞业限制违约金70 200元、不返还某某公司竞业限制经济补偿10 615元。

原审法院另认定，武某某在上海的就业记录记载：2016年8月15日至2016年9月30日期间就职于乙公司，2016年10月1日起就职于丙公司。武某某与乙公司于2016年8月15日签订期限自2016年8月15日至2019年8月14日止的劳动合同，约定武某某担任该公司开发部开发经理一职。武某某与丙公司于2016年10月8日签订期限自2016年10月8日至2019年10月7日止的劳动合同，约定武某某从事开发岗位工作。

原审法院再认定，某某公司经营范围："计算机软件产品的设计、开发、生产，销售自产产品，计算机网络通讯及办公自动化系统设计、研究、开发和系统集成，计算机软件产品的同类商品的批发和进出口（不含国家禁止项目），提高相关的技术咨询和售后服务"。上海某某公司乙经营范围："从事计算机信息领域内的技术开发、技术咨询、技术服务（除互联网信息服务），计算机网络工程，网页设计制作，计算机软件开发，计算机系统集成，计算机维修，商务咨询、企业管理咨询（除经纪），计算机、软件及辅助设备（除计算机信息系统安全专用产品），办公设备，文化办公用品销售"。

• 案件争点

武某某离职后又新入职的乙公司，与原公司之间是否构成竞争关系？武某某的行为是否构成违反竞业限制义务？

• 裁判要旨

法院认为，解决劳动争议，应当根据合法、公正、及时处理的原则，依法维护劳动争议当事人的合法权益。此案中，双方就武某某离职后须承担的竞业限制义务及相应违约责任有明确约定,武某某应依约履行竞业限制义务,并在违反竞业限制约定的情况下承担违约责任。武某某就其自某某公司离职后即先后入职乙公司、丙公司不持异议,仅认为乙公司、丙公司与某某公司不存在竞争关系。对此,法院认为,乙公司营业范围与某某公司营业范围基本相同。网上查询资料显示乙公司主要业务方向亦包含某某公司的专长"金融服务",应可认定两公司间存在竞争关系。武某某于二审中虽又提供了诸多证据,但相关证据并不足以推断得出乙公司与某某公司之间不存在竞争关系之结论。且武某某虽称乙公司、丙公司与某某公司均不存在竞业关系,却在仲裁期间试图隐瞒曾在上述两公司工作之事实,有悖常理;其一审、二审陈述的在乙公司的工作内容及从乙公司离职的原因亦前后矛盾,足以引起合理怀疑。故而,原审法院认定武某某在竞业限制期内至乙公司工作已违反竞业限制义务,须依约支付给某某公司违反竞业限制违约金 70 200 元并返还某某公司竞业限制经济补偿10 615 元,并无不当,二审法院予以认同。

三、司法案例类案甄别

(一)事实对比

样本案例一,特许人工商登记经营范围包括:"健康技术的开发、技术咨询、技术服务、技术转让;生物技术研究、开发、咨询、技术服务及研究成果转让;销售:化妆品、电子产品、Ⅰ类医疗器械、日用百货;食品生产技术研发;……"2016 年 5 月 22 日,特许人(甲方)、被特许人(乙方)签订了特许经营合同一份。而甲公司成立于 2017 年 5 月 8 日,经营范围包括健康管理咨询服务等业务。公司法定代表人为此案被告,也是该公司股东,职位为执行董事兼总经理。乙公司成立于 2011 年 8 月 5 日,经营期限截止日为 2021 年 7 月 31 日,经营范围包括母婴护理信息咨询、家政服务、月嫂服务信息咨询。本案被告亦为该公司股东。2017 年 6 月 26 日,甲公司在 4401、4402 商品服务类别(包含:护理院、心理专家服务、理疗、饮食营养指导、化妆师服务、芳香疗法、健康咨询、康复中心、美容服务、按摩)申请注册某某中英文加图形商标。

样本案例二,劳动者于 2018 年 5 月 1 日入职用人单位,从事展会部主管岗位工作,岗位津贴每月 17 000 元。双方签订《竞业限制及保密协议》。2019 年 12 月 13 日,双方签订《终止劳动关系协议书》,约定双方确认于 2019 年 12 月 20 日通过自愿协商终止劳动关系。2019 年 12 月 18 日,用人单位与劳动者签订

《竞业限制补偿协议》，用人单位明确要求劳动者履行竞业限制义务，竞业限制期限为两年，自原告离职日起算；原告违反竞业限制约定的，应当承担违约责任，还应一次性向被告公司支付相应违约金，违约金金额为 2 800 000 元人民币。另查，用人单位的经营范围为："文化艺术交流咨询（演出经纪除外），日用品、纺织品（除棉花）、皮革制品、工艺品、文化用品、包装材料、服装及辅料、鞋帽箱包、陶瓷制品、床上用品、眼镜（除隐形眼镜）、电子产品的批发、零售（限分支机构）、网上销售、进出口、佣金代理（拍卖除外）以及配套业务，服装设计，商务咨询，市场营销策划咨询（广告除外）"。B 公司的股东为某香港公司，其经营范围为："文化艺术交流策划（演出及经纪除外），企业形象策划，企业管理咨询，企业营销策划，商务咨询，图文设计制作（出版物除外），市场营销策划，机电设备租赁，日用品的销售，设计、制作、代理、发布各类广告，票务代理服务……"。2020 年 2 月 1 日，B 公司为劳动者办理了用工手续。2020 年 4 月 26 日，劳动者作为某香港公司中国区负责人参加活动。

样本案例三，劳动者于 2013 年 7 月 1 日入职用人单位，担任开发经理，从事项目开发类岗位工作。同日，双方签订《员工保密协议》。劳动者于 2016 年 7 月 2 日提出辞职。2016 年 8 月 12 日，双方签订《辞职确认函》，确认双方劳动关系于 2016 年 8 月 12 日解除。劳动者与上海乙公司于 2016 年 8 月 15 日签订期限自 2016 年 8 月 15 日至 2019 年 8 月 14 日止的劳动合同，约定劳动者担任该公司开发部开发经理一职。劳动者与丙公司于 2016 年 10 月 8 日签订期限自 2016 年 10 月 8 日至 2019 年 10 月 7 日止的劳动合同，约定劳动者从事开发岗位工作。

（二）适用法律对比

样本案例一，法院认为，综合上述事实并比照合同竞业限制条款约定，法院足以认定，在涉案合同所约定的竞业限制有效期内（涉案特许经营合同有效期及合同到期一年内），张某作为被特许人，以甲公司为经营主体，经营同特许经营合同中同类的产后保健等项目，与特许人实际产生竞争，其行为违反了涉案特许经营合同的竞业限制条款约定，属于违约行为。

样本案例二，法院认为，首先，原告入职被告公司时，双方约定原告需履行竞业限制义务。原告从被告公司离职时，被告公司明确要求原告履行竞业限制义务。其次，工商登记材料显示，C 公司的经营范围与被告公司及其子公司 B 公司的经营范围高度重合，原告从被告公司离职后，于 2020 年 2 月 1 日入职 C 公司，违反竞业限制义务，被告公司无须支付原告此后的竞业禁止补偿金。

样本案例三，法院认为，上海乙公司营业范围与某某公司营业范围基本相同；乙公司网上查询资料显示的该公司主要业务方向亦包含某某公司的专长"金融服务"，应可认定两公司间存在竞争关系。武某某于二审中虽又提供了诸多证据，但相关证据并不足以推断得出乙公司与某某公司之间不存在竞争关系之结论。武某某虽称乙公司、丙公司与某某公司均不存在竞业关系，却在仲裁期间试图隐瞒曾在上述乙、丙两公司工作之事实，有悖常理；其一审、二审陈述的在乙公司的工作内容及从乙公司离职的原因亦前后矛盾，足以引起合理怀疑。故而，原审法院认定武某某在竞业限制期内至乙公司工作已违反竞业限制义务，须依约支付某某公司违反竞业限制违约金 70 200 元并返还某某公司竞业限制经济补偿 10 615 元，并无不当，法院予以认可。

（三）类案大数据报告

截至 2022 年 12 月 31 日，以"竞业限制""用人单位""经营范围"为关键词，通过公开数据库共检索到类案 579 件，经逐案阅看、分析，与本规则关联度较高的案件共有 217 件，因其中存在同一案件的一审、二审、再审裁判，严格意义上应将其认定为一件案件（同时还有套案因素等，实质上争议的焦点问题是相同的），故剔除前述情形后，实际共有 166 件案件。整体情况如下：

从类案地域分布看，涉案数最多的地域是北京市，共 31 件；其次是广东省，为 20 件；再次是江苏省，为 17 件。

从类案结案时间看，结案最多的年份是 2019 年，有 27 件；其次为 2021 年，有 24 件；再次为 2020 年，有 19 件。

从案件经历的审理程序看，只经过一审程序的共计 66 件，经过一审、二审两审程序的共计 96 件，经过一审、二审及再审程序的共计 4 件。

四、类案裁判规则的解析确立

审查劳动者是否违反竞业限制协议，一个核心考量因素就是劳动者入职或者设立的企业与原公司之间是否存在竞争关系。用人单位营业执照登记的经营范围是重要参考，但并不是唯一审查标准，实践中存在企业营业执照登记的营业范围与实际经营范围不一致的情况。故对于用人单位与第三方企业之间竞争关系的审查，不应局限于营业执照登记的营业范围，还应对两个公司实际经营的内容、市场产品受众、对应市场是否重合等进行综合审查。对于地域范围的审查，应当以用人单位经营业务实际辐射的地域范围为限,用人单位应证明其实际业务范围或者有可能辐射的最大范围,在难以准确认定的情况下,可根据实际情况就地域范围进行适当地扩大。

五、关联法律法规

《中华人民共和国劳动合同法》(2012年修正)

第二十三条、第二十四条内容详见本书第109—110页。

竞业限制案件裁判规则

第 12 条

用人单位单方解除竞业限制协议的,必须按照竞业限制协议约定的条件或方式向劳动者明示

一、聚焦司法案件裁判观点

■ 争议焦点

用人单位对竞业限制协议是否享有单方解除权？用人单位单方解除竞业限制协议的，是否需要向劳动者进行明示？

■ 裁判观点

对于竞业限制协议，可以赋予用人单位单方解除权；但对用人单位竞业限制协议的单方解除权应加以限制。用人单位如果要单方解除竞业限制协议，需要按照竞业限制协议约定的条件或方式向劳动者明示解除的意思表示，提前通知劳动者；且劳动者可依法要求用人单位额外支付三个月的竞业限制补偿金。

二、司法案例样本对比

样本案例一

廖某某与某某公司、南宁某某公司竞业限制纠纷

• 当事人

上诉人（原审原告）：廖某某
被上诉人（原审被告）：南宁某某公司
被上诉人（原审被告）：某某公司

• 基本案情

南宁某某公司系某某公司依法经工商登记成立的分公司。2001年11月22

日，廖某某到南宁某某公司从事供应部仓库副主任工作。2013年2月16日，南宁某某公司（甲方）与廖某某（乙方）签订了《竞业限制协议》，第二条约定："甲方对乙方遵守竞业限制义务的补偿：（一）从双方劳动合同关系解除或终止后第二天起两年内甲方按月给予乙方经济补偿。（二）补偿标准：按乙方离职时甲方所在地政府确定最低工资标准的二倍……"第三条约定："违约责任：……（二）甲方违约责任：如甲方逾期两个月未支付经济补偿，本协议自动终止。"

2014年8月20日，南宁市××区人力资源和社会保障局作出《关于南宁某某公司关停员工安置补偿方案的函》，载明经核算同意支付给南宁某某公司竞业限制经济补偿10 713 600元，其中廖某某的竞业限制经济补偿金额为57 600元。南宁某某公司已经收到上述核拨的款项。2014年8月20日，南宁市××区房屋征收补偿和征地拆迁办公室（甲方）与某某公司（乙方）签订协议，其中第五条约定："乙方根据职工安置补偿政策和方案按实际足额发放安置补偿费后，如按协议约定的补偿费用尚有结余的，乙方必须将结余资金无条件退回甲方。"

2014年9月9日，南宁某某公司作出《关于与廖某某同志解除劳动关系的决定》，决定自2014年9月9日起与廖某某解除劳动关系。当天，廖某某与南宁某某公司签订《协商解除劳动合同的协议》，约定双方劳动关系自2014年9月9日起解除。后南宁某某公司按2 400元/月向廖某某支付了2014年9月10日至2014年12月9日的竞业限制经济补偿金，2015年6月又支付了2014年12月10日至2015年4月10日的竞业限制经济补偿金共计9 600元。此后再未支付。

2016年12月30日，廖某某向南宁市劳动人事争议仲裁委员会申诉，请求裁令：南宁某某公司支付2014年9月9日至2016年9月9日的竞业限制经济补偿40 800元；某某公司负补充支付责任。2017年4月11日，该委作出仲裁裁决书，裁决如下：对申请人廖某某的仲裁请求，不予支持。廖某某不服，诉至一审法院。

- **案件争点**

用人单位是否有权行使竞业限制协议的单方解除权？是否必须明示解除？

- **裁判要旨**

法院认为，上诉人廖某某（乙方）与被上诉人南宁某某公司（甲方）签订的《竞业限制协议》，约定劳动者就职期间以及离职后二年内应当遵守竞业限制义务，用人单位给予劳动者竞业限制的经济补偿，双方意思表示真实一致，协议内容除"甲方违约责任：如甲方逾期两个月未支付经济补偿，本协议自动终止。"外，其余并不违反法律、行政法规的强制性规定，应属有效。而《竞业限制协议》第三条约定的"如甲方逾期两个月未支付经济补偿，本协议自动终止"，属约定竞业限制协议的解除条件,根据《最高人民法院关于审理劳动争议案件适用法律若干问题的解释(四)》(法释〔2013〕4号,2013年2月1日起施行,已废止)第九条第一款"在竞业限制期限内,用人单位请求解除竞业限制协议时,人民法院应予支持"的规定,竞业限制是通过限制劳动者一定的就业选择权,从而保护用人单位在劳动者就职期间知晓或掌握用人单位的商业秘密所蕴含的竞争利益。竞业限制侧重用人单位权利的保护,而是否需要继续保护相关权利,在于用人单位的决定,因此,无论从竞业限制的立法目的、法律特征,还是从权利义务的平衡来看,用人单位有权行使竞业限制协议的单方解除权。然而,竞业限制协议毕竟对劳动者的就业选择权进行了限制,用人单位虽然可以依法行使单方解除权,但对行使单方解除权的时间和方式应有一定限制,以平衡劳动者因用人单位解除竞业限制后再就业所需的时间和条件。因此,用人单位单方解除竞业限制协议的,应根据竞业限制协议约定的条件或方式向劳动者明示解除的意思表示,而考量竞业限制协议约定的解除条件时,还应审查所附解除条件是否存在侵害劳动者的利益或加重劳动者的义务等因素。此案中,《竞业限制协议》约定"如甲方逾期两个月未支付经济补偿,本协议自动终止"的解除条件,约定以不履行支付经济补偿的不作为方式默认用人单位的解除意愿,与用人单位单方解除竞业限制协议的条件不符,且赋予了用人单位随意解除协议的权利。加重劳动者对竞业限制协议解除的注意义务,排除其法定权利。故根据《中华人民共和国劳动合同法》(2012年修正)第二十六条第一款第二项"用人单位免除自己的法定责任、排除劳动者权利的"劳动合同无效或者部分无效的规定,上述《竞业限制协议》第三条约定应属无效。一审认定《竞业限制协议》约定的终止条款,不存在免除用人单位法定责任、排除劳动者权利的情形,属认定事实错误,二审法院予以纠正。

样本案例二

姚某与广州某某公司竞业限制纠纷

• **当事人**

原告:姚某

被告:广州某某公司

• **基本案情**

原、被告于2011年2月16日签订劳动合同,约定:合同期限自2011年1月

1日起至2013年12月31日止,任职工程师,属管理和专业技术类岗位。2011年2月18日双方签订《竞业限制合同》,约定:原告在离职后2年内不得到与被告有竞争关系的单位就职,或自办与被告有竞争关系的企业,或者从事与被告商业秘密有关的产品的生产;被告从原告离职后开始计算竞业限制时起,按照竞业限制期限向原告支付竞业限制补偿费,竞业限制月补偿费等于原告离开被告单位前三年从被告处获得的月平均收入的三分之二,符合原告承担竞业限制义务后从事其他工作实际或能够获得的月收入;被告拒绝支付竞业限制补偿费的,应当一次性支付原告违约金10 000元;因被告拒绝支付原告竞业限制补偿费而给原告造成直接经济损失的,原告有权要求获得赔偿。

原告于2013年8月1日向被告提出辞职,申请办理离职手续日期为2013年8月22日。被告的相关管理人员在原告的《辞职申请表》的相应审批意见栏中批示同意。2013年8月22日,被告开具《解除(终止)劳动合同证明书》,载明:由于原告个人原因于2013年8月22日提出解除劳动合同,因原告与被告签有保密协议,离职后请严格遵守。

被告于2013年8月22日向原告发出的《离职说明》载明:"您于2006年12月27日与广州某某公司北京分公司签订了《竞业限制合同》《保密协议》,在您即将离职之际,与您再次强调以下事项,以确保双方权利、义务的履行和落实。1.根据《竞业限制合同》的相关内容,您可按期到某某公司领取竞业限制补偿费,我公司会根据合同规定给予办理。2.您离职后所从事的工作存在与您所作承诺相冲突的可能性时,须向我公司人力资源部及时提出报备及确认,以保证双方利益不被伤害。3.严禁出现以下行为,一经发现我公司必采取法律手段保护公司利益:(1)通过以往的同事关系在某某公司内部挖人,造成我公司人员流失;(2)泄露公司客户信息和核心技术资料,对我公司造成严重影响和不良后果。"被告在当天签收了该《离职说明》。同日,被告向原告发出《解除竞业限制合同通知书》,决定自2013年8月22日起解除与原告的《竞业限制合同》。

原、被告因竞业限制补偿金问题发生争议,原告向广州市××区劳动人事争议仲裁委员会申请仲裁,该会于2013年11月4日作出不予受理案件通知书,驳回了原告的仲裁请求。原告不服,在法定期限内诉诸法院。

庭审中,被告解释《离职说明》是其格式文件,在《保密协议》中做了标注,要求原告履行保密协议的内容,在《竞业限制合同》中未做标注,则关于竞业限制的义务,原告无须履行。

- **案件争点**

用人单位行使竞业限制协议单方解除权的期限是什么?

• **裁判要旨**

法院认为，对于竞业限制协议，应赋予用人单位单方解除权。原、被告订立的《竞业限制合同》已由被告在合同生效前单方解除，原告自合同解除之日起，不再负担合同约定的就业上的限制义务，被告也同时免除支付原告相应竞业限制补偿的义务。此案的《竞业限制合同》尚未开始履行即解除，而非在竞业限制期限内解除，且原告未举证证明其履行了竞业限制义务，并因此造成损失。故对原告主张被告支付竞业限制补偿金及承担违约责任，法院不予支持。

样本案例三

黄某某与苏州某某公司竞业限制纠纷案

• **当事人**

原告：黄某某

被告：苏州某某公司

• **基本案情**

原告于 2010 年 4 月 1 日入职被告处，任品保部经理，被告为原告办理了就业证，有效期至 2017 年 7 月 31 日，但双方未签订书面劳动合同。

2014 年 3 月 28 日，原、被告签订竞业限制合同一份。合同约定：因原告担任品保经理，处于一个高度竞业的市场，且因在被告处任职已取得并将进一步取得机密信息及财产权信息，尤其是有关客户及供货商、被告及其关联企业对特定客户及供货商的主要联络窗口，故为保证被告合法营业利益，员工同意受竞业限制条款约束。原告在受雇于被告期间及其后两年的限制期间内受竞业限制约束，被告同意每月支付给原告竞业限制补偿，金额等于原告与被告雇佣关系终止或退休前一年平均月薪的三分之一。竞业禁止补偿将自原告与被告的雇佣关系终止或退休起，在限制期内的每月的最后工作日支付给原告。被告有权自行决定在限制期内随时放弃对原告所作的限制，且于放弃时被告不再有义务支付给原告剩余的限制期内的竞业禁止补偿。合同非经明示合意并经各方当事人书面签署用印不得修改或解除。

2016 年 8 月 24 日，原告签署《离职保密义务声明书》，声明原告于报到当日所签署的保密契约书中所规定的事项于本人离职后仍属有效，对因工作或职务所知悉的被告的营业秘密皆负保密义务。当日,原告领取并填写了《员工离职申请表》,其中离职原因选择为其他。

另查明,被告于 2016 年 8 月 26 日制作《竞业禁止解除通知书》,载明:"苏州某某公司决定与员工黄某某先生(身份证号:R12108××××)自 2016 年 08 月 31 日起终止其在职期间所应履行的竞业限制条款及义务,双方所签订的《竞业限制合同》自 2016 年 8 月 31 日起同时失效,苏州某某公司将不再支付竞业限制补偿金。"上述通知书于 2016 年 9 月 3 日送达原告,原告在签收回执上注明"本人保留诉讼的权利,不同意片面解除合约"。

2016 年 8 月 31 日,原告办理了工作交接手续,正式自被告处离职,被告支付给原告工资至离职之日,并支付补偿金 49 799.6 元。

后原告作为申请人向苏州市劳动人事争议仲裁委员会提起仲裁申请,请求裁决:1. 被申请人支付给申请人违法解除劳动关系赔偿金 202 182 元;2. 被申请人支付给申请人竞业限制补偿金 183 999 元。2016 年 12 月 19 日,苏州市劳动人事争议仲裁委员会作出仲裁裁决书,裁决:对申请人的仲裁请求不予支持。原告对上述裁决结果不服,于法定期限内向法院提起诉讼。

庭审中,原告陈述在离职前 12 个月,被告本人平均每月向其发放工资 8 000 元,另通过台湾母公司某某股份有限公司每月发放 15 000 元,但原告未能提供证据证明上述其所称的 15 000 元工资的发放系被告的行为,原告也陈述放弃要求被告支付违法解除劳动关系赔偿金的主张。被告庭审中认可在原告离职前 12 个月其平均每月发放原告工资 8 000 元,对原告所述的 15 000 元事宜不予确认。

• 案件争点

用人单位行使竞业限制协议单方解除权的生效条件及时间是什么?

• 裁判要旨

法院认为,原、被告签订的《竞业限制合同》系双方的真实意思表示,应为合法有效,对双方均有拘束力,原告按约履行了义务,被告应按照约定支付原告竞业限制经济补偿;被告作为用人单位依法享有竞业限制协议的任意解除权,但作为劳动者的原告可依法要求被告额外支付三个月的竞业限制经济补偿。此案中,被告于 2016 年 8 月 26 日通知原告解除双方之间签订的竞业限制合同,系原告依法享有的权利,且双方在竞业限制合同中亦有约定,故法院予以支持。合同的解除自解除合同的意思表示到达时生效,原告于 2016 年 9 月 3 日始签收被告发出的解除通知,故双方之间的竞业限制协议自该日解除,被告应支付给原告合同解除前即 2016 年 9 月 1 日至 2016 年 9 月 2 日期间的竞业限制补偿金。原、被告在竞业限制合同中虽约定了被告有随时解除合同的权利，且约定被告不再有义务支付原告剩余限制期间内的竞业限制补偿。但在此种情况下，原告依法享有要求被告额外支付三个月竞业限制经济补偿的权利，故被告应支付原告竞业限制补偿金 8 177.78 元。原告自愿放弃要求被告支付违法解除劳动关系赔偿金，系其自主处分民事权利的行为，法院予以认可。

三、司法案例类案甄别

（一）事实对比

样本案例一，劳动者于 2001 年 11 月 22 日到用人单位从事供应部仓库副主任工作。2013 年 2 月 16 日，用人单位（甲方）与劳动者（乙方）签订了《竞业限制协议》，2014 年 8 月 20 日，南宁市××区人力资源和社会保障局经核算同意支付南宁某某公司竞业限制经济补偿 10 713 600 元，其中劳动者的竞业限制经济补偿金额为 57 600 元。2014 年 9 月 9 日，用人单位作出《关于与廖某某同志解除劳动关系的决定》，决定自 2014 年 9 月 9 日起与廖某某解除劳动关系。当天，劳动者与南宁某某公司签订《协商解除劳动合同的协议》，约定双方劳动关系自 2014 年 9 月 9 日起解除。后用人单位按 2 400 元/月向廖某某支付了 2014 年 9 月 10 日至 2014 年 12 月 9 日的竞业限制经济补偿金。2015 年 6 月又支付了 2014 年 12 月 10 日至 2015 年 4 月 10 日的竞业限制经济补偿金共计 9 600 元。此后再未支付。

样本案例二，劳动者于 2011 年 2 月 16 日与用人单位签订劳动合同，约定：合同期限自 2011 年 1 月 1 日起至 2013 年 12 月 31 日止，任职工程师，属管理和专业技术类岗位。2011 年 2 月 18 日双方签订《竞业限制合同》，劳动者于 2013 年 8 月 1 日向被告提出辞职，申请办理离职手续日期为 2013 年 8 月 22 日。2013 年 8 月 22 日，用人单位开具的《解除（终止）劳动合同证明书》载明："由于劳动者个人原因于 2013 年 8 月 22 日提出解除劳动合同，因双方签有保密协议，离职后请严格遵守。"用人单位于 2013 年 8 月 22 日向劳动者发出的《离职说明》载明："您于 2006 年 12 月 27 日与广州某某公司北京分公司签订了《竞业限制合同》《保密协议》，在您即将离职之际，与您再次强调以下事项，以确保双方权利、义务的履行和落实。……"

样本案例三，劳动者于 2010 年 4 月 1 日入职用人单位处，任品保部经理，用人单位为劳动者办理了就业证，有效期至 2017 年 7 月 31 日，但双方未签订书面劳动合同。2014 年 3 月 28 日，双方签订竞业限制合同一份。2016 年 8 月 24 日，劳动者签署《离职保密义务声明书》，声明劳动者于报到当日所签署的保密契约书中所规定的事项于本人离职后仍属有效，对因工作或职务所知悉的用人单位的营业秘密皆负保密义务。当日，劳动者领取并填写了《员工离职申请表》，其中离职原因选择为其他。2016年8月31日，劳动者办理了工作交接手续，正式自用人单位处离职，用人单位支付给劳动者工资至离职之日，并支付补偿金49 799.6元。

（二）适用法律对比

样本案例一，法院认为，竞业限制是通过限制劳动者一定的就业选择权，从而保护用人单位在劳动者就职期间知晓或掌握用人单位的商业秘密所蕴含的竞争利益。竞业限制侧重用人单位权利的保护，而是否需要继续保护相关权利，在于用人单位的决定，因此，无论从竞业限制的立法目的、法律特征以及权利义务的平衡上来看，用人单位有权行使竞业限制协议的单方解除权。然而，竞业限制协议毕竟对劳动者的就业选择权进行了限制，用人单位虽然可以依法行使单方解除权，但对行使单方解除权的时间和方式应有一定限制，以平衡劳动者因用人单位解除竞业限制后再就业选择所需的时间和条件。因此，用人单位单方解除竞业限制协议的，应根据竞业限制协议约定的条件或方式向劳动者明示解除的意思表示，而在考量竞业限制协议约定的解除条件时，还应审查所附解除条件是否存在侵害劳动者的利益或加重劳动者的义务等因素。

样本案例二，法院认为，对于竞业限制协议，应赋予用人单位单方解除权。原、被告订立的《竞业限制合同》因被告在合同生效前单方解除，原告自合同解除之日起，不再负担合同约定的就业上的限制义务，被告也同时免除支付原告相应竞业限制补偿的义务。因此案的《竞业限制合同》尚未开始履行即解除，而非在竞业限制期限内解除，且原告未举证证明其履行了竞业限制义务，并因此造成损失。故对原告主张被告支付竞业限制补偿金及承担违约责任，法院不予支持。

样本案例三，法院认为，被告作为用人单位依法享有竞业限制协议的任意解除权，但作为劳动者的原告可依法要求被告额外支付三个月的竞业限制经济补偿。此案中，被告于2016年8月26日通知原告解除双方之间签订的竞业限制合同，系原告依法享有的权利，且双方在竞业限制合同中亦有约定，故法院予以支持。合同的解除自解除合同的意思表示到达时生效，原告于2016年9月3日始签收被告发出的解除通知，故双方之间的竞业限制协议自该日起解除，被告应支付给原告合同解除前即2016年9月1日至9月2日期间的竞业限制补偿金。原、被告在《竞业禁止合同》中虽约定了被告有随时解除合同的权利，且约定被告不再有义务支付原告剩余限制期间内的竞业禁止补偿，但在此种情况下，原告依法享有要求被告额外支付三个月竞业限制经济补偿的权利，故被告应支付给原告竞业限制补偿金。

（三）类案大数据报告

截至 2022 年 12 月 31 日，以"竞业限制""单方解除权""解除通知"为关键词，通过公开数据库共检索到类案 615 件，经逐案阅看、分析，与本规则关联度较高的案件共有 179 件，因其中存在同一案件的一审、二审、再审裁判，严格意义上应将其认定为一件案件（还有套案等因素，实质上争议的焦点问题是相同的），故剔除前述情形后，实际共有 121 件案件。整体情况如下：

从类案地域分布看，涉案数最多的地域是江苏省，共 20 件；其次是北京市和上海市，均为 19 件；再次是浙江省，为 12 件。

从类案结案时间看，结案最多的年份是 2022 年，有 29 件；其次为 2021 年，有 27 件；再次为 2020 年，有 20 件。

从案件经历的审理程序看，只经过一审程序的共计 51 件，经过一审、二审两审程序的共计 67 件，经过一审、二审及再审程序的共计 3 件。

四、类案裁判规则的解析确立

竞业限制是通过限制劳动者一定的就业选择权，从而保护用人单位在劳动者就职期间知晓或掌握用人单位的商业秘密所蕴含的竞争利益。竞业限制侧重用人单位权利的保护，而是否需要继续保护相关权利，在于用人单位的决定，因此，无论从竞业限制的立法目的、法律特征，还是从权利义务的平衡上来看，对于竞业限制协议，应赋予用人单位单方解除权。与此同时，竞业限制制度的另外一个立法目的是要保护和平衡劳动者择业自由的权利，如果对用人单位的单方解除权不加任何限制，可能会导致用人单位滥用该权利，损害劳动者的择业自由权。对用人单位竞业限制协议的单方解除权的限制，应注意两个方面：第一，用人单位如果要单方解除竞业限制协议，需要以书面的方式提前通知劳动者；第二，用人单位仍须支付劳动者适当的经济补偿，即用人单位依法享有竞业限制协议的任意解除权，但劳动者可依法要求用人单位额外支付三个月的竞业限制经济补偿。

五、关联法律法规

（一）《中华人民共和国劳动合同法》（2012年修正）

第二十三条、第二十四条内容详见本书第109—110页。

（二）《最高人民法院关于审理劳动争议案件适用法律问题的解释（一）》（法释[2020]26号，2021年1月1日起施行）

第三十九条　在竞业限制期限内，用人单位请求解除竞业限制协议的，人民法院应予支持。在解除竞业限制协议时，劳动者请求用人单位额外支付劳动者三个月的竞业限制经济补偿的，人民法院应予支持。

竞业限制案件裁判规则

第13条

用人单位可以在员工手册中规定竞业限制义务，员工签字确认后，则该条款对员工有效

一、聚焦司法案件裁判观点

■ 争议焦点

用人单位能否在员工手册中规定竞业限制义务？

■ 裁判观点

用人单位可以在员工手册中规定竞业限制义务，在员工手册中确定竞业限制条款并不具有当然的有效性，需要由员工签字确认，员工签字确认后则该条款对员工有效。

二、司法案例样本对比

样本案例一

烟台某某公司与孟某某竞业限制纠纷案

• 当事人

上诉人（原审原告）：烟台某某公司
被上诉人（原审被告）：孟某某

• 基本案情

烟台某某公司与孟某某于2009年9月1日订立书面劳动合同，约定孟某某在烟台某某公司从事销售员工作，合同期限至2012年8月31日，月工资为1 200元。双方在劳动合同第七条其他约定条款中约定"遵守公司保密制度，不泄露公司客户信息"。2009年9月29日，孟某某在烟台某某公司保密制度上签字。该制度第十八条规定,出现下列情况之一者,予以辞退并支付五万元违约金,造成严重后果的追究法律责任:(一)为谋取个人利益,故意或过失泄露公司秘密;(二)违反本保密制度规定,为他人窃取、刺探、收买或违章提供公司秘密的;(三)利用职权强制他人违反保密规定的。第二十条规定:不管以何种形式离职,三年内不得从事与本公司相关的行业,否则予以追究法律责任。第二十一条规定:追究法律责任包括人民币二十万元违约金和追究直接经济损失。本公司每月支付二百元以上的竞业限制经济补偿费。离职员工可来公司领取或提供银行账户,长时间未领取,公司电话、短信通知后进行挂账处理。孟某某在烟台某某公司工作期间曾参与某地高科生化、某地中原钻采石油等业务。2011年10月24日,孟某某签字领取了2011年9月6 570.02元的工资。2012年2月15日,孟某某因个人原因书面申请离职,后离开单位。烟台某某公司未发放孟某某2012年1月、2月工资。烟台某某公司至今未协助孟某某办理档案及社会保险关系转移手续。

原审法院又查,烟台某某公司于2002年1月18日经核准注册成立,经营范围为:精细化工产品(不含危险品)的销售、开发、生产;经营本企业自产产品及技术的出口业务(国家统一联合经营的商品除外);经营本企业生产、科研所需的原辅材料、仪器仪表、机械设备、零配件及技术的进口业务(国家实行核定公司经营的进口商品除外);经营本企业的进料加工和"三来一补"业务。

2012年4月13日,孟某某与王某某分别出资1.8万元、1.2万元成立德州某公司。公司经营范围为:化工产品(不含危险、监控、食用及易制毒化学品)、仪器仪表销售(国家禁止和限制经营的除外)。

孟某某在烟台某某公司工作期间,双方未订立书面保密协议及竞业限制协议书。烟台某某公司未能提交关于其保密制度经由民主程序制定并公示的证据。孟某某离职后,烟台某某公司未向孟某某实际支付竞业限制补偿金。2012年11月11日至11月13日,烟台某某公司法定代表人张某曾给孟某某发送短信及拨打电话,谈及竞业限制补偿金挂账事宜。

后烟台某某公司以孟某某违反双方订立的保密制度,既泄密又非法竞业为由申请仲裁,要求裁决:一、被申请人(孟某某)立即停止对申请人(烟台某某公司)的竞业行为;二、被申请人支付泄露公司秘密违约金5万元;三、被申请人支付竞业禁止违约金20万元;四、被申请人赔偿拒绝交接工作导致的经济损失62 500元;五、被申请人承担仲裁费用。烟台××区劳动人事争议仲裁委员会于2013年5月3日作出仲裁裁决书,裁决:一、驳回申请人(烟台某某公司)的上述各项申诉请求;二、被反申请人(烟台某某公司)为反申请人

(孟某某)办理解除劳动合同的相关手续,反申请人予以配合;三、被反申请人支付反申请人2012年1月、2月工资合计1 800元;四、被反申请人赔偿反申请人2012年3月至2013年3月的经济损失11 382元(868元/月×12个月+966元/月×1个月),上述三项限被反申请人于本裁决生效之日起十日内办理完毕;五、驳回反申请人其他各项申诉请求。

烟台某某公司不服仲裁裁决,向原审法院提出起诉,请求判决:1. 孟某某立即停止对烟台某某公司的竞业行为;2. 孟某某向烟台某某公司赔偿泄露商业秘密违约金50 000元;3. 孟某某向烟台某某公司赔偿竞业禁止违约金200 000元;4. 孟某某赔偿烟台某某公司因其拒绝交接工作导致的经济损失62 500元;5. 驳回孟某某在仲裁中提出的反申请的各项请求;6. 孟某某负担本案诉讼费用。

原审法院认为,通过民主程序制定的规章制度,不违反国家法律、行政法规及政策规定,并已向劳动者公示的,可以作为审理劳动争议案件的依据。制订企业规章制度,需具备以下的条件方才生效:1. 主体合格;2. 内容要合法、合理;3. 不得与劳动合同和集体合同相冲突;4. 不得违反公序良俗;5. 必须经过民主程序制订,并要向劳动者公示。根据《中华人民共和国劳动合同法》(2012年修正)第四条第二款的规定,用人单位在制定、修改或者决定有关劳动报酬、工作时间、休息休假、劳动安全卫生、保险福利、职工培训、劳动纪律以及劳动定额管理等直接涉及劳动者切身利益的规章制度或者重大事项时,应当经职工代表大会或者全体职工讨论,提出方案和意见,与工会或者职工代表平等协商确定。本案中,烟台某某公司、孟某某未订立保密协议,关于泄露公司秘密违约金问题,烟台某某公司主张权利系依据其保密制度的规定,但烟台某某公司未能提供相关证据证明其保密制度符合上述民主程序的规定。因此,烟台某某公司方制定的保密制度不能作为审理本案的依据。根据相关法律规定,除劳动者违反服务期情形和违反竞业限制情形之外,用人单位不得与劳动者约定由劳动者承担违约金,用人单位仅能通过侵权法上侵权之诉追究劳动者因违反保密义务给用人单位造成的损失。综上,烟台某某公司请求判令孟某某向烟台某某公司赔偿泄露公司商业秘密违约金50 000元因无事实和法律依据而得不到支持。

关于竞业限制违约金问题。根据相关法律规定,关于竞业限制实行约定违约金制度,即劳动关系双方通过协商合意确定。本案烟台某某公司、孟某某并未订立竞业限制协议,烟台某某公司主张权利系依据其保密制度的规定。而烟台某某公司不能提供证据证明其保密制度符合上述要件及程序的规定,且烟台某某公司未向孟某某支付竞业限制补偿金,故其请求判令孟某某立即停止对烟台某某公司的竞业行为、向烟台某某公司赔偿竞业禁止违约金200 000元亦因无事实和法律依据而得不到支持。

烟台某某公司请求判令孟某某赔偿因其拒绝交接工作导致的经济损失62 500元因无事实和法律依据而得不到支持。

关于烟台某某公司未转移孟某某人事档案、社会保险关系及赔偿问题。孟某某于2012年2月15日离职,根据《中华人民共和国劳动合同法》(2012年修正)第五十条第一款"用人单位应当在解除或者终止劳动合同时出具解除或者终止劳动合同的证明,并在十五日内为劳动者办理档案和社会保险关系转移手续"的规定,烟台某某公司应当向孟某某出具解除劳动合同的证明并为烟台某某公司办理档案和社会保险关系转移手续。孟某某请求判令烟台某某公司为其办理档案及社会保险关系的转移手续,应予支持。在烟台某某公司没有证据证明其曾经通知孟某某办理解除劳动合同相关手续的情况下,依法可以认定相关手续没有办理的责任在烟台某某公司。由此导致孟某某的经济损失烟台某某公司应当予以赔偿,现孟某某请求按照同期烟台市职工最低月工资70%的标准赔偿自2012年3月至2013年3月的经济损失,符合相关法律规定,予以支持。

关于孟某某2012年1月、2月工资问题,烟台某某公司应对此期间孟某某出勤、工资核算等承担举证责任,但其提供的考勤记录系其自行统计制作,并非原始记录,其主张证据不充分,应承担举证不能的不利后果。根据双方劳动合同约定,孟某某月工资标准为1 200元,孟某某2012年2月15日后离职,烟台某某公司应支付孟某某2012年1月、2月工资合计1 800元。

依照《中华人民共和国劳动法》(2009年修正,已修改)第五十条,《中华人民共和国劳动合同法》(2012年修正)第四条、第二十三条、第二十四条、第二十五条及相关法律之规定,原审法院于2014年8月18日判决:一、驳回烟台某某公司的各项诉讼请求;二、烟台某某公司于本判决生效后十五日内协助孟某某办理档案和社会关系转移手续;三、烟台某某公司于本判决生效后十日内支付孟某某2012年1月、2月工资合计1 800元;四、烟台某某公司赔偿孟某某2012年3月至2013年3月的经济损失11 382元(868.00元/月×12个月+966.00元/月×1个月)。案件受理费10元,由烟台某某公司负担。

一审宣判后,烟台某某公司不服原审判决,向烟台市中级人民法院提出上诉称,一、被上诉人在2012年4月份即与其妻子王某某共同出资,在德州市××区成立了德州某公司,直接从事了与上诉人几乎完全相同的产品生产及销售,同上诉人进行行业竞争,造成上诉人销售利润减少等直接经济损失。被上诉人该做法严重违反保密制度的规定,既属泄密,又属非法竞业。二、涉案的《保密制度》系通过民主程序制定的规章制度。上诉人曾多次在会议上提及并征求意见，并且该制度被上诉人公司员工整体性签字确认认可。被上诉人与上诉人签订的劳动合同书明确约定被上诉人应遵守公司保密制度，不泄露公司信息，况且被上诉人在职期间曾多次领取上诉人支付的保密费，所以，被上诉人对该制度内容及应承担的义务是知晓的，该《保密制度》对于被上诉人有约束力。被上诉人不履行保密及竞业禁止义务，应按照上述制度内容承担法律责任。三、被上诉人签字认可的《保密制度》，不仅仅是一份公司管理制度，更是一份签字双方关于保密和竞业禁止的约定，而制度不需要双方当事人签字。根据《最高人民法院关于适用〈中华人民共和国合同法〉若干问题的解释（二）》（法释〔2009〕5号，2009年5月13日起施行，已废止）第一条之规定"当事人对合同是否成立存在争议，人民法院能够确定当事人名称或者姓名、标的和数量的，一般应当认定合同成立"。所以，上诉人认为与被上诉人之间的保密和竞业限制的约定对于被上诉人具有约束力，被上诉人应予以遵守，如有违反，应按双方约定的违约金追究法律责任。四、2012年2月，被上诉人因个人原因提出辞职，被上诉人未向上诉人进行任何工作交接即离开岗位，导致被上诉人在职期间经办的销售业务债权62 500元无法收回。现因为被上诉人恶意不交接涉案相关的合同等凭证，严重侵犯上诉人的合法权益，导致上诉人对于该笔损失除了要求被上诉人承担给上诉人造成的损失外，别无其他救济途径。被上诉人对于其侵权行为，应当承担相应的赔偿责任。五、被上诉人要求支付的2012年1月、2月的工资，根据被上诉人当时的出勤记录，其未领取的工资数额为278.90元。并且，解除劳动合同手续问题系因为被上诉人个人原因没有办理，被上诉人是在没有向上诉人做任何工作交接的情况下恶意离职，导致上诉人无法为其办理离职手续，责任不在上诉人，并且被上诉人离职后一个月就开设了与上诉人竞业的德州某公司，充分说明被上诉人系恶意离职，上诉人不应对被上诉人承担任何赔偿责任。综上所述，上诉人认为一审法院认定事实不清。根据《中华人民共和国民事诉讼法》（2012年修正，已修改）相关规定，上诉人请求二审法院本着公平公正的原则依法改判，支持上诉人的上诉请求。

被上诉人孟某某答辩称，用来规范职工的管理性文件必须经民主程序建立。上诉人提供的《保密制度》是非法形成，不能成为规范职工行为的有效依据。《保密制度》是单方管理性文件，约定违约金不合法。《保密制度》对于竞业禁止期限和补偿金数额的规定与法律的强制性规定不符。《中华人民共和国劳动合同法》（2012年修正）第二十四条规定，竞业限制的人员限于用人单位高级管理人员、高级技术人员和其他负有保密义务的人员。上诉人提供的《保密制度》适用对象不包括被上诉人，所称技术秘密也为公众知晓。被上诉人从未收取过竞业禁止补偿金，也未收到过领取补偿金的通知。被上诉人在职期间并未出现侵害公司利益的行为，离职后也并未在上诉人本地区从事与原单位相竞争的工作，上诉人的侵权主张没有事实根据。上诉人负有举证证实被上诉人具有利用原单位不可公开秘密信息、采取恶意手段挖取客户等严重行为的责任，应当提供合格的、具有因果关联的原始证据来证实被上诉人侵权。即使存在竞业禁止的约定，也因上诉人未支付对价而不能适用。被上诉人在职期间未出现侵害公司利益的行为，离职后本人未在上诉人本地区从事与原单位相竞争的工作，上诉人的侵权主张没有事实依据。上诉人主张被上诉人承担拒绝交接工作造成经济损失没有依据。双方均提及离职申请书，该证据材料能完整体现被上诉人办理离职手续的各个环节，实际上已由上诉人确认离职并交接完毕，上诉人无证据证实被上诉人存在恶意拒绝交接的行为。上诉人主张的经济损失实际上是被上诉人操作的业务款项未回收，而根据上诉人提供的发货单、货运单等，上诉人业务发货必须有公司股东王某某及其他主管人员签字确认方可进行，身为普通销售人员的被上诉人无权擅自发货。即使该业务款项无法收回，也属于公司的对外债权，应由公司承担相应回收风险，而被上诉人并无任何过错需要承担公司责任。该业务款项是否成为损失尚未确定。上诉人在未穷尽追索手段前，把款项视为损失毫无根据。上诉人主张依据《最高人民法院关于适用〈中华人民共和国合同法〉若干问题的解释（二）》（法释〔2009〕5号，2009年5月13日起施行，已废止）第一条之规定，实际上该解释内容是针对合同本身缺乏必要内容或有关合同内容存在争议时作出的司法解释，确定可以由法院审理查明作出认定，上诉人错误引用属于审理合同争议的司法解释，忽略争议核心问题是双方并不存在合同约定的竞业禁止条款，不存在合同法概念上的竞业禁止协议，上诉人依此主张自己的观点没有事实根据。

二审法院庭审过程中，烟台某某公司提交该公司与孟某某签订的解除终止劳动合同证明书、烟台某某公司员工王某证人证言及其与孟某某的电话通话录音材料，欲证明在孟某某离职时烟台某某公司没有违反相关规定，烟台某某公司曾打电话通知孟某某，孟某某应该知道其委托王某在解除劳动合同证明书上签字后就可以领取解除劳动合同证明书、养老保险手册，是孟某某自己的原因导致没有办理劳动关系转移手续。烟台某某公司申请证人王某出庭作证，该证人当庭陈述称，孟某某当时委托证人办理离职手续，在解除终止劳动合同证明书上证人替孟某某签名，后证人打电话给孟某某到公司拿离职手续（包括劳动合同、解除劳动合同、保险的手续），孟某某同意过后来拿离职手续但是一直没有到公司取，后来公司行政部门人员也打电话要求孟某某过来拿离职手续，但他也没有来拿。孟某某对此均不予认可，其认为公司应当履行及时办理社会保险手续转移等义务，如果不及时办理则应当承担职工的经济损失，公司主张电话通知孟某某办理档案转移手续没有提供相应的证据。孟某某对录音证据有异议,但不申请鉴定,其认为该录音内容本身并没有明确孟某某认可委托王某代签文书的事实。录音可以体现出在录音时公司仍未给孟某某办理社保转移手续,即使录音是真实的,也不能证实孟某某社保手续未办理的责任在于其自身。孟某某对证人证言效力有异议,认为该证人为上诉人员工,存在利害关系,并且证人对于所陈述的通知孟某某办理手续的时间、具体内容均不是非常清楚,证人也并没有证实曾接受单位委托正式通知孟某某办理社保关系及档案关系转移手续。孟某某认为委托王某也仅是代签解除终止劳动合同证明书这一单项授权,并无代为收取证明书及其他材料的授权,按照一般公司管理的规定,公司也不应当将属于员工私有的社保档案等交给他人代领,孟某某自离职后手机一直开通,在之前调查中烟台某某公司负责人曾向孟某某发送过短信、拨打电话并接通,所以烟台某某公司称无法联系、无法通知孟某某办理相关手续没有根据。

二审审理过程中,烟台某某公司放弃要求孟某某支付泄露商业秘密违约金50 000元的诉讼请求。法院审理查明的其他事实与原审判决认定事实基本一致。

• 案件争点

1. 企业能否在《保密制度》这一用人单位单方制定的规章制度中规定竞业限制义务?
2. 《保密制度》是否经过民主程序制定?

• 裁判要旨

二审法院认为,依据《中华人民共和国劳动合同法》(2012年修正)第二十三条的规定,用人单位可以在劳动合同或者保密协议中与劳动者约定竞业限制条款。烟台某某公司的《保密制度》虽对竞业限制作出了规定,但《保密制度》是用人单位单方制定的规章制度,并非劳动合同或保密协议。且烟台某某公司也未能充分证实《保密制度》是经民主程序制定。烟台某某公司依据《保密制度》请求孟某某承担违反竞业限制违约责任,于法无据,法院不予支持。

根据《中华人民共和国民事诉讼法》(2012年修正,已修改)等相关法律规定,当事人对自己提出的诉讼请求所依据的事实或者反驳对方诉讼请求所依据的事实有责任提供证据加以证明,没有证据或者证据不足以证明当事人的事实主张的,由负有举证责任的当事人承担不利后果。关于烟台某某公司要求孟某某赔偿因为其拒绝交接工作导致经济损失62 500元的主张,烟台某某公司没有提交充分证据予以证实,原审法院不予支持,并无不当。关于烟台某某公司欠付孟某某2012年1月和2月工资的问题,烟台某某公司应承担上述期间孟某某出勤、工资核算等举证责任,但烟台某某公司提供的考勤记录未有孟某某签字认可,应承担举证不能的法律后果,故烟台某某公司主张仅欠付孟某某工资278.90元证据不足,原审法院认定烟台某某公司应支付孟某某2012年1月和2月工资合计1 800元并无不当。

关于孟某某要求烟台某某公司赔偿因未办理社会保险关系、档案转移手续的损失问题。根据《中华人民共和国劳动合同法》(2012年修正)第五十条第一款的规定,烟台某某公司应当在解除或者终止劳动合同时向孟某某出具解除或者终止劳动合同的证明,并在十五日内为其办理档案和社会保险关系转移手续。本案中,烟台某某公司提供证人王某出庭作证及其与孟某某的电话录音等证据,孟某某对上述证据虽提出异议,但不申请对电话录音进行相关鉴定,并且认可离职时电话委托王某在解除终止劳动合同证明书上代其签名,综合双方的陈述及相关证据,二审法院认为孟某某离职时烟台某某公司曾电话通知孟某某到公司办理解除终止劳动合同证明等离职手续,孟某某电话委托王某在解除终止劳动合同证明书上代其签名,后孟某某并未到烟台某某公司办理档案和社会保险关系转移手续,导致至今未办理上述手续的责任不在烟台某某公司,故孟某某要求烟台某某公司赔偿因未办理社会保险关系、档案转移手续的损失没有事实依据,二审法院不予支持。一审认定烟台某某公司赔偿孟某某2012年3月至2013年3月的经济损失11 382元于法无据,应予以纠正。

样本案例二

杭州某某公司与左某侵犯商业秘密竞业限制纠纷案

• 当事人

上诉人(原审原告):杭州某某公司

被上诉人(原审被告):左某

• 基本案情

左某系舞蹈专业毕业,从事舞蹈教学工作。2011年7月1日,杭州某某公司(甲方)与左某(乙方)签订了书面《劳动合同书》及《保密协议》。双方的劳动合同约定,乙方从事舞蹈老师岗位工作,每月工资4 500元。2012年2月16日,左某以个人原因为由向杭州某某公司申请离职,并于同月23日提交了《员工离职审批表》。当日,杭州某某公司综合办在《员工离职审批表》上填写:

"自离职之日起启动竞业禁止条款,公司按月支付经济补偿金……"杭州某某公司在总经理意见栏签署"同意"。《员工离职审批表》左下角员工签字确认处有左某的签名。左某离职以后,从同年5、6月份起到某舞蹈学校从事舞蹈教学工作。2012年3月1日杭州某某公司通过工商银行向左某的账号汇入3 000元,在其保留的转账凭证用途一栏注明"竞业禁止补偿金",备注一栏注明"2012年3月竞业禁止补偿金"。此后,左某注销了该账号。2012年3月30日、5月30日杭州某某公司两次向杭州市某公证处办理了"左某2012年4月至6月竞业禁止补偿金"的提存,并在浙江法制报上进行了领取提存物通知公告。2012年5月10日,杭州市××区劳动争议仲裁委员会对杭州某某公司要求对被申请人左某继续履行竞业限制义务及支付违约金的仲裁请求作出不予受理案件通知书。杭州某某公司不服该通知,于2012年5月15日向法院提起诉讼,请求依法判决左某履行竞业限制的义务并判决左某支付违约金100 000元。

原审法院认为,根据《中华人民共和国劳动合同法》(2012年修正)第二十三条规定,用人单位与劳动者可以在劳动合同中约定保守用人单位的商业秘密和与知识产权相关的保密事项。对负有保密义务的劳动者,用人单位可以在劳动合同中或者保密协议中与劳动者约定竞业限制条款,并约定在解除或者终止劳动合同后,在竞业限制期限内按月给予劳动者经济补偿,劳动者违反竞业限制约定的,应当按照约定向用人单位支付违约金。本案中,杭州某某公司与左某签订的劳动合同书与保密协议中均无竞业限制条款;杭州某某公司的证据亦不足以证明载明有竞业限制条款的《员工手册》就是左某在确认书中所确认查收、阅读并声明遵守的那份《员工手册》;左某离职后,杭州某某公司在《员工离职审批表》上填写"自离职之日起启动竞业禁止条款",及之后以竞业禁止补偿金名义向左某账户汇款,均系杭州某某公司单方行为。综上,杭州某某公司的证据不足以证明其与左某存在着竞业限制条款的约定,该院对杭州某某公司请求判决左某履行竞业限制的义务并判决支付杭州某某公司违约金100 000元人民币的诉讼请求不予支持。依照《中华人民共和国民事诉讼法》(2007年修正,已修改)第六十四条第一款,《中华人民共和国劳动合同法》(2012年修正)第二十三条、第二十四条之规定,判决:驳回杭州某某公司的诉讼请求。案件受理费5元,由杭州某某公司负担。

宣判后,杭州某某公司不服上述判决,向二审法院提起上诉称:一、一审法院认定事实错误,一审中杭州某某公司提交了充分的证据,但一审法院对以下有充分证据证明的客观事实并未以认定。《员工手册》作为单位的规章制度,其明确规定了竞业限制的时间、地域范围及补偿金的数额和支付时间,该规章制度应作为审理本案的依据。一审法院以"原告的证据不足以证明载明有竞业限制条款的《员工手册》就是左某在确认书中所确认查收、阅读并声明遵守的那份《员工手册》"为主要理由驳回上诉人的诉讼请求并无事实与法律的依据。双方签订的劳动合同第八条明确约定《职务说明书》《员工手册》和企业其他相关制度为本合同的附件，是本合同的有效组成部分。劳动合同中也有员工应遵守企业劳动纪律及各项规章制度的约定。杭州某某公司所提交的《员工手册》不仅是企业的规章制度，也是劳动合同的重要约定内容。被上诉人左某签字确认的《教研组长岗位责任》中也明确了被上诉人理解公司的商业秘密保护政策，且被上诉人也签收了《员工手册》，并再一次声明被上诉人查收、阅读及了解《员工手册》的内容及各项规章制度，并愿意遵守手册内所有规章制度，如在工作中有违反手册规定或因工作失误造成公司财产损失的，本人愿意承担相关责任。被上诉人在签订劳动合同时、工作期间以及离职时对公司的有关竞业限制没有提出任何异议。《员工离职审批表》也充分证明双方再次同意启动竞业限制条款。《员工离职审批表》虽是单位内部文件，但不能因此而一概否定其本身的证据效力。该审批表经双方签字确认就应对双方均有拘束力。双方就竞业限制的权利义务达成了一致意见，该约定是有效的，且该条款所约定的一年限制期限，不会造成左某生存上的困难，所限制的行为范围也属合理，没有损害其正当的劳动权、生存权，相应限制内容也符合国家对竞业限制方面的政策。二、一审法院免除了左某举证责任并无视杭州某某公司证据的证明力，没有法律依据。杭州某某公司对自己提出的诉讼请求所依据的事实提供了充分的证据加以证明，可以说杭州某某公司已经充分、全面、客观、诚实地完成了自己的举证义务。根据法律规定，一方反驳对方诉讼请求所依据的事实有责任提供证据加以证明，但左某却未提交一份证据。而一审法院却无视杭州某某公司提交的大量经左某签名证据的存在及完整的证据锁链。三、一审法院法律适用错误。一审法院在事实上的错误认定，导致了判决错误适用法律。四、诚实信用不仅是社会的公众道德，也是法律的主要原则之一。法院应通过公正的判决引导公众诚实守信。恳请二审法院在查清事实后，依法撤销杭州市××区人民法院（20××）杭×民初字第××号的民事判决。改判被上诉人左某履行竞业限制的义务并支付违约金100 000元；一审、二审诉讼费用由被上诉人左某承担。

被上诉人左某答辩称：左某与杭州某某公司之间从未有过竞业限制的约定。左某于2011年6月毕业于上海戏剧学院，2011年7月1日与杭州某某公司正式建立劳动合同关系，签订了《劳动合同书》。《劳动合同书》中并没有涉及竞业限制，也没有签订过任何有关竞业限制约定。上诉人杭州某某公司在一审期间举证了一份《保密协议》，被上诉人对真实性提出了异议。被上诉人入职之初，杭州某某公司工作人员曾让被上诉人在多处签字，但此《保密协议》上签字笔迹完全不同于上诉人的书写风格。即使是真实的，此份《保密协议》也没有竞业限制的约定。《教师手册》《员工手册》左某并未实际真正领取，杭州某某公司都无法说清哪个版本的《教师手册》或《员工手册》是被上诉人领取或阅读过的。上诉人举证的《员工手册》里虽有竞业限制的规定，但此《员工手册》不是被上诉人阅读的《员工手册》。"竞业限制"一词在2012年2月16日被上诉人向上诉人提出辞职之前从未听到过。2012年2月16日被上诉人向上诉人提出辞职时，上诉人明确表示：辞职可以，但要被上诉人签字确认双方有竞业限制的约定，该约定要求被上诉人离开上诉人之后一年内不得在浙江省内从事舞蹈工作。双方为此产生了争执，虽经被上诉人据理抗辩，但上诉人毫不松懈，双方争持不下，所以至今没有办理离职手续。因被上诉人无法取得"解除劳动合同证明"，社保关系也因此没能转出。被上诉人离职后，上诉人确实向被上诉人原工资卡汇入过3 000元。当时被上诉人以为是2012年2月的工资，后被告知是竞业限制补偿金时被上诉人停用了原工资卡，明确表示拒绝。上诉人认为被上诉人应当受竞业限制的约定是上诉人爱才惜才的单方愿望，同时也侵犯了被上诉人的自主择职的权利。竞业限制的约定有两种形式，一种是在劳动合同中，一种是在保密协议中。《员工手册》不是约定竞业限制的形式。竞业限制的前提条件是必须有可保护的商业秘密，如没有需要保护的商业秘密，竞业限制的条款就缺乏设立的依据。被上诉人作为一名舞蹈老师，不具有掌握商业秘密的可能。再者，竞业限制的人员限于用人单位的高级管理人员、高级技术人员。舞蹈老师不属于这个范畴。综上，一审法院的判决完全正确，请求二审法院驳回上诉人的上诉，维持原判。

二审审理期间，双方当事人均未提交新的证据。

经审理，二审法院依据有效证据经审理查明的事实与原审法院认定事实一致。

• **案件争点**

载明有竞业限制条款的《员工手册》是否经左某确认查收、阅读并声明遵守？

• **裁判要旨**

二审法院认为，《中华人民共和国劳动合同法》（2012年修正）第二十三条规定：用人单位与劳动者可以在劳动合同中约定保守用人单位的商业秘密和与知识产权相关的保密事项。对负有保密义务的劳动者，用人单位可以在劳动合同或者保密协议中与劳动者约定竞业限制条款，并约定在解除或者终止劳动合同后,在竞业限制期限内按月给予劳动者经济补偿。劳动者违反竞业限制约定的,应当按照约定向用人单位支付违约金。第二十四条规定:竞业限制的人员限于用人单位的高级管理人员、高级技术人员和其他负有保密义务的人员。竞业限制的范围、地域、期限由用人单位与劳动者约定,竞业限制的约定不得违反法律、法规的规定。本案中,杭州某某公司与左某签订的劳动合同书与保密协议中均无竞业限制条款;左某离职后,杭州某某公司在《员工离职审批表》上填写"自离职之日起启动竞业禁止条款"及之后杭州某某公司以竞业禁止补偿金名义向左某账户汇款,均系杭州某某公司单方行为。且根据左某在杭州某某公司的工作,其也不属于高级管理人员、高级技术人员和其他负有保密义务的人员。且杭州某某公司提交的证据不能充分佐证载明有竞业限制条款的《员工手册》就是左某在确认书中所确认查收、阅读并声明遵守的那份《员工手册》。故法院对杭州某某公司上诉要求左某履行竞业限制的义务并判决支付杭州某某公司违约金 100 000 元人民币的上诉请求不予支持。

样本案例三
孙某某、青岛某某公司竞业限制纠纷案

• **当事人**

原告:孙某某

被告:青岛某某公司

• **基本案情**

2016 年 4 月 12 日原告与被告签订劳动合同,合同期限 3 年。原告 2016 年 4 月 13 日入职被告处担任保险协调员一职。2019 年 7 月 23 日原告自被告处申请离职后至青岛 A 汽车服务有限公司(以下简称 A 公司)工作,被告以原告违反竞业限制为由对原告提起劳动仲裁。青岛市××区劳动人事争议仲裁委员会作出青×劳人仲案字(20××)第××号裁决书,裁决:1. 原告立即停止违反竞业限制行为,并继续履行竞业限制义务至 2021 年 7 月 23 日;2. 驳回申请人的其他仲裁请求。原告认为该裁决书第一项裁决与实施不符且有悖于法律规定,请求法院依法确认原告不承担竞业限制义务。理由如下:1. 青×劳人仲案字(20××)第××号裁决书认定事实错误,该裁决书第十二页第七行至第九行"被申请人入职已知悉被申请人员工手册中有关竞业限制/禁止的条款,且在个

人信息表中承诺离职后两年内受竞业限制的约束",该事实认定与实际严重不符。《员工手册之行为规范及奖惩制度》是2018年7月实施,原告入职时不可能知晓两年后的员工手册条款。原告自始没有接受被告竞业限制的真实意思,被告个人信息表格式条款中对原告实质权利作出限制,未对被告应承担的补偿义务作出说明,且该条款未经与原告平等协商,或对原告提示、解释,该条款应为无效条款,不能以个人信息表推定双方达成竞业限制约定。2. 原、被告之间从未就竞业限制进行过协商和一致意思表示。原、被告的劳动合同和保密协议中均未约定竞业限制内容。被告向原告发出的录用通知书中亦未提及过任何与竞业限制相关的事宜。原告与被告从来没有就竞业限制做出过明确的一致意思表示,原告不知晓被告单方为原告设置了竞业限制,原告也不同意被告单方设置的竞业限制。3.《员工手册之行为规范及奖惩制度》没有经过法定民主程序制定,其中涉及限制劳动者法定劳动权利的内容未经与劳动者协商,不能作为审理劳动争议案件的依据。4. 被告给原告发送的录用通知书中明确原告入职从事的是保险协调员工作,原告既非被告高级管理人员和技术人员,该岗位也不涉及接触到被告的商业秘密,原告不属于《中华人民共和国劳动合同法》(2012年修正)第二十四条规定的承担竞业限制的人员。综上,原、被告之间未对竞业限制做出过约定,个人信息表背面的格式条款和入职两年多后公示的且未经民主制定的规章制度不能推定为原、被告对竞业限制的平等协商和约定。原告因此诉至法院,请求确认原告不受被告竞业限制约束。

被告青岛某某公司辩称,原告的诉讼请求没有事实与法律依据,请求法院依法驳回。

2016年4月12日,原告签署个人信息表,该信息表载明本人承诺履行条款中的第八条为本人承诺,其在青岛某某公司任职期间,非经青岛某某公司事先同意,不在与青岛某某公司生产、经营同类产品或提供同类服务的其他企业、事业单位、社会团体内担任任何职务,包括但不限于股东、合伙人、董事、经理、代理人、顾问等等。原告签署的信息表在受限誓约书期满或誓约书终止,本人离职后,该条款第1项约定为无限制,第2项为继续受限制,原告签署个人信息表中在第2项继续受限制及贰年内本人仍不得在与青岛某某公司生产、经营同类产品或提供同类服务的其他企业、事业单位、社会团体内担任任何职务,包括但不限于股东、合伙人、董事、经理、代理人、顾问等等前面打"√",该条同时约定以上1、2项请在适用项上打"√",如不选择视为默认为第1项。审理过程中,原告对签名与打"√"时间的先后申请司法鉴定,因无法提供必要检查材料,该申请不具备委托鉴定条件,无法对时间先后作出明确鉴定结论。

2017年6月5日，原告孙某某（乙方）与被告青岛某某公司（甲方）签订《员工保密协议》，该协议约定保密内容及范围为：1.甲方的交易秘密，包括各类经营渠道，客户名单，买卖意向，成交或商谈的价格、数量、日期、具体内容等；2.甲方的经营秘密，包括经营方针，投资意向，定价策略，市场分析，广告策略等；3.甲方的管理秘密，包括财务资料、人事资料、工资薪酬资料、各类合同协议、会议纪要、内部文件、管理制度等；4.甲方的技术秘密，包括项目设计、经营产品的各类技术指标及特性等；5.甲方客户的商业秘密；6.乙方在甲方工作期间所创造的与以上内容有关的资料，甲方拥有所有权和处置权，均属本协议规定范围内。保密期限为劳动合同解除两年内。

原告孙某某（乙方）与被告青岛某某公司（甲方）于2016年4月12日签订《劳动合同》，该合同第一条劳动合同期限经双方约定为固定期限，自2016年4月12日至2019年4月12日。合同第二十八条约定甲乙双方可以就出资培训、竞业限制等事项签订专项协议，作为本劳动合同附件。

原告在2018年7月1日实施的青岛某某公司《员工手册之行为规范及奖罚制度》上签名，该《员工手册之行为规范及奖罚制度》第1.5.1条规定员工应严格遵守其个人签订的个人信息表、承诺书、保密协议及公司各种规章制度中全部的竞业禁止/限制条款。针对相关竞业禁止/限制员工，公司在竞业禁止/限制期内按月向员工支付竞业禁止/限制补偿金，月度金额相当于该员工劳动合同终止前12个月平均工资金额的三分之一。员工违反竞业禁止/限制条款，应当赔偿公司损失＝员工所在部门绩效考核方案的年毛利润的50%×禁止/限制年限，还应当承担公司为追究员工相关法律责任所花费的全部费用，包括但不限于律师费、诉讼费、保全费、保函费等。

被告青岛某某公司于2019年8月22日、2019年9月20日、2019年10月21日分别向原告孙某某账户中打入4 752元。原告于2019年10月22日向被告退款9 504元。

另查明，被告青岛某某公司曾向青岛市××区劳动人事争议仲裁委员会（以下简称××区劳动仲裁委）提出仲裁，要求裁决：1.要求被申请人赔偿因违反竞业限制给申请人造成的损失80万元；2.要求被申请人立即停止违反竞业限制的行为，并继续履行竞业限制义务至两年期限届满。届满时间为2021年7月23日。

2019年12月10日，××区劳动仲裁委作出青×劳人仲案字（20××）第××号裁决书，裁决如下：1.被申请人孙某某立即停止违反竞业限制的行为，并继续履行竞业限制义务至2021年7月23日。2.驳回申请人青岛某某公司的其他仲裁请求。后原告不服该裁决，依法向法院提起诉讼。

上述事实，有原、被告提交的证据、青×劳人仲案字（20××）第××号裁决书和庭审笔录在案为凭，上述证据业经当事人质证并经开庭审查，可以采信。

• 案件争点

原告签名确认的《员工手册之行为规范及奖罚制度》，对原、被告之间竞业限制的补偿及违反竞业限制的赔偿责任进行的约定是否合法有效？

• 裁判要旨

法院认为，当事人对自己提出的诉讼请求依据的事实或者反驳对方诉讼请求所依据的事实，应当提供证据加以证明。《中华人民共和国劳动合同法》（2012年修正）第二十三条规定"用人单位与劳动者可以在劳动合同中约定保守用人单位的商业秘密和与知识产权相关的保密事项。对负有保密义务的劳动者，用人单位可以在劳动合同或者保密协议中与劳动者约定竞业限制条款，并约定在解除或者终止劳动合同后，在竞业限制期限内按月给予劳动者经济补偿。劳动者违反竞业限制约定的，应当按照约定向用人单位支付违约金"，依据该规定对负有保密义务的劳动者，用人单位可以在劳动合同或者保密协议中与劳动者约定竞业限制条款。原告入职时签订的个人信息表承诺离职二年后不受竞业限制，原告称其签名之时未选择继续受竞业限制，但未能提交证据予以证明，法院对该意见依法不予采纳。原、被告双方于2017年6月5日签订保密协议，该协议约定保密期限为离职后二年。2018年7月1日原告签名确认的《员工手册之行为规范及奖罚制度》，对原、被告之间竞业限制的补偿及违反竞业限制的赔偿责任进行了约定。综上，法院依法认定原、被告之间存在合法有效的竞业限制约定。故对原告要求撤销青×劳人仲案字（20××）第××号裁决书第一项裁决，确认原告不承担竞业限制义务的诉讼请求二审法院依法不予支持。

三、司法案例类案甄别

（一）事实对比

样本案例一，用人单位与劳动者于2009年9月1日订立书面劳动合同，约定劳动者在用人单位从事销售员工作，合同期限至2012年8月31日，月工资为1 200元。双方在劳动合同第七条其他约定条款中约定"遵守公司保密制度，不泄露公司客户信息"。2009年9月29日,劳动者在用人单位保密制度上签字。该制度第十八条规定,出现下列情况之一者,予以辞退并支付五万元违约金,造成严重后果的追究法律责任:(一)为谋取个人利益,故意或过失泄露公司秘密的;(二)违反本保密制度规定,为他人窃取、刺探、收买或违章提供公司秘密的;(三)利用职权强制他人违反保密规定的。第二十条规定:不管以何种形式离职,三年内不得从事与本公司相关的行业,否则予以追究法律责任。第二十一条规定:追究法律责任包括人民币二十万元违约金和追究直接经济损失。本公司每月支付二百元以上的竞业限制经济补偿费。离职员工可来公司领取或提供银行账户,长时间未领取,公司电话、短信通知后进行挂账处理。劳动者在用人单位工作期间曾参与某地高科生化、某地中原钻采石油等业务。2011年10月24日,劳动者签字领取了2011年9月6 570.02元的工资。2012年2月15日,劳动者因个人原因书面申请离职,后离开单位。用人单位于2002年1月18日经核准注册成立,经营范围为:精细化工产品(不含危险品)的销售、开发、生产;经营本企业自产产品及技术的出口业务(国家统一联合经营的商品除外);经营本企业生产、科研所需的原辅材料、仪器仪表、机械设备、零配件及技术的进口业务(国家实行核定公司经营的进口商品除外);经营本企业的进料加工和"三来一补"业务。2012年4月13日,劳动者与王某某分别出资1.8万元、1.2万元成立德州某公司。公司经营范围为:化工产品(不含危险、监控、食用及易制毒化学品)、仪器仪表销售(国家禁止和限制经营的除外)。

劳动者在用人单位工作期间,双方未订立书面保密协议及竞业限制协议书。用人单位未能提交关于其保密制度经由民主程序制定并公示的证据。劳动者离职后,用人单位未向劳动者实际支付竞业限制补偿金。2012年11月11日至11月13日,用人单位法定代表人曾给劳动者发送短信及拨打电话,谈及竞业限制补偿金挂账事宜。后用人单位以劳动者违反双方订立的保密制度,既泄密又非法竞业为由申请仲裁。

样本案例二,劳动者系舞蹈专业毕业,并从事舞蹈教学工作。2011年7月1日,用人单位(甲方)与劳动者(乙方)签订了书面《劳动合同书》及《保密协议》。双方的劳动合同约定,乙方从事舞蹈老师岗位工作,每月工资4 500元。2012年2月16日,劳动者以个人原因为由向用人单位申请离职,并于同月23日提交了《员工离职审批表》。当日,用人单位综合办在《员工离职审批表》上填写:"自离职之日起启动竞业禁止条款,公司按月支付经济补偿金……"用人单位在总经理意见栏则签署"同意"。《员工离职审批表》左下角员工签字确认处有劳动者的签名。劳动者离职以后,从同年5、6月份起到某舞蹈学校从事舞蹈教学工作。2012年3月1日用人单位通过工商银行向劳动者的账号汇入3 000元，在其保留的转账凭证用途一栏注明"竞业禁止补偿金"，备注一栏注明"2012年3月竞业禁止补偿金"。此后，劳动者注销了该账号。2012年3月30日、5月30日用人单位两次向杭州市某公证处办理了"劳动者2012年4月至6月竞业禁止补偿金"的提存，并在浙江法制报上进行了领取提存物通知公告。2012年5月10日，杭州市××区劳动争议仲裁委员会对用人单位要求对被申请人（劳动者）继续履行竞业限制义务及支付违约金的仲裁请求作出不予受理案件通知书。用人单位不服该通知，于2012年5月15日向法院提起诉讼，请求依法判决劳动者履行竞业限制的义务并判决劳动者支付违约金100 000元。

样本案例三，劳动者与用人单位于2016年4月12日签订《劳动合同》，劳动者入职用人单位处担任保险协调员一职。合同第二十八条约定双方可以就出资培训、竞业限制等事项签订专项协议，作为本劳动合同附件。

劳动者在2018年7月1日实施的该用人单位《员工手册之行为规范及奖罚制度》上签名，该《员工手册之行为规范及奖罚制度》第1.5.1条规定员工应严格遵守其个人签订的个人信息表、承诺书、保密协议及公司各种规章制度中全部的竞业禁止/限制条款。针对相关竞业禁止/限制员工，公司在竞业禁止/限制期内按月向员工支付竞业禁止/限制补偿金，月度金额相当于该员工劳动合同终止前12个月平均工资金额的三分之一。员工违反竞业禁止/限制条款，应当赔偿公司损失＝员工所在部门绩效考核方案的年毛利润的50%×禁止/限制年限，还应当承担公司为追究员工相关法律责任所花费的全部费用，包括但不限于律师费、诉讼费、保全费、保函费等。

2019年7月23日劳动者自用人单位处申请离职后至青岛A汽车服务有限公司工作。用人单位于2019年8月22日、2019年9月20日、2019年10月21日分别向劳动者账户中打入4 752元。劳动者于2019年10月22日向用人单位退款9 504元。用人单位以劳动者违反竞业限制为由对劳动者提起劳动仲裁。

案例一与案例二是用人单位未能充分证实载明有竞业限制条款的《员工手册》是经民主程序制定或者经过劳动者确认查收、阅读并声明遵守的案例；而案例三则是用人单位能够证明载明有竞业限制条款的《员工手册》是经劳动者签名确认的案例。三个案例均在《员工手册》中对用人单位及劳动者之间竞业限制的补偿及违反竞业限制的赔偿责任进行了约定，只要是经过民主程序制定或者经过劳动者确认查收、阅读并声明遵守，该竞业限制条款便合法有效。

（二）适用法律对比

样本案例一，法院认为，依据《中华人民共和国劳动合同法》（2012年修正）第二十三条的规定，用人单位可以在劳动合同或者保密协议中与劳动者约定竞业限制条款。烟台某某公司的《保密制度》虽对竞业限制作出了规定，但《保密制度》是用人单位单方制定的规章制度，并非劳动合同或保密协议。且烟台某某公司也未能充分证实《保密制度》是经民主程序制定。烟台某某公司依据《保密制度》请求孟某某承担违反竞业限制违约责任，于法无据，法院不予支持。

根据《中华人民共和国民事诉讼法》（2012年修正，已修改）等相关法律规定，当事人对自己提出的诉讼请求所依据的事实或者反驳对方诉讼请求所依据的事实有责任提供证据加以证明，没有证据或者证据不足以证明当事人的事实主张的，由负有举证责任的当事人承担不利后果。关于烟台某某公司要求孟某某赔偿因为其拒绝交接工作导致经济损失62 500元的主张，烟台某某公司没有提交充分证据予以证实，原审法院不予支持，并无不当。关于烟台某某公司欠付孟某某2012年1月和2月工资的问题，烟台某某公司应承担上述期间孟某某出勤、工资核算等举证责任，但烟台某某公司提供的考勤记录未有孟某某签字认可，应承担举证不能的法律后果，故烟台某某公司主张仅欠付孟某某工资278.90元证据不足，原审法院认定烟台某某公司应支付孟某某2012年1月和2月工资合计1 800元并无不当。

样本案例二，法院认为，《中华人民共和国劳动合同法》（2012年修正）第二十三条规定，用人单位与劳动者可以在劳动合同中约定保守用人单位的商业秘密和与知识产权相关的保密事项。对负有保密义务的劳动者，用人单位可以在劳动合同中或者保密协议中与劳动者约定竞业限制条款，并约定在解除或者终止劳动合同后，在竞业限制期限内按月给予劳动者经济补偿。劳动者违反竞业限制约定的，应当按照约定向用人单位支付违约金。第二十四条规定，竞业限制的人员限于用人单位的高级管理人员、高级技术人员和其他负有保密义务的人员。竞业限制的范围、地域、期限由用人单位与劳动者约定，竞业限制的约定不得违反法律、法规的规定。本案中，杭州某某公司与左某签订的劳动合同书与保密协议中均无竞业限制条款；左某离职后，杭州某某公司在《员工离职审批表》上填写"自离职之日起启动竞业禁止条款"及之后杭州某某公司以竞业禁止补偿金名义向左某账户汇款，均系杭州某某公司单方行为。且根据左某在杭州某某公司的工作，其不属于高级管理人员、高级技术人员和其他负有保密义务的人员。且杭州某某公司提交的证据不能充分佐证载明有竞业限制条款的《员工手册》就是左某在确认书中所确认查收、阅读并声明遵守的那份《员工手册》。故法院对杭州某某公司上诉要求左某履行竞业限制的义务并判决支付杭州某某公司违约金 100 000 元人民币的上诉请求不予支持。

样本案例三，法院认为，当事人对自己提出的诉讼请求依据的事实或者反驳对方诉讼请求所依据的事实，应当提供证据加以证明。《中华人民共和国劳动合同法》（2012 年修正）第二十三条规定"用人单位与劳动者可以在劳动合同中约定保守用人单位的商业秘密和与知识产权的保密事项。对负有保密义务的劳动者，用人单位可以在劳动合同或者保密协议中与劳动者约定竞业限制条款，并约定在解除或者终止劳动合同后，在竞业限制期限内按月给予劳动者经济补偿。劳动者违反竞业限制约定的，应当按照约定向用人单位支付违约金"，依据该规定对负有保密义务的劳动者，用人单位可以在劳动合同或者保密协议中与劳动者约定竞业限制条款。原告入职时签订的个人信息表承诺离职二年后不受竞业限制，原告称其签名之时未选择继续受竞业限制，但未能提交证据予以证明，法院对该意见依法不予采纳。原、被告双方于 2017 年 6 月 5 日签订保密协议，该协议约定保密期限为离职后二年。2018 年 7 月 1 日原告签名确认的《员工手册之行为规范及奖罚制度》，对原、被告之间竞业限制的补偿及违反竞业限制的赔偿责任进行了约定。综上，法院依法认定原、被告之间存在合法有效的竞业限制约定。故对原告要求撤销裁决书第一项裁决，确认原告不承担竞业限制义务的诉讼请求法院依法不予支持。

（三）类案大数据报告

截至 2022 年 12 月 31 日，以"竞业限制""员工手册"为关键词，通过公开数据库检索到类案 213 件，经逐案阅看、分析，与本规则关联度较高的案件共有 86 件，因其中存在同一案件的一审、二审、再审裁判，严格意义上应将其认定为一件案件（还有套案等因素，实质上争议的焦点问题是相同的），故剔除前述情形后，实际共有 60 件案件。整体情况如下：

从类案地域分布看，涉案数最多的地域是上海市，共 16 件；其次是浙江省，共 11 件；再次是北京市，共 9 件。

从类案结案时间看，结案最多的年份是 2021 年，共有 16 件；其次为 2017 年，共有 15 件；再次为 2019 年，共有 7 件。

从案件经历的审理程序看，只经过一审程序的共计 16 件，经过一审、二审两审程序的共计 41 件，经过一审、二审及再审程序的共计 3 件。

四、类案裁判规则的解析确立

约定竞业限制,用人单位与劳动者应该在劳动合同或者保密协议中对劳动者竞业限制的范围和期限做出明确规定,而不是在单方面制定的《员工手册》中予以体现,即在《员工手册》中确定竞业限制条款并不具有当然的有效性。但竞业限制的立法模式是法定竞业限制和约定竞业限制相结合,体现了立法在竞业限制方面对于合同自由原则的肯定,故对于民事合同的内容,只要双方予以肯定并接受且内容不违反法律法规的强制性规定,实践中都应该被允许。企业的《员工手册》只要经过劳动者肯定,可以约定竞业限制条款,但是在实践中存在一定的效力风险。

员工手册作为用人单位涉及劳动者切身利益的规章制度,其对劳动者的拘束力应以企业告知员工为前提。对此企业可以要求劳动者以亲笔签收的方式,以示其真正领取或阅读过该《员工手册》。因《员工手册》文字过多,员工可能日后主张未仔细阅读《员工手册》而不知悉保密义务,企业最好在《劳动合同》《保密协议》或者《竞业限制协议》中对劳动者的保密义务和竞业限制的范围和期限做出明确约定。

五、关联法律法规

《中华人民共和国劳动合同法》(2012年修正)

第二十三条 用人单位与劳动者可以在劳动合同中约定保守用人单位的商业秘密和与知识产权相关的保密事项。对负有保密义务的劳动者,用人单位可以在劳动合同或者保密协议中与劳动者约定竞业限制条款,并约定在解除或者终止劳动合同后,在竞业限制期限内按月给予劳动者经济补偿。劳动者违反竞业限制约定的,应当按照约定向用人单位支付违约金。

第四条第四款 用人单位应当将直接涉及劳动者切身利益的规章制度和重大事项决定公示,或者告知劳动者。

竞业限制案件裁判规则

第 14 条

竞业限制协议中附生效或者解除条件的,该约定有效

一、聚焦司法案件裁判观点

■ 争议焦点

竞业限制协议中附生效或者解除条件的,该约定是否有效?

■ 裁判观点

竞业限制协议中有关生效、解除条件的条款是双方自愿签订,并未违反任何强制性规定,亦未损害劳动者的任何合法利益的,应属有效。

二、司法案例样本对比

样本案例一
上海某某公司诉刘某竞业限制纠纷一案

• **当事人**

上诉人(原审原告):上海某某公司
被上诉人(原审被告):刘某

• **基本案情**

上海某某公司与刘某签订保守商业秘密及竞业禁止协议,约定刘某竞业限制期限为离职后三年,上海某某公司给予四个月上年度月均工资的经济补偿,该补偿于离职后每五个月发放一次,分两次发放,违约金为刘某年薪的五倍等内容。2007年12月12日,双方另签《保守商业秘密及竞业禁止协议》,约定竞业限制期限为离职后两年,上海某某公司给予一定的经济补偿,该补偿按月发放，违约金为人民币（以下币种相同）50 000元等。2011年9月16日，双方再签《保守商业秘密以及竞业限制协议书》，约定竞业限制期限为离职后两年，"作为乙方（刘某）竞业限制的经济补偿，以一次性竞业限制补偿金的方式，甲方（上海某某公司）决定一次性竞业限制补偿金的给出以及金额，乙方离开公司前（无论乙方因何种原因离职），以甲方的一次性竞业限制补偿金给出视为竞业限制生效""乙方违反竞业限制之赔付标准，甲方按照一次性经济补偿金之五倍追溯"等。双方所签最后一份劳动合同期限为2011年1月1日至2015年12月31日。刘某最后工作至2014年4月30日，于2014年5月7日向上海某某公司邮寄辞职书。上海某某公司未支付过刘某竞业限制经济补偿。2014年9月10日，刘某以上海某某公司未支付竞业限制经济补偿为由，向上海市××区劳动人事争议仲裁委员会申请仲裁，要求解除与上海某某公司的竞业限制约定。该仲裁委员会查明双方于2011年9月16日签有保守商业秘密以及竞业限制协议书后，以上海某某公司超过三个月未支付经济补偿为由，支持了刘某要求解除竞业限制约定的请求。上海某某公司不服该裁决，向原审法院提起本案诉讼，请求判令刘某继续履行2011年9月双方所签保守商业秘密以及竞业限制协议书中关于竞业限制的约定。刘某请求驳回上海某某公司的诉讼请求。

原审法院另查明，××市某某公司于2014年5月6日预先核准了企业名称，于2014年9月29日注册成立，经营范围为针刺毡、汽车用顶篷毡、汽车用消声器的生产销售。刘某系该公司的三位投资人之一。上海某某公司经营范围为生产加工新型建筑材料（高效保温材料），销售自产产品，提供售后服务；实际从事排气管、引擎盖、引擎室、后车厢、置物箱及底盘油箱等汽机车零部件之隔热吸音材料、冲压件设计及生产等。

原审法院认为，对负有保密义务的劳动者，用人单位可以在劳动合同或者保密协议中与劳动者约定竞业限制条款，并约定在解除或者终止劳动合同后，在竞业限制期限内按月给予劳动者经济补偿。劳动者违反竞业限制约定的，应当按照约定向用人单位支付违约金。本案中，就刘某竞业限制的期限、经济补偿的数额及支付周期、违约金的数额等事项，双方前后签订过三份相关的协议，在无相反证据佐证的情况下，应当认定后一份协议是对前一份协议的替代和变更。刘某离职后是否负有竞业限制义务，应以双方所签2011年9月16日保守商业秘密以及竞业限制协议书来确定。根据该协议书的内容，双方竞业限制约定的生效以一次性竞业限制经济补偿的给出为条件，现上海某某公司未支付过刘某竞业限制经济补偿，故双方关于竞业限制的约定因生效条件未成就而尚未生效，刘某并不因此而负有竞业限制义务，上海某某公司也不因此而享有要求刘某履行竞业限制约定的权利。现上海某某公司要求刘某履行2011年9月双方所签保守商业秘密以及竞业限制协议书中关于竞业限制的约定于法无据，原审法院不予支持。

原审法院审理后，于2015年4月27日依据《中华人民共和国劳动合同法》（2012年修正）第二十三条之规定，作出判决：驳回上海某某公司的诉讼请求。一审案件受理费10元，免予收取。

原审法院判决后，上海某某公司不服，提起上诉称：2011年9月16日签订的协议中虽约定以补偿金给出视为竞业限制生效的约定，该约定本意指被上诉人被单位解雇或合同到期终止不再续签等情形。后被上诉人单方解除劳动合同，并提起劳动仲裁，但上诉人不认同被上诉人解除劳动合同的理由，故上诉人未按照协议支付竞业限制补偿金。鉴于双方尚有劳动争议未解决，被上诉人亦未提出要求支付或协商竞业限制的补偿金，上诉人因此未支付竞业限制补偿金并不承担法律责任。上诉人与被上诉人之间签订的三份竞业限制协议并非替代或变更关系，而是相互补充，即便最后一份协议中表述存在瑕疵，也不影响其他竞业限制协议的履行。据此请求二审撤销原审判决，改判支持上诉人原审的诉讼请求。

被上诉人刘某辩称：上诉人未支付竞业限制经济补偿金，故竞业限制约定的生效条件未成就。原审判决正确，要求维持原判。

经二审法院审理查明，原审法院认定事实无误，二审法院予以确认。

• 案件争点

竞业限制协议中附生效条件的，该约定是否有效？

• 裁判要旨

原审法院认为，用人单位可以与负有保密义务的劳动者签订竞业限制协议。上诉人与被上诉人于2006年12月27日、2007年12月12日、2011年9月16日分别签订三份竞业限制协议，该三份竞业限制协议就竞业限制期限、经济补偿金金额、支付方式及违约责任等重要条文约定均不相同，应视为后一份协议是对前一份协议的替代和变更。双方于2011年9月16日签订的竞业限制协议约定以上诉人给出一次性竞业限制经济补偿为竞业限制生效的条件。现被上诉人实际工作至2014年4月30日，并于2014年5月7日向上诉人书面提出辞职，而上诉人未支付竞业限制经济补偿金，因此双方关于竞业限制的约定并未生效，上诉人要求被上诉人履行竞业限制协议中的竞业限制约定，缺乏事实和法律依据，法院不予采信。原审法院判决正确，二审法院予以维持。上诉人的上诉请求，二审法院不予支持。

样本案例二
太仓某某公司、周某某竞业限制纠纷案

- **当事人**

  原告：太仓某某公司

  被告：周某某

- **基本案情**

法院查明：原告成立于2003年10月20日。2017年1月19日，原告名称变更为太仓某某公司，经营范围增加"金属加工液、研磨液、润滑油、润滑脂、脱模剂、淬火油、发动机油、制动液、汽车养护品的研发及销售，并提供相关的技术咨询、技术服务（上述产品不含危险品）；润滑油、基础油（不含危险品）的销售"等。2018年8月3日，原告经营范围再次增加"切削液、清洗剂、脱模剂、纺丝油剂、淬火液（油）的生产"。

被告周某某于2015年4月1日入职名称变更前的公司，该公司位于江苏省××市，投资人为深圳某某公司。被告入职时与名称变更前的公司签订了期限自2015年4月1日起至2018年3月30日止的《劳动合同书》，约定被告在该公司从事技术员工作。当日，双方还签订了《保密协议书》一份，约定保密的内容和范围、具体的保密要求以及违约责任等。其中，第2.5条约定"乙方（周某某）在与甲方（名称变更前公司）解除聘用合同后的两年内不得生产、经营同类产品或在有竞争关系的其他企业任职"，第4条约定"甲方对乙方在聘用合同期限内所取得的成果支付了工资，工资中'岗位及平日加班津贴'部分含保密费，其保密费（主管级以下员工50元/月，主管级员工300元/月，经理级及以上员工500元/月）作为甲方对乙方支付的月份固定保密费……年终奖励也包括了保密费"，第5条约定"在任何情形下，双方劳动合同到期终止或因其他原因提前解除的，乙方均须严格履行本协议中2.5条竞业限制条款的内容。甲方在乙方履行竞业限制义务的两年内，每月向乙方支付补偿金100元"。上述《劳动合同书》到期后，双方又续签了期限为2018年4月1日至2020年4月1日的《劳动合同书》。

法院又查：2018年3月16日，深圳某某公司发布关于对名称变更前的公司及原告进行内部重组的公告，表明经股东会讨论决定，原告吸收合并该公司。同日，原告与名称变更前公司共同向客户发函，表明"从即日起名称变更前公

司所有业务由原告承接"。同年 6 月 11 日,原告与名称变更前公司共同向员工发布了关于某某公司劳动关系迁移太仓某某公司的公告。

2018 年 11 月 23 日,名称变更前公司及原告共同发布《关于技术部周某某人事任命》,决定自 2018 年 11 月 1 日起任命被告为技术部技术支持课长,并明确其主要负责"协助部门经理做好技术支持及管理工作;组织技术支持团队做好客户现场的技术交流及客诉处理工作;做好客户现场样品与竞争对手样品进行系统的数据分析及收集工作;完善客户技术档案工作;领导安排的其他事项"等。

2020 年 3 月 18 日,原告与被告签订了期限自 2020 年 4 月 1 日起至 2023 年 3 月 31 日止的《劳动合同书》。该合同约定被告从事技术支持课长工作。

2021 年 9 月 16 日,被告以个人原因向原告提出辞职。辞职前,被告担任原告技术部技术支持副理一职。被告填写的《离职申请表》系原告提供的格式表格,备注栏中有"在任何情形下,双方须严格遵守《保密协议书》内容,如双方劳动合同到期终止或因其他原因提前解除的,乙方须严格履行双方解除聘用合同后两年内不得生产、经营同类产品或在有竞争关系的其他企业任职"的内容。同年 9 月 27 日,被告在原告处最后一天提供正常劳动。当日,原告完成被告的离职审批,并确认被告的离职日期为同年 10 月 28 日。此后,原告安排被告休年假及调休。

2021 年 10 月 15 日,被告参加南京某某公司的部门团建活动,并于次日将活动照片发布于社交媒体平台。该公司的经营范围包括"淬火介质、防锈剂、清洗剂、发黑剂、表面处理剂,切削、磨削、金属成型加工介质、工业用油脂、润滑剂及添加剂原料、与工业介质相关的成套设备及仪器的研发、生产、销售及技术检测、咨询服务"等。

2021 年 10 月 21 日,被告向原告处人事胡某催要《离职证明》以用于新公司入职。胡某向被告询问收件地址,被告告知的上班地址与南京某某公司的住所地一致。

2021 年 11 月初,被告向胡某催要《离职证明》未果后于 11 月 8 日回原告处取《离职证明》原件。当日,原告向被告交付了《离职证明》,载明"周某某……自 2015 年 4 月 1 日入职我公司担任技术部技术支持副理一职,双方于 2021 年 10 月 28 日正式解除劳动关系……特殊提示:员工在离职后、仍需履行保密义务,未经我司书面允许,不得向任何单位和个人透露我司商业机密和其他经营秘密",被告在该提示下写明"本人承诺履行《保密协议书》之义务"。当日,原告作为甲方、被告作为乙方,双方还签订《保密协议书》一份。该协议约定了保密内容和范围、具体保密要求以及违约责任等。其中,第 2.5 条约定"乙方在与甲方解除聘用合同后的两年内不得生产、经营同类产品或在有竞争关系的其他企业任职",第 4 条约定"甲方对乙方在聘用合同期限内所取得的成果支付了工资,工资中'岗位及平时加班津贴'部分含保密费,其保密费(主管级以下员工 50 元/月,主管级员工 300 元/月,经理级及以上员工 500 元/月)作为甲方对乙方支付的月份固定保密费……年终奖励也包括了保密费",第 5 条约定"在任何情形下,双方劳动合同到期终止或因其他原因提前解除的,乙方均须严格履行本协议中第 2.5 条竞业限制条款的内容。甲方在乙方履行竞业限制义务的两年内,每月向乙方支付补偿金 100 元",第 6.2 条约定"本条所属竞争限制之区域,包括中国大陆及港、澳、台地区及其他乙方或其关联企业营业所在地或国家,竞业限制的企业名称由乙方根据业务状况确定,包括但不限于与润滑液、切削液生产相关联企业";第 6.3 条约定"就乙方从甲方离职的二年内(以离职证明的时间起算)履行上述竞业限制义务,甲方同意按照乙方在劳动合同解除或终止前 12 个月平均工资的三分之一或按双方劳动合同约定的薪资关系所在地法律规定的最低月工资标准(取两者中最高者)按月向乙方支付经济补偿。乙方离职时甲方视情形判断乙方是否需要履行竞业限制义务及竞业限制期限并书面通知乙方。如甲方根据当时情形认为乙方离职后不必履行竞业限制义务,则甲方不必支付经济补偿,竞业限制条款终止",第 7.1 条约定"经双方协商,达成协议:劳动合同存续期间,任何一方违约另一方均有权无条件解除本合约,并有权要求对方赔偿违约保密费金额的五倍违约罚款",第 7.2 条约定"乙方违反协议,除须承担刑事上的责任,造成甲方经济损失,同时应承担民事上的赔偿责任。最少应赔偿 50 000 元以上,最高赔偿金额 1 000 000元,并需退还所有工作期间的保密费用,并按甲方有关制度处理,甲方如因此上禀法院,乙方自动放弃相关权利"。该份《保密协议书》的甲方落款处加盖了原告的人事行政专用章,未注明盖章日期;乙方落款处有被告的签名,但加注的落款时间为"2015 年 4 月 1 日"。

之后,原告以被告就职南京某某公司违反《保密协议书》约定为由提起劳动仲裁申请,要求被告立即停止违反竞业限制约定的行为,继续履行竞业限制义务直至两年竞业限制期限届满,并要求被告返还 2021 年 10 月工资 12 101 元、保密费用 85 958 元及支付违约金 429 790 元、赔偿 1 000 000 元。立案时,原告将于 11 月 8 日签订的《保密协议书》作为证据一并提交仲裁部门。2021 年 12月 16 日,××市劳动人事争议仲裁委员会向原告发出受理通知书。

2021 年 12 月 22 日,原告补发被告 2021 年 10 月工资 6 557.90 元。根据原告制作的工资单显示,被告 2021 年 10 月应发工资 10 051 元(含保密工资 2 661元)、实发工资 9 218.90 元,即扣除保密工资后实发 6 557.90 元。2021 年 12

月 29 日，被告在收到仲裁材料后致电胡某，质问对方 11 月 8 日让其补签的《保密协议书》为何加盖的不是名称变更前公司的印章而是被告的印章，为何落款时间不是 2021 年 11 月 8 日而是 2015 年 4 月 1 日。对方未作明确答复。2022 年 2 月 17 日，××市劳动人事争议仲裁委员会作出仲裁裁决书，对原告的上述请求未予支持。原告不服仲裁裁决诉至法院。

原告太仓某某公司向法院提出诉讼请求：1. 判令被告周某某立即停止违反竞业限制约定的行为，继续履行竞业限制义务，直至两年竞业限制期限届满；2. 判令被告向原告返还保密费用 85 958 元并支付违约金 1 429 790 元。事实和理由：被告周某某于 2015 年 4 月 1 日入职原告处，从事技术工作，原告将其从技术员一路培养到技术部课长、副经理。双方签订了《劳动合同书》和《保密协议书》，最后一期劳动合同期限为 2020 年 4 月 1 日到 2023 年 3 月 31 日。《保密协议书》对周某某在职期间及其离职之后两年内的竞业限制义务和违约责任进行了约定。原告每月还额外支付了保密费。被告于 2021 年 9 月 16 日提出离职申请，离职日为 2021 年 10 月 28 日。但原告发现，被告在其还未离职时，就去竞争对手南京某某公司就职。被告的上述行为严重违反了法律规定和《保密协议书》的约定，应承担相应责任，原告依法提起诉讼，恳请判如所请。

被告周某某辩称：1. 被告实际系售后维修技术支持人员，不在法律规定需要签订保密协议以及竞业限制协议的人员范围内；原告提供的《保密协议书》中针对竞业限制的第 6.3 条系附生效条件的法律行为，原告既没有书面通知被告需要履行竞业限制义务，也没有支付被告竞业限制的经济补偿，被告有理由相信原告以实际行动表明其不需要被告履行竞业限制义务；2. 被告的工资中不存在保密费，被告也没有泄露原告的机密，原告提供的《保密协议书》是在被告离职后于 2021 年 11 月 8 日签订的，原告事先并未支付被告明确的保密费，原告要求被告返还保密费并支付违约金没有事实依据；3. 原告提供的《保密协议书》系原告提供的格式合同，违反了《民法典》第 496 条、第 497 条的规定，系无效协议；该协议条款之间相互冲突，且未遵循公平原则确定当事人之间的权利义务，更没有履行提示或者说明的义务；4.《保密协议书》第 6.2 条约定竞业限制的企业名称由乙方根据业务状况确定，也就是说原告赋予了被告选择竞业限制企业的权利，被告有权自行确定。综上，原告的各项诉讼请求没有事实依据，请求法院依法驳回原告的诉讼请求。

关于已发放保密费的情况，原告主张其通过网络向被告送达电子工资单，被告知晓工资结构，并提供了自制的工资明细及银行的工资管理平台截图。截图显示被告 2020 年 10 月至 2021 年 9 月每月应发工资分别为 9 490 元、12 129 元、11 405 元、10 749 元、10 315 元、10 948 元、11 483 元、11 123 元、

12 264元、12 975元、14 124元、12 101元,并显示被告每月工资中包含的保密工资分别为:2015年4月至2016年7月为611元/月、2016年8月至2018年10月为761元/月、2018年11月至2019年1月为961元/月、2019年2月至同年9月为1 361元/月、2019年10月至2021年7月为1 661元/月、2021年8月至2021年9月为2 661元/月。

原告主张曾发函给南京某某公司及被告,告知被告违反保密和竞业限制义务,要追究其法律责任,并提供了联络函和物流信息查询。联络函的内容为原告于2021年11月24日发函告知南京某某公司人事部门负责人关于被告的相关事宜,包括被告在入职时签订竞业限制保密协议的情况,并告知将追究其法律责任;物流信息显示尾号为××××的从苏州市发往南京市的快递于2021年11月26日由收发室签收。被告否认收到上述快递,也不清楚公司是否收到。

关于入职南京某某公司的情况,被告自认从原告处离职后入职该公司,并于2021年12月30日离职,仲裁裁决后再次于2022年2月23日入职该公司。

上述事实,有原告提供的《劳动合同书》《离职申请表》《保密协议书》、社交软件截图、社交软件聊天记录、百度地址截屏、快递单物流信息、工商登记信息及网站业务介绍、工资单、送达回执及物流信息、仲裁申请书、仲裁裁决书、离职证明、劳动关系迁移公告、联络函、内部重组公告、联络函及物流信息查询、考勤表、电子工资单、培训签到表、人事任命书,被告提供的通话录音、工商登记信息、申请人证据目录、个税明细查询截屏以及法院制作的开庭笔录等在卷佐证。

• **案件争点**

1. 原告提供的《保密协议书》中针对竞业限制的第6.3条是否系附生效条件的法律行为?
2. 该条款是否有效?

• **裁判要旨**

法院认为,竞业限制是指用人单位为保护商业秘密,与特定的劳动者约定在劳动关系终结后的一定期限内,劳动者不得自营或为他人经营与本单位业务存在竞争关系的业务,且不得在生产同类且有竞争关系的产品的其他用人单位任职。《中华人民共和国劳动合同法》(2012年修正)第二十三条第二款规定,对负有保密义务的劳动者,用人单位可以在劳动合同或者保密协议中与劳动者约定竞业限制条款,并约定在解除或者终止劳动合同后,在竞业限制期限内按月给予劳动者经济补偿。劳动者违反竞业限制约定的，应当按照约定向用人单位支付违约金。

本案中，名称变更前公司和原告太仓某某公司分别于 2015 年 4 月 1 日、2021 年 11 月 8 日与被告签订了《保密协议书》各一份。两公司系关联企业，并共同发布内部重组的公告，明确原告吸收合并名称变更前公司，同时将相关劳动关系迁移至原告处。根据《中华人民共和国劳动合同法》（2012 年修正）第三十四条关于"用人单位发生合并或者分立等情况，原劳动合同继续有效，劳动合同由承继其权利和义务的用人单位继续履行"的规定，2015 年 4 月 1 日的《保密协议书》所涉甲方的权利和义务由原告继续履行。前后两份《保密协议书》均约定了竞业限制条款，且后者对于竞业限制的区域、竞业限制补偿金的约定更为具体，可视为双方对原有约定的补充。

分析原、被告在《保密协议书》中就竞业限制条款的约定，可以认定以下内容。（1）被告入职原告关联公司时从事技术员工作，而后被提拔为技术支持课长，其离职时已担任技术支持副理一职，相对应每月的保密工资部分也逐步提高。从被告担任技术支持课长时的职责也可以看出，其需要协助做好技术支持及管理工作，分析、收集客户现场样品与竞争对手样品的数据，可以认定被告属于对原告负有保密义务的劳动者，原告可以在《保密协议书》中与被告约定竞业限制条款；（2）从查明的事实可知，该份《保密协议书》系双方在被告已离职的情况下补签，原告要求被告补签该协议书时已然知道被告入职南京某某公司的事实，但其起草的第 6.3 条仍作了乙方离职时（以离职证明的时间起算）甲方视情形判断乙方是否需要履行竞业限制义务及竞业限制期限并书面通知乙方的约定，原告给被告出具《离职证明》时并未要求其履行竞业限制义务，而仅要求被告履行保密义务的特殊提示，两者对于限制行为的内容并不相同，被告在该提示下"履行《保密协议书》之义务"的承诺亦应理解为履行保密义务的承诺；（3）该份《保密协议书》第 6.3 条还约定了竞业限制经济补偿的标准，且"如甲方根据当时情形认为乙方离职后不必履行竞业限制义务，则甲方不必支付经济补偿，竞业限制条款终止"，原告向被告出具《离职证明》时，既未明确告知要求对方履行竞业限制义务，此后亦未按月支付被告经济补偿，被告有理由相信原告以行为表明无须其履行竞业限制义务；而原告发出的《联络函》也无明确要求被告履行竞业限制义务的意思表示，其虽提起仲裁，但因竞业限制是对劳动者离职后劳动自由权的限制，故原告的上述行为并不构成对《保密协议书》中书面通知义务的执行或有效补救。

综上，法院认定被告无须履行竞业限制义务，原告要求被告从南京某某公司离职并继续履行竞业限制义务至两年期满的诉讼请求，于法无据，法院不予支持。原告以被告违反竞业限制为由要求被告返还已付保密工资并支付违约金的诉讼请求，缺乏相应的事实依据，法院亦不予支持。

样本案例三
廖某某、南宁某某公司竞业限制纠纷案

• 当事人

上诉人（原审原告）：廖某某
被上诉人（原审被告）：某集团股份有限公司
被上诉人（原审被告）：南宁某某公司

• 基本案情

一审法院审理查明：南宁某某公司系某集团公司依法经工商登记成立的分公司。2001年11月22日，廖某某到南宁某某公司从事供应部仓库副主任工作。2013年2月16日，南宁某某公司（甲方）与廖某某（乙方）签订了《竞业限制协议》，第二条约定，甲方对乙方遵守竞业限制义务的补偿：（一）从双方劳动合同关系解除或终止后第二天起两年内甲方按月给予乙方经济补偿。（二）补偿标准：按乙方离职时甲方所在地政府确定最低工资标准的二倍……第三条约定，违约责任：……（二）甲方违约责任：如甲方逾期两个月未支付经济补偿的，本协议自动终止。

2014年8月20日，南宁市××区人力资源和社会保障局作出《关于南宁某某公司关停员工安置补偿方案的函》，载明经核算同意支付南宁某某公司竞业限制经济补偿10 713 600元，其中廖某某的竞业限制经济补偿数额为57 600元。南宁某某公司已经收到上述核拨的款项。2014年8月20日，南宁市××区房屋征收补偿和征地拆迁办公室（甲方）与某集团公司（乙方）签订《南宁某某公司停产搬迁涉及职工安置补偿协议书》，其中第五条约定：乙方根据职工安置补偿政策和方案按实际足额发放安置补偿费后，如按协议约定的补偿费用尚有结余的，乙方必须将结余资金无条件退回甲方。

2014年9月9日，南宁某某公司作出《关于与廖某某同志解除劳动关系的决定》，决定自2014年9月9日起与廖某某解除劳动关系。当天，廖某某与南宁某某公司签订《协商解除劳动合同的协议》，约定双方劳动关系自2014年9月9日起解除。后南宁某某公司按2 400元/月向廖某某支付了2014年9月

10日至2014年12月9日的竞业限制经济补偿金，2015年6月又支付了2014年12月10日至2015年4月10日的竞业限制经济补偿金共计9 600元。此后再未支付。

2016年12月30日，廖某某向南宁市劳动人事争议仲裁委员会申诉，请求裁令：南宁某某公司支付2014年9月9日至2016年9月9日的竞业限制经济补偿40 800元；某集团公司负补充支付责任。2017年4月11日，该仲裁委员会作出仲裁裁决书，裁决如下：对申请人廖某某的仲裁请求，不予支持。廖某某不服，诉至一审法院。廖某某向一审法院起诉请求：判令南宁某某公司支付廖某某2014年9月9日至2016年9月9日竞业限制经济补偿40 800元，某集团公司承担补充支付责任。

在一审庭审中，廖某某主张《竞业限制协议》第三条中关于两个月终止的条款因免除了用人单位的责任，加重了劳动者的责任而无效。

一审法院审理认为，廖某某与南宁某某公司签订的《竞业限制协议》系双方真实意思表示，南宁某某公司收到政府核拨的竞业限制经济补偿的行为对《竞业限制协议》并未产生任何变更，双方均应遵守协议的约定。按照《竞业限制协议》的约定，廖某某义务为从双方劳动合同解除后第二天起两年内遵守竞业限制义务，相应的南宁某某公司的义务为从双方劳动合同解除后第二天起两年内按月给予经济补偿。可见，两者的义务是对等的。此外《竞业限制协议》还明确约定了"甲方逾期两个月未支付经济补偿的，本协议自动终止"，其中"协议自动终止"应当理解为廖某某无须再履行竞业限制义务，南宁某某公司无须再支付竞业限制经济补偿，该条款约定的双方义务亦是对等的，并未侵犯劳动者的合法权利。竞业限制协议的目的是保护用人单位自身商业秘密等重要信息，是否选择与劳动者签订竞业限制协议是用人单位的权利，劳动者仅有对其遵守竞业限制等义务而遭受经济损失请求补偿的权利。因此，本案《竞业限制协议》约定的终止条款，并不存在免除用人单位法定责任、排除劳动者权利的情形，是合法有效的。廖某某主张上述条款无效，不予采纳。

2014年9月9日南宁某某公司与廖某某的劳动关系解除，廖某某的竞业限制期间为2014年9月10日至2016年9月9日，但在解除后第四个月起的两个月内即2015年1月10日起至2015年3月9日，南宁某某公司未向廖某某支付竞业限制经济补偿金，属于逾期两个月未支付经济补偿的情形，根据约定，《竞业限制协议》于2015年3月10日自动终止，廖某某无须再履行竞业限制义务，南宁某某公司亦无须再支付竞业限制经济补偿。对廖某某请求的2015年3月9日后的竞业限制经济补偿金，不予支持。廖某某请求的2014年9月10日至2015年3月9日期间的竞业限制经济补偿金，南宁某某公司已经支付，不予支持。故对廖某某的诉讼请求，应予以驳回。

廖某某对一审判决不服提起上诉，请求：撤销一审判决，改判支持上诉人的一审诉讼请求。事实和理由如下：

一、某集团股份有限公司对人力资源实行统一管理。上诉人进入某集团公司后，不论与集团公司、分公司、子公司、关联公司签订劳动合同的顺序如何，必须接受集团公司的人身管理和调配，然后才与实际工作地点的公司（分公司）签订劳动合同。上诉人所有的调动均没有办理过解除或终止劳动合同的手续。上诉人与南宁某某公司、某集团公司之间符合《中华人民共和国劳动法》（2012年修正）第三十九条第（四）项、《最高人民法院关于审理劳动争议案件适用法律若干问题的解释（三）》（法释〔2010〕12号，2010年9月14日起施行，已废止）第八条、《关于贯彻执行〈中华人民共和国劳动法〉若干问题的意见》第十四条规定的多重劳动关系的特征。二、上诉人的社会保险费均由南宁某某公司缴纳，南宁市××区人民政府将上诉人列入拆迁安置人员名单，证明上诉人与南宁某某公司的劳动关系没有解除或终止。上诉人是基于拆迁安置主张权利，与最后签订劳动合同的公司没有任何关系。2014年8月的拆迁补偿裁员有政府、工会以及上诉人、南宁某某公司、某集团公司的四方参与，约定竞业限制经济补偿以2014年8月20日南宁市最低工资标准的2倍计算2年期限，一次性支付至南宁某某公司、某集团公司账户，再由南宁某某公司、某集团公司支付给上诉人，并不是以上诉人离职时的最低工资标准计算，说明南宁某某公司、某集团公司与上诉人明确竞业限制协议履行期限为2年，不解除不终止。虽然南宁某某公司、某集团公司与拆迁方有"结余资金无条件退回"的约定，但明确是在"根据补偿政策和方案实际足额发放后尚有结余"的前提条件，可以确定上诉人应全额领取安置补偿和竞业限制经济补偿金。上诉人从未收到南宁某某公司、某集团公司将结余资金退回拆迁方，上诉人无须履行《竞业限制协议》的通知。南宁某某公司、某集团公司归结于资金退回拆迁方不能成为其拒付的依据。三、根据《最高人民法院关于审理劳动争议案件适用法律若干问题的解释（四）》（法释〔2013〕4号，2013年2月1日起施行，已废止）第七条"当事人在劳动合同或者保密协议中约定了竞业限制和经济补偿，当事人解除劳动合同时，除另有约定外，用人单位要求劳动者履行竞业限制义务，或者劳动者履行了竞业限制义务后要求用人单位支付经济补偿的，人民法院应予支持"和第九条"在竞业限制期限内，用人单位请求解除竞业限制协议时，人民法院应予支持。在解除竞业限制协议时，劳动者请求用人单位额外支付劳动者三个月的竞业限制经济补偿的，人民法院应予支持"的规定，南宁某某公司、某集团公司没有通知上诉人或请求法院解除竞业限制协议，该协议实际上已经履行，不可能再解除，因此，竞业限制的经济补偿应全额支付。退一步说，即使解除协议，南宁某某公司、某集团公司仍应支付"2+3"个月的经济补偿。一审甚至连5个月的补偿都不予支持不符合法律规定。四、竞业限制经济补偿是对劳动者不能从事原工作导致工资损失的补偿，与未签订书面劳动合同支付双倍工资所蕴含的惩罚性不同，因此，仲裁时效应比照《中华人民共和国劳动争议调解仲裁法》第二十七条第四款"劳动关系存续期间因拖欠劳动报酬发生争议的，劳动者申请仲裁不受本条第一款规定的仲裁时效期间的限制；但是，劳动关系终止的，应当自劳动关系终止之日起一年内提出"的规定，从竞业限制协议履行期限届满开始计算。《劳动人事争议仲裁办案规则》第二十三条以及《最高人民法院关于审理民事案件适用诉讼时效制度若干问题的规定》（法释〔2018〕11号，2008年9月1日起施行，已修改）第五条的规定，竞业限制经济补偿依照约定和法定均为按月支付，仲裁时效也应从竞业限制协议约定的履行期限的最后一期届满开始计算，且南宁某某公司、某集团公司亦未提出时效抗辩，因此，一审法院认定本案超过申诉时效错误。综上，一审判决认定事实不清，适用法律错误，请求依法改判。

被上诉人南宁某某公司、某集团公司共同辩称：一审认定事实清楚，适用法律正确，请求驳回上诉，维持原判。

二审期间，上诉人提交了以下证据：1. 南宁市××区人力资源和社会保障局出具的《证明》，用以证明南宁某某公司已收到足额的安置费；2. 广西某某公司出具的与案外人李某某《解除竞业限制的通知书》（复印件），用以证明被上诉人没有向上诉人发出过解除竞业限制的通知。被上诉人不认可上述证据的真实性、合法性和关联性。二审法院认为，上述证据与待证事实缺乏关联性，不予采纳。

一审判决书中第4页第12行"竞业限制经济补偿金共计9 600元"存在笔误，应更正为"竞业限制经济补偿金共计16 800元"，一审法院查明的其他事实属实，二审法院予以确认。

• **案件争点**

竞业限制协议中约定解除（终止）条件的（解除条件为用人单位逾期未支付经济补偿），该约定是否有效？

• **裁判要旨**

二审法院认为：上诉人廖某某（乙方）与被上诉人南宁某某公司（甲方）签订的《竞业限制协议》，约定劳动者就职期间以及离职后二年内应当遵守竞业限制义务,用人单位给予劳动者竞业限制的经济补偿,双方意思表示真实一致,协议内容除"第三条约定,违约责任(二)甲方违约责任:如甲方逾期两个月未支付经济补偿的,本协议自动终止"外,其余并不违反法律、行政法规的强制性规定,应属有效。而《竞业限制协议》第三条约定的"如甲方逾期两个月未支付经济补偿的,本协议自动终止",属约定竞业限制协议的解除条件,根据《最高人民法院关于审理劳动争议案件适用法律若干问题的解释(四)》(法释〔2013〕4号,2013年2月1日起施行,已废止)第九条第一款"在竞业限制期限内,用人单位请求解除竞业限制协议时,人民法院应予支持"的规定,竞业限制是通过限制劳动者一定的就业选择权,从而保护用人单位在劳动者就职期间知晓或掌握用人单位的商业秘密所蕴含的竞争利益。竞业限制侧重用人单位权利的保护,而是否需要继续保护相关权利,在于用人单位的决定,因此,无论从竞业限制的立法目的、法律特征以及权利义务的平衡上来看,用人单位有权行使竞业限制协议的单方解除权。然而,竞业限制协议毕竟是对劳动者的就业选择权进行了限制,用人单位虽然可以依法行使单方解除权,但对行使单方解除权的时间和方式应有一定限制,以平衡劳动者因用人单位解除竞业限制后再就业选择所需的时间和条件,因此,用人单位单方解除竞业限制协议的,应根据竞业限制协议约定的条件或方式向劳动者明示解除的意思表示,而考量竞业限制协议约定的解除条件时,还应审查所附解除条件是否存在侵害劳动者的利益或加重劳动者的义务等因素。本案中,《竞业限制协议》约定"如甲方逾期两个月未支付经济补偿的,本协议自动终止"的解除条件,约定以不履行支付经济补偿的不作为方式默认用人单位的解除意愿,与用人单位单方解除竞业限制协议的条件不符,且赋予了用人单位随意解除协议的权利,加重劳动者对竞业限制协议解除的注意义务,排除其法定权利,故根据《中华人民共和国劳动合同法》(2012年修正)第二十六条第一款第(二)项"下列劳动合同无效或者部分无效:(二)用人单位免除自己的法定责任、排除劳动者权利"的规定,上述《竞业限制协议》第三条约定应属无效。一审法院认定《竞业限制协议》约定的终止条款,不存在免除用人单位法定责任、排除劳动者权利的情形,属认定事实错误,二审法院予以纠正。

南宁某某公司核心生产区的土地被政府征用时,廖某某列入南宁某某公司的员工安置补偿方案,并明确廖某某的竞业限制经济补偿数额为57 600元。南宁某某公司与廖某某解除劳动关系后,双方均应按照《竞业限制协议》的约定履行义务,但南宁某某公司仅向廖某某支付了2014年9月至2014年12月的竞业限制经济补偿金16 800元,亦未向廖某某明确表示解除《竞业限制协议》,构成违约。廖某某在本案中主张南宁某某公司未履行《竞业限制协议》约定的竞业限制经济补偿金，合法有据，法院予以支持。按照《竞业限制协议》的约定，南宁某某公司应支付廖某某竞业限制经济补偿金 57 600 元，扣除南宁某某公司已支付的 16 800 元，南宁某某公司尚应向廖某某支付竞业限制经济补偿金 40 800 元。

涉案《竞业限制协议》的履行期限至 2016 年 9 月 9 日届满，提起的仲裁时效期间应从 2016 年 9 月 10 日起算，廖某某于 2016 年 12 月 30 日申请劳动仲裁未超过一年的仲裁时效期间。一审适用仲裁时效错误，二审法院亦予以纠正。

三、司法案例类案甄别

（一）事实对比

样本案例一，用人单位与劳动者签订保守商业秘密及竞业禁止协议，约定劳动者竞业限制期限为离职后三年，用人单位给予四个月上年度月均工资的经济补偿，该补偿于离职后每五个月发放一次，分两次发放，违约金为劳动者年薪的五倍等。2007 年 12 月 12 日，双方另签《保守商业秘密及竞业禁止协议》，约定竞业限制期限为离职后两年，用人单位给予一定的经济补偿，该补偿按月发放，违约金为人民币 50 000 元等。2011 年 9 月 16 日，双方再签《保守商业秘密以及竞业限制协议书》，约定竞业限制期限为离职后两年，"作为乙方竞业限制的经济补偿，以一次性竞业限制补偿金的方式，甲方决定一次性竞业限制补偿金的给出以及金额，乙方离开公司前（无论乙方因何种原因离职），以甲方的一次性竞业限制补偿金给出视为竞业限制生效""乙方违反竞业限制之赔付标准，甲方按照一次性经济补偿金之五倍追溯"等。双方所签最后一份劳动合同期限为 2011 年 1 月 1 日至 2015 年 12 月 31 日。劳动者最后工作至 2014 年 4 月 30 日，于 2014 年 5 月 7 日向用人单位邮寄辞职书。该用人单位未支付过劳动者竞业限制经济补偿。2014 年 9 月 10 日，劳动者以用人单位未支付竞业限制经济补偿为由，向劳动人事争议仲裁委员会申请仲裁，要求解除与用人单位的竞业限制约定。

样本案例二，劳动者于 2015 年 4 月 1 日入职用人单位，劳动者入职时与用人单位签订了期限自 2015 年 4 月 1 日起至 2018 年 3 月 30 日止的《劳动合同书》，约定劳动者在该公司从事技术工作。当日，双方还签订了《保密协议书》一份，约定保密的内容和范围、具体的保密要求以及违约责任等。2021 年 9 月 16 日，劳动者以个人原因向用人单位提出辞职。辞职前，劳动者担任用人单位技术部技术支持副理一职。劳动者填写的《离职申请表》系用人单位提供的格式表格，备注栏中有"在任何情形下，双方须严格遵守保密协议书内容，如双方劳动合同到期终止或因其他原因提前解除的，乙方须严格履行双方解除聘用合同后两年内不得生产、经营同类产品或在有竞争关系的其他企业任职"的内容。同年9月27日，用人单位完成劳动者的离职审批，并确认劳动者的离职日期为同年10月28日。此后，用人单位安排劳动者休年假及调休。2021年10月15日，劳动者入职南京某某公司，该公司的经营范围包括"淬火介质、防锈剂、清洗剂、发黑剂、表面处理剂、切削、磨削、金属成型加工介质、工业用油脂、润滑剂及添加剂原料、与工业介质相关的成套设备及仪器的研发、生产、销售及技术检测、咨询服务"等。2021年11月初，劳动者向胡某催要《离职证明》未果后于11月8日回用人单位处取《离职证明》原件。当日，用人单位向被告交付了《离职证明》，载明"周某某……自2015年4月1日入职我公司担任技术部技术支持副理一职，双方于2021年10月28日正式解除劳动关系……特殊提示：员工在离职后、仍需履行保密义务，未经我司书面允许，不得向任何单位和个人透露我司商业机密和其他经营秘密"，被告在该提示下写明"本人承诺履行《保密协议书》之义务"。当日，用人单位作为甲方、被告作为乙方，双方还签订《保密协议书》一份。该协议约定了保密内容和范围、具体保密要求以及违约责任等。之后，用人单位以劳动者就职南京某某公司违反《保密协议书》约定为由提起劳动仲裁申请，要求劳动者立即停止违反竞业限制约定的行为，继续履行竞业限制义务直至两年竞业限制期限届满，并要求劳动者返还2021年10月工资12 101元、保密费用85 958元及支付违约金429 790元、赔偿1 000 000元。

样本案例三，2001年11月22日，廖某某到南宁某某公司从事供应部仓库副主任工作。2013年2月16日，南宁某某公司（甲方）与廖某某（乙方）签订了《竞业限制协议》，第二条约定，甲方对乙方遵守竞业限制义务的补偿：（一）从双方劳动合同关系解除或终止后第二天起两年内甲方按月给予乙方经济补偿。（二）补偿标准：按乙方离职时甲方所在地政府确定最低工资标准的二倍……第三条约定，违约责任：……（二）甲方违约责任：如甲方逾期两个月未支付经济补偿的，本协议自动终止。2014年9月9日，南宁某某公司作出《关于与廖某某同志解除劳动关系的决定》，决定自2014年9月9日起与廖某某解除劳动关系。当天，廖某某与南宁某某公司签订《协商解除劳动合同的协议》，约定双方劳动关系自2014年9月9日起解除。后南宁某某公司按2 400元/月向廖某某支付了2014年9月10日至2014年12月9日的竞业限制经济补偿金，2015年6月又支付了2014年12月10日至2015年4月10日的竞业限制经济补偿金共计 9 600 元。此后再未支付。2016 年 12 月 30 日，廖某某向劳动人事争议仲裁委员会申诉，请求裁令：南宁某某公司支付 2014 年 9 月 9 日至 2016 年 9 月 9 日的竞业限制经济补偿 40 800 元；某集团公司负补充支付责任。

上述案例一与案例二是竞业限制协议中附生效条件的案件；而案例三则是竞业限制协议中附解除条件的案件。

（二）适用法律对比

样本案例一，法院认为，用人单位可以与负有保密义务的劳动者签订竞业限制协议。上诉人与被上诉人于 2006 年 12 月 27 日、2007 年 12 月 12 日、2011 年 9 月 16 日分别签订三份竞业限制协议，该三份竞业限制协议就竞业限制期限、经济补偿金金额、支付方式及违约责任等重要条文约定均不相同，应视为后一份协议是对前一份协议的替代和变更。双方于 2011 年 9 月 16 日签订的竞业限制协议约定以上诉人给出一次性竞业限制经济补偿金为竞业限制生效的条件。现被上诉人实际工作至 2014 年 4 月 30 日，并于 2014 年 5 月 7 日向上诉人书面提出辞职，而上诉人未支付竞业限制经济补偿金，因此双方关于竞业限制的约定并未生效，上诉人要求被上诉人履行竞业限制协议中的竞业限制约定，缺乏事实和法律依据，二审法院不予采信。原审法院判决正确，二审法院予以维持。上诉人的上诉请求，二审法院不予支持。

样本案例二，法院认为，原、被告在《保密协议书》中竞业限制条款的约定，可以认定以下内容。（1）被告入职原告关联公司时从事技术员工作，而后被提拔为技术支持课长，其离职时已担任技术支持副理一职，相对应每月的保密工资部分也逐步提高。从被告担任技术支持课长时的职责也可以看出，其需要协助做好技术支持及管理工作，分析、收集客户现场样品与竞争对手样品的数据，可以认定被告属于对原告负有保密义务的劳动者，原告可以在《保密协议书》中与被告约定竞业限制条款；（2）从查明的事实可知，该份《保密协议书》系双方在被告已离职的情况下补签，原告要求被告补签该协议书时已然知道被告入职南京某某公司的事实，但其起草的第 6.3 条仍作了"乙方离职时（以离职证明的时间起算）甲方视情形判断乙方是否需要履行竞业限制义务及竞业限制期限并书面通知乙方"的约定，原告给被告出具《离职证明》时并未要求其履行竞业限制义务，而仅要求被告履行保密义务的特殊提示，两者对于限制行为的内容并不相同，被告在该提示下"履行《保密协议书》之义务"的承诺亦应理解为履行保密义务的承诺；（3）该份《保密协议书》第 6.3 条还约定了竞业限制经济补偿的标准，且"如甲方根据当时情形认为乙方离职后不必履行竞业限制义务，则甲方不必支付经济补偿，竞业限制条款终止",原告向被告出具《离职证明》时,既未明确告知要求对方履行竞业限制义务,此后亦未按月支付被告经济补偿,被告有理由相信原告以行为表明无须其履行竞业限制义务;而原告发出的《联络函》也无明确要求被告履行竞业限制义务的意思表示,其虽提起仲裁,但因竞业限制是对劳动者离职后劳动自由权的限制,故原告的上述行为并不构成对《保密协议书》中书面通知义务的执行或有效补救。

样本案例三,法院认为:廖某某(乙方)与被上诉人南宁某某公司(甲方)签订的《竞业限制协议》,约定劳动者就职期间以及离职后二年内应当遵守竞业限制义务,用人单位给予劳动者竞业限制的经济补偿,双方意思表示真实一致,协议内容除"第三条约定,违约责任(二)甲方违约责任:如甲方逾期两个月未支付经济补偿的,本协议自动终止"外,其余并不违反法律、行政法规的强制性规定,应属有效。而《竞业限制协议》第三条约定的"如甲方逾期两个月未支付经济补偿的,本协议自动终止",属约定竞业限制协议的解除条件,根据《最高人民法院关于审理劳动争议案件适用法律若干问题的解释(四)》(法释〔2013〕4号,2013年2月1日起施行,已废止)第九条第一款"在竞业限制期限内,用人单位请求解除竞业限制协议时,人民法院应予支持"的规定,竞业限制是通过限制劳动者一定的就业选择权,从而保护用人单位在劳动者就职期间知晓或掌握用人单位的商业秘密所蕴含的竞争利益。竞业限制侧重用人单位权利的保护,而是否需要继续保护相关权利,在于用人单位的决定,因此,无论从竞业限制的立法目的、法律特征以及权利义务的平衡上来看,用人单位有权行使竞业限制协议的单方解除权。然而,竞业限制协议毕竟是对劳动者的就业选择权进行了限制,用人单位虽然可以依法行使单方解除权,但对行使单方解除权的时间和方式应有一定限制,以平衡劳动者因用人单位解除竞业限制后再就业选择所需的时间和条件,因此,用人单位单方解除竞业限制协议的,应根据竞业限制协议约定的条件或方式向劳动者明示解除的意思表示,而考量竞业限制协议约定的解除条件时,还应审查所附解除条件是否存在侵害劳动者的利益或加重劳动者的义务等因素。本案中,《竞业限制协议》约定"如甲方逾期两个月未支付经济补偿的,本协议自动终止"的解除条件,约定以不履行支付经济补偿的不作为方式默认用人单位的解除意愿,与用人单位单方解除竞业限制协议的条件不符,且赋予了用人单位随意解除协议的权利,加重劳动者对竞业限制协议解除的注意义务,排除其法定权利,故根据《中华人民共和国劳动合同法》(2012年修正)第二十六条第一款第(二)项"下列劳动合同无效或者部分无效:(二)用人单位免除自己的法定责任、排除劳动者权利"的规定,上述《竞业限制协议》第三条约定应属无效。

(三)类案大数据报告

截至 2022 年 12 月 31 日,以"竞业限制""生效条件""解除条件"为关键词,通过公开数据库共检索到类案 685 件,经逐案阅看、分析,与本规则关联度较高的案件共有 190 件,因其中存在同一案件的一审、二审、再审裁判,严格意义上应将其认定为一件案件(还有套案等因素,实质上争议的焦点问题是相同的),故剔除前述情形后,实际共有 138 件案件。

从类案地域分布看,涉案数最多的地域是上海市,共 30 件;其次是北京市,共 24 件;再次是浙江省,共 15 件。

从类案结案时间看,结案最多的年份是 2019 年,共有 29 件;其次为 2020 年,共有 27 件;再次为 2016 年,共有 20 件。

从案件经历的审理程序看,只经过一审程序的共计 45 件,经过一审、二审两审程序的共计 145 件,经过一审、二审及再审程序的共计 4 件。

四、类案裁判规则的解析确立

《最高人民法院关于审理劳动争议案件适用法律若干问题的解释(四)》(法释〔2013〕4 号,2013 年 2 月 1 日起施行,已废止)第七条规定:"当事人在劳动合同或者保密协议中约定了竞业限制和经济补偿,当事人解除劳动合同时,除另有约定外,用人单位要求劳动者履行竞业限制义务,或者劳动者履行了竞业限制义务后要求用人单位支付经济补偿的,人民法院应予支持。"从该条款的上下文来理解,此处的"另有约定"应指可能导致"用人单位不能要求劳动者履行竞业限制义务,或劳动者不能要求用人单位付经济补偿"的约定情形。

竞业限制义务属于约定义务而非法定义务,允许双方当事人在法律基础上进行有效约定。如劳动者与用人单位就竞业限制生效或解除效力的条件进行了特别约定,则以双方约定为准。

实践中,虽然法律赋予了用人单位与劳动者对竞业限制的生效、解除条件可以约定的自由,但竞业限制是通过限制劳动者一定的就业选择权,从而保护用人单位在劳动者就职期间知晓或掌握用人单位的商业秘密所蕴含的竞争利益,考量竞业限制协议约定的生效、解除条件时,还应审查所附生效、解除条件是否存在侵害劳动者的利益或加重劳动者的义务等因素。

五、关联法律法规

（一）《最高人民法院关于审理劳动争议案件适用法律若干问题的解释（四）》（法释[2013]4号，2013年2月1日起施行，已废止）

第七条　当事人在劳动合同或者保密协议中约定了竞业限制和经济补偿，当事人解除劳动合同时，除另有约定外，用人单位要求劳动者履行竞业限制义务，或者劳动者履行了竞业限制义务后要求用人单位支付经济补偿的，人民法院应予支持。

（二）《中华人民共和国劳动合同法》（2012年修正）

第二十六条第一款第（二）项　下列劳动合同无效或者部分无效：（二）用人单位免除自己的法定责任、排除劳动者权利。

竞业限制案件裁判规则

第 15 条

竞业限制约定的违约金过高时,人民法院可以进行综合考虑并作出调整

一、聚焦司法案件裁判观点

■ 争议焦点

竞业限制约定的违约金过高时,是否可以调整?按什么标准调整?

■ 裁判观点

劳动者违反竞业限制约定的,应当按照约定向用人单位支付违约金。当劳动者主张约定的竞业限制违约金过高,请求予以适当减少时,人民法院应当在保障竞业限制违约金惩罚特性的前提下,综合考虑竞业限制补偿金的数额、劳动者的履行能力、原单位薪资报酬、竞业期限内的补偿金、违约情节、给用人单位带来的实际损失等因素,根据公平、诚实信用的原则予以衡量,并作出裁决。

二、司法案例样本对比

样本案例一

某某(苏州)有限公司诉高某竞业限制纠纷案

• **当事人**

上诉人(原审被告):高某

被上诉人(原审原告):某某(苏州)有限公司

• **基本案情**

原告(被上诉人)某某(苏州)有限公司诉称:2012 年 5 月 4 日,原告与被告（上诉人）高某签订《保密协议书》及《竞业限制协议书》，双方就竞业限制之权利义务明确约定。2013年4月1日起，为了给被告在上海缴纳社保，原告以上海分公司名义与被告签订劳动合同，但实际劳动关系仍在原、被告之间，被告从事的岗位及工作内容均未发生变化，工资由原告委托上海外服代付。2017年4月1日被告向原告提出辞职。2017年4月6日原告向被告发出通知函，告知履行竞业限制协议。因被告账户被注销导致原告无法支付竞业限制补偿金，被告离职后即与原告竞争企业建立劳动关系，违反竞业限制协议。基于上述事实和理由，原告提出如下诉讼请求：1.判令高某支付违反竞业限制违约金200 000元；2.本案诉讼费由高某承担。事实与理由：高某系某某（苏州）有限公司员工，双方签有《保密协议书》及《竞业限制协议书》。2017年4月1日高某从某某（苏州）有限公司离职后即与某某（苏州）有限公司的竞争企业某某公司建立劳动关系，违反竞业限制协议，应当按约支付竞业限制违约金。

被告高某（上诉人）辩称：1.涉案竞业限制协议是在劳务派遣阶段签订，其用人单位为劳务派遣公司，而非某某（苏州）有限公司，故该协议应为无效；2.双方约定的竞业限制违约金过高，应予调低。

法院经审理查明：2012年5月4日，高某与上海某有限公司签订《派遣协议书》，约定高某到某某（苏州）有限公司工作，岗位为行业销售专员，月工资6 500元，派遣期限自2012年5月4日起至2013年5月3日止，约定高某诚信履行与用工单位签订的任何协议或约定，包括但不限于培训服务期协议、保密协议等。2012年5月4日，高某与某某（苏州）有限公司签订《保密协议书》及《竞业限制协议书》，竞业限制期限为与某某（苏州）有限公司聘用关系结束之日起2年，并约定竞业限制范围和地域，竞业限制范围包括某某公司等八家单位及管理单位，竞业限制2年补偿总计为2万元，如违反竞业限制协议违约金为20万元。

2013年3月11日，高某与某某（苏州）有限公司上海分公司签订劳动合同，期限自2013年4月1日起至2016年3月21日止，工作地点为上海，岗位为行业销售专员，月工资为6 825元，合同第十一项为保守商业秘密和竞业限制约定条款。2016年3月28日，高某与某某（苏州）有限公司上海分公司签订劳动合同，期限自2016年4月1日起至2019年3月31日止，工作地点为上海，岗位为行业发展经理（主管级），合同第十一项为保守商业秘密和竞业限制约定条款。

2017年4月1日，高某提出辞职。2017年4月6日，某某（苏州）有限公司向高某发出通知函，告知最后工作日为2017年5月5日，要求履行竞业限制协议，竞业限制期限为离职后一年，违反竞业限制违约金为20万元，每月竞业限制补偿金为833.4元。

2017年11月1日、12月4日，某某（苏州）有限公司分别向高某邮寄违反竞业限制通知函，告知已查实高某与某某公司建立劳动关系，违反竞业限制协议，要求其支付违约金20万元。

另查明，2013年4月至2017年5月，某某（苏州）有限公司上海分公司为高某缴纳社保，自2017年5月起，某某公司为高某缴纳社保。

高某辩称其目前在某自动化（苏州）有限公司工作，工资为现金发放，个税及社保是某某公司代缴。为此，高某提供其与某自动化（苏州）有限公司的劳动合同一份，以证实其主张，但该合同内页显示的单位名称为上海某某有限公司，高某对此解释称因某自动化（苏州）有限公司人事疏忽导致合同内页公司名称错误。

再查明，某某（苏州）有限公司于劳动争议发生后法定期限内申诉至苏州某劳动争议仲裁委员会。该仲裁委员会于2018年5月28日不予支持某某（苏州）有限公司的仲裁请求。某某（苏州）有限公司不服遂于法定期限内诉至一审法院。

- 裁判结果

江苏省苏州某人民法院于2018年9月21日作出民事判决：高某支付某某（苏州）有限公司违反竞业限制违约金200 000元。宣判后，高某不服原审判决，提出上诉。江苏省苏州市中级人民法院于2019年2月11日作出民事判决：一、撤销江苏省苏州某人民法院民事判决；二、高某于本判决生效之日起十日内向某某（苏州）有限公司支付违反竞业限制违约金100 000元。

- 案件争点

1. 高某在劳务派遣期间与某某（苏州）有限公司签订的竞业限制协议是否仍然有效？
2. 竞业限制违约金是否应进行调整？

- 裁判要旨

法院认为针对第一个焦点，涉案竞业限制协议系高某被派遣至某某（苏州）有限公司从事销售岗位期间签订，明确约定高某在与某某（苏州）有限公司聘用关系结束之日起2年内应当遵守竞业限制义务。其后高某虽然直接与某某（苏州）有限公司上海分公司签订劳动合同，但因某某（苏州）有限公司上海分公司系某某（苏州）有限公司的分公司，亦可认定高某与某某（苏州）有限公司之间具有劳动关系，双方在劳动合同中亦包含了竞业限制条款，高某从派遣制员工转变为合同制员工前后其工作岗位、职责、场所均未发生变化。某某（苏州）有限公司在高某离职时亦通过电子邮件通知其履行竞业限制协议，高某也未提出异议，故高某与某某（苏州）有限公司之间的竞业限制协议仍然有效，某某（苏州）有限公司据此要求高某履行竞业限制义务并无不当。

针对第二个争议焦点，《江苏省劳动合同条例》（2013年修订）第二十八条规定，用人单位对处于竞业限制期限内的离职劳动者按月给予经济补偿，月经济补偿额不得低于该劳动者离开用人单位前十二个月的月平均工资的三分之一。本案高某在职期间每月工资为6 825元，而竞业限制协议约定的补偿金仅为2年总计2万元（约834元/月），不仅远低于高某离职前月平均工资的三分之一，亦低于当年度苏州市最低生活标准。而双方在竞业限制协议中约定的违约金为200 000元，两者相比，双方权利义务明显不对等，此时如果在某某（苏州）有限公司低于法定标准支付竞业限制经济补偿的情况下仍然要求高某按约足额承担违约责任，亦有违公平合理原则，故有调整的必要。综合考虑竞业限制补偿金数额、高某的工资收入、违约情节等因素，并适度体现对劳动者违约行为的惩罚性，二审法院酌情将高某应当支付的违约金调整为100 000元。

样本案例二

张某某与某物料输送设备有限公司劳动争议案

• **当事人**

上诉人（原审原告、原审被告）：张某某

被上诉人（原审被告、原审原告）：某物料输送设备有限公司

• **基本案情**

上诉人张某某因与被上诉人某物料输送设备有限公司劳动争议纠纷两案，不服某人民法院（以下称原审法院）作出的两份民事判决，提起上诉。

原审法院认定：某物料输送设备有限公司为2003年8月5日注册成立，其经营范围为：国家法律、法规允许的工程机械、重型机械设备、大型物料输送设备、电子系统装备有配套物件等重型机电产品（不含特种设备）的研究、设计、制造、安装改造、销售；有关商品和技术的进出口库贸易（国家限制和禁

止的商品和技术除外)。此外,某物料输送设备有限公司有港口装卸机械的生产许可证,可生产港口装卸机械——斗轮堆取料机:臂式斗轮堆取料机。某重装集团有限公司系2012年8月29日注册成立,其经营范围为:矿山设备、物料输送设备、港口机械设备、工程机械、电子系统装备及配套件等系统成套设备的研究、设计、销售、施工、项目管理、工程咨询、施工及总承包;实业投资、投资管理及相关咨询服务。张某某原为某物料输送设备有限公司国际业务室主任,双方于2012年7月1日签订了《劳动合同书》,约定张某某的劳动报酬采用业绩提成工资制,月工资标准为3 000元,其中基本工资2 700元,保密工资300元,业绩提成工资按规定支付。2011年8月29日,某物料输送设备有限公司和张某某签订《竞业限制协议》,协议第3条约定竞业限制期限为自张某某离职之日起两年,张某某在竞业限制期内不得在生产与某物料输送设备有限公司同类产品、经营与某物料输送设备有限公司同类业务或与某物料输送设备有限公司有其他竞争关系的用人单位任职,也不得自己生产或经营与原用人单位有竞争关系的同类产品、业务。双方当事人一致认可竞业限制补偿金为每月3 000元,自张某某离职后次月起按月支付。第5条违约责任约定若张某某有违反本协议的情形出现,某物料输送设备有限公司可要求张某某立即停止违约,继续履行本协议,并有权:(1)停止支付剩余的竞业限制补偿金,向张某某追偿已经支付的竞业限制补偿金;(2)依据违约情节要求张某某按在某物料输送设备有限公司任职最后一年(不满一年按一年折算)税前年薪的五至十倍向某物料输送设备有限公司支付违约金;若该违约金不足以补偿某物料输送设备有限公司的损失(包括但不限于直接损失、可得利润损失等),张某某还应赔偿由此给某物料输送设备有限公司造成的一切经济损失……(4)要求张某某支付某物料输送设备有限公司因追究张某某违约责任而支出的费用(包括但不限于调查取证费、律师费、差旅费等其他合理费用)。2013年7月3日,某物料输送设备有限公司和张某某解除劳动关系。2013年8月2日,某物料输送设备有限公司向张某某寄送律师函,主张张某某违反《竞业限制协议》的约定并要求赔偿损失,张某某确认收到该邮件,并于2013年8月15日到某物料输送设备有限公司当面进行了说明。2013年8月7日,某物料输送设备有限公司到某公证处对网页证据进行公证,经公证员在某某工程有限公司网页搜索,在《某某强强合作发展共赢》新闻中,张某某出现在该新闻配发的照片中。此外,2013年7月15日在某某集团有限公司董事长率部分高管及管理人员在第一台样机(斗轮堆取料机)前合影的新闻图片上,右手边第二个为张某某。在某新闻中,配有名为"全体高管及各分公司管理团队参加首届董事长办公会"的图片,张某某出现在该图片中。2014年4月18日,某物料输送设备有限公司再次到某公证处申请证据保全,经公证员在某某工程有限公司的公司新闻资讯栏目下浏览,张某某多次出现在新闻配图中,此外,在人才招聘—培训发展—领导能力培训栏目中有张某某和其他人交流的照片。某物料输送设备有限公司两次公证共花费公证费3 800元。此外,某物料输送设备有限公司工作人员曾致电某某集团有限公司,接电话的工作人员表示张某某在某某集团有限公司负责海外业务。

原审法院另认定:根据某物料输送设备有限公司的申请,调取了张某某的银行流水,结合某物料输送设备有限公司的主张,张某某离职前一年即2012年8月至2013年7月的收入总额为321 596.63元。某物料输送设备有限公司和张某某因就是否违反竞业限制协议及竞业限制补偿金的支付问题等发生争议,某物料输送设备有限公司向劳动人事争议仲裁委员会(以下简称"仲裁委")申请仲裁,仲裁委于2014年7月7日作出仲裁裁决,裁定张某某停止违约行为,并按照《竞业限制协议》的约定继续履行竞业限制义务,支付某物料输送设备有限公司违约金180 000元,支付公证费3 800元,双方均对仲裁裁决不服,诉至原审法院。

原审法院认为:张某某自2013年7月15日起多次出现在某某集团有限公司的官方网站上,参与员工培训、董事会等重要活动,某某集团有限公司的工作人员亦在电话中确认张某某在某某集团有限公司负责海外业务,上述证据可以形成证据链,证实张某某在某某集团有限公司任职。张某某称其是以香港某能源装备有限公司监造的身份出现在某某集团有限公司的新闻中,该主张明显不合情理,且不论张某某和香港某能源装备有限公司是否存在劳动关系,均不影响其与某某集团有限公司之间的劳动关系。张某某在离职后即到某某集团有限公司工作,该集团的产品和业务与某物料输送设备有限公司有一定的重合,张某某违反了《竞业限制协议》第3条的约定,应当承担相应的法律责任。按照双方当事人签订的《竞业限制协议》的约定,张某某应当按任职最后一年税前年薪的五至十倍支付违约金,某物料输送设备有限公司主张张某某按任职最后一年税前年薪的五倍支付违约金符合法律规定,原审法院予以支持。经查,张某某任职最后一年的年薪为321 596.63元,违约金的数额为1 607 983元(321 596.63元×5)。此外,依照《最高人民法院关于审理劳动争议案件适用法律若干问题的解释(四)》(法释〔2013〕4号,2013年2月1日起施行,已废止)第十条的规定,"劳动者违反竞业限制约定,向用人单位支付违约金后,用人单位要求劳动者按照约定继续履行竞业限制义务的,人民法院应予支持。"对某物料输送设备有限公司要求张某某立即停止违约行为,继续履行竞业限制协议的诉讼请求,原审法院予以支持。对于公证费3 800元,依照双方签订的《竞业限制协议》第5条第4款的约定,张某某亦应予以赔偿。对张某某的诉讼请求,按某物料输送设备有限公司和张某某的约定,竞业限制补偿金自张某某离职后次月起按月支付,但张某某从某物料输送设备有限公司离职后,其照片在当月即出现在某某集团有限公司的官方网站,某物料输送设备有限公司有权拒绝按约定支付竞业限制补偿金,故张某某诉请解除《竞业限制协议》及支付竞业限制补偿金的诉讼请求,原审法院不予支持。综上所述,依照《中华人民共和国劳动合同法》(2012年修正)第二十三条、第二十四条,《最高人民法院关于审理劳动争议案件适用法律若干问题的解释(四)》(法释〔2013〕4号,2013年2月1日起施行,已废止)第十条之规定,判决:一、限张某某停止违约行为,按照《竞业限制协议》约定继续履行竞业限制义务;二、限张某某自判决生效之日起十日内支付某物料输送设备有限公司违约金 1 607 983 元;三、限张某某自判决生效之日起十日内赔偿某物料输送设备有限公司公证费3 800元;四、驳回某物料输送设备有限公司的其他诉讼请求;五、驳回张某某的全部诉讼请求。两案案件受理费20元,减半收取10元,由某物料输送设备有限公司和张某某各负担5元。

上诉人张某某不服原审判决,上诉称,一、某物料输送设备有限公司违反《竞业限制协议》,张某某有权依法解除并要求某物料输送设备有限公司支付竞业限制补偿金。原审法院认定张某某违反协议约定,判令张某某继续履行《竞业限制协议》并支付违约金系认定事实及适用法律错误。张某某从某物料输送设备有限公司离职后,与香港某能源装备有限公司签订了《劳动合同书》,在香港某能源装备有限公司上班并由香港某能源装备有限公司发放工资。因香港某能源装备有限公司与某某集团有限公司存在商业往来,张某某被指派到某某集团有限公司担任"监造"一职。因此,张某某不是某某集团有限公司的员工,香港某能源装备有限公司也不存在与某物料输送设备有限公司竞业竞争的情形,张某某没有违反《竞业限制协议》,而是某物料输送设备有限公司违反约定解除协议并恶意拖欠补偿费。二、原审法院违背证据规则错误采信证据,错误认定张某某工资等客观事实。1. 银行对账单中费用 74 915.11 元、差旅费 465 元、财务报销费用 12 843.29 元、劳务费 24 900 元,上述费用不是张某某的工资。2. 对账单显示2013年4—6月份"工资"共计 13 429.38 元,以此为一个季度单位计算一年工资明显低于某物料输送设备有限公司所称的年薪 365 550 元,也远低于原审法院认定的 321 596.63 元。而双方在劳动合同约定的基本工资为3 000元加业务提成,与对账单上"工资"相符。3. 对账单上"9154"代码对应的款项,原审法院仅凭某物料输送设备有限公司的一面之词将之认定为工资构成,不符合客观事实,也违背证据规则。三、竞业限制违约条款显失公平,格式条款无效,应予以调整。根据该条款,如张某某未违反竞业限制协议,某物料输送设备有限公司需支付张某某补偿费 72 000 元,如张某某违反竞业限制协议,张某某需支付某物料输送设备有限公司违约金 1 827 750 元。可见该条款明显不对等,违背公平公正原则及《中华人民共和国合同法》(已废止)的相关规定。即使张某某构成违约,某物料输送设备有限公司也未提供相关证据证明其存在损失,原审法院认定 1 607 983 元违约金显失公平。四、张某某不是竞业限制的主体。劳动合同约定张某某的工资只有 3 000 元,虽职务是国际业务室主任,但某物料输送设备有限公司没有对此作相关说明,也没有公司章程证明张某某属于高级管理人员。因此,张某某不适用竞业限制的相关约定。综上,请求二审法院撤销原审判决,依法改判:解除双方签订的《竞业限制协议》,由某物料输送设备有限公司支付张某某竞业限制补偿费 29 700 元(补偿费按 3 000 元/月,暂从 2013 年 7 月 4 日计算至 2014 年 5 月 9 日止),本案一、二审诉讼费用由某物料输送设备有限公司承担。

被上诉人某物料输送设备有限公司针对张某某的上诉辩称如下。一、张某某的上诉理由缺乏事实依据,且有意歪曲客观事实,无论是在劳动仲裁还是一审,某物料输送设备有限公司均提供了充分的证据证明张某某违反了竞业限制协议,应当承担违约的法律后果。二、竞业限制协议系双方协商签订,违约金数额在协议签订时应该清楚,双方应当按照协议约定履行。三、张某某是国际业务室主任,是某物料输送设备有限公司海外业务的主要营销骨干,可以直接接触某物料输送设备有限公司的海外客户,张某某当然属于竞业限制的主体。四、某物料输送设备有限公司所举证的张某某的工资与原审法院根据张某某的申请调取的银行流水相吻合,张某某既否定事实,又称违约金太高,是自相矛盾。故请求二审法院驳回上诉,维持原判。

二审法院查明:经法院二审当庭组织双方对张某某银行对账单所显示的费用、财务报销,以及"9154"代码对应的款项与某物料输送设备有限公司提供的相关财务凭证进行比对,张某某对原审法院认定其离职前一年的工资收入总额为 321 596.63 元予以认可。二审法院查明的其他事实与原审法院审理查明的事实一致。

- 案件争点

1. 张某某是否存在违反《竞业限制协议》的行为?
2. 张某某应承担怎样的违约责任?
3. 某物料输送设备有限公司应否支付张某某竞业限制的经济补偿以及张某某应否继续履行竞业限制义务?

• **裁判要旨**

关于争点一。根据《中华人民共和国劳动合同法》（2012 年修正）第二十三条的规定："用人单位与劳动者可以在劳动合同中约定保守用人单位的商业秘密和与知识产权相关的保密事项。对负有保密义务的劳动者，用人单位可以在劳动合同或者保密协议中与劳动者约定竞业限制条款，并约定在解除或者终止劳动合同后，在竞业限制期限内按月给予劳动者经济补偿。劳动者违反竞业限制约定的，应当按照约定向用人单位支付违约金。"本案中，某物料输送设备有限公司与张某某签订的《竞业限制协议》系双方的真实意思表示，内容不违反法律、行政法规的强制性规定，且张某某担任某物料输送设备有限公司的国际业务室主任，是经双方明确约定为竞业限制的人员。故对张某某上诉提出其不属于竞业限制人员的意见，二审法院不予采纳。按照约定，张某某自离职之日起两年内不得在生产与某物料输送设备有限公司同类产品、经营与某物料输送设备有限公司同类业务或与某物料输送设备有限公司有其他竞争关系的用人单位任职。而根据某物料输送设备有限公司在一审提供的律师函、经公证的网页、新闻图片等证据，均体现出张某某从某物料输送设备有限公司离职后即到某某集团有限公司任职。张某某虽主张其系香港某能源装备有限公司员工并与香港某能源装备有限公司签订了劳动合同，但根据其陈述，其因香港某能源装备有限公司与某某集团有限公司存在商业往来而被指派到某某集团有限公司担任监造一职。由此可以看出，张某某实际在某某集团有限公司工作，与香港某能源装备有限公司签订劳动合同实质为一种规避竞业限制的行为，故张某某提出的该项上诉意见，二审法院不予采纳。因某某集团有限公司的经营范围与某物料输送设备有限公司存在重合，双方具有竞争关系，张某某在某某集团有限公司任职违反了其与某物料输送设备有限公司签订的《竞业限制协议》，原审法院对此认定并无不当。

关于争点二。如前所述，张某某违反了《竞业限制协议》，应当承担相应的违约责任。根据合同约定，张某某应按任职最后一年税前年薪的五至十倍支付违约金，经双方在法院二审庭审中确认，张某某任职最后一年的税前年薪为 321 596.63 元。而双方约定张某某履行竞业限制义务所能获得的经济补偿仅为 3 000 元/月，两者存在明显的权利义务不对等，有失公平。张某某在本案二审诉讼中明确请求对违约金数额予以调整，二审法院予以采信。结合本案实际情况，二审法院将张某某应支付违约金的数额调整为其任职最后一年税前年薪的三倍，即张某某应向某物料输送设备有限公司支付违约金 964 789.89 元（321 596.63 元×3）。

关于争点三。关于某物料输送设备有限公司应否支付张某某竞业限制经济补偿的问题。经审查，根据《中华人民共和国劳动合同法》（2012年修正）第二十三条的规定以及双方约定，某物料输送设备有限公司应在劳动合同终止后、竞业限制期限内按月给予张某某经济补偿。而张某某从某物料输送设备有限公司离职后不足一个月即到某某集团有限公司工作，未履行竞业限制的义务，依法不应向其支付竞业限制的经济补偿。且双方发生争议后至今，张某某实际也未履行竞业限制义务。因此张某某上诉要求某物料输送设备有限公司支付从2013年7月4日至2014年5月9日的竞业限制经济补偿29 700元缺乏事实及法律依据，原审法院对此不予支持并无不当。关于张某某应否继续履行竞业限制义务的问题，根据本案的实际情况，张某某的竞业限制期限为2013年7月4日至2015年7月3日，竞业限制期限到现在实际已经届满，故对某物料输送设备有限公司要求张某某继续履行竞业限制义务的请求二审法院亦不予支持。另张某某上诉未对原审法院认定其应赔偿某物料输送设备有限公司公证费3 800元提出异议，视为其认可，二审法院对此予以确认。

三、司法案例类案甄别

（一）事实对比

样本案例一，2012年5月4日，高某与上海某有限公司签订《派遣协议书》，约定高某到某某（苏州）有限公司工作，岗位为行业销售专员，派遣期限自2012年5月4日起至2013年5月3日止，约定高某诚信履行与用工单位签订的任何协议或约定，包括但不限于培训服务期协议、保密协议等。2012年5月4日，高某与某某（苏州）有限公司签订《保密协议书》及《竞业限制协议书》，竞业限制期限为与某某（苏州）有限公司聘用关系结束之日起2年，并约定竞业限制范围和地域，竞业限制范围包括某某公司等八家单位及管理单位，竞业限制2年补偿总计为2万元，如违反竞业限制协议违约金为20万元。2013年3月11日，高某与某某（苏州）有限公司上海分公司签订劳动合同，期限自2013年4月1日起至2016年3月21日止，工作地点为上海，岗位为行业销售专员，月工资为6 825元，合同第十一项为保守商业秘密和竞业限制约定条款。2016年3月28日，高某与某某（苏州）有限公司上海分公司签订劳动合同，期限自2016年4月1日起至2019年3月31日止，工作地点为上海，岗位为行业发展经理（主管级），合同第十一项为保守商业秘密和竞业限制约定条款。

2017年4月1日，高某提出辞职。2017年4月6日，某某（苏州）有限公司向高某发出通知函，告知最后工作日为2017年5月5日，要求履行竞业限制协议，竞业限制期限为离职后一年，违反竞业限制违约金为20万元，每月竞业限制补偿金为833.4元。2017年11月1日、12月4日，某某（苏州）有限公司分别向高某邮寄违反竞业限制通知函，告知已查实高某与某某公司建立劳动关系，违反竞业限制协议，要求其支付违约金20万元。

样本案例二，某物料输送设备有限公司为2003年8月5日注册成立，张某某原为某物料输送设备有限公司国际业务室主任，双方于2012年7月1日签订了《劳动合同书》，约定张某某的劳动报酬采用业绩提成工资制，月工资标准为3 000元，其中基本工资2 700元，保密工资300元，业绩提成工资按规定支付。2011年8月29日，某物料输送设备有限公司和张某某签订《竞业限制协议》，双方当事人一致认可竞业限制补偿金为每月3 000元，自张某某离职后次月起按月支付。2013年7月3日，某物料输送设备有限公司和张某某解除劳动关系。2013年8月2日，某物料输送设备有限公司向张某某寄送律师函，主张张某某违反《竞业限制协议》的约定并要求赔偿损失。

（二）适用法律对比

样本案例一，法院认为，高某在职期间每月工资为6 825元，而竞业限制协议约定的补偿金仅为2年总计2万元（约834元/月），不仅远低于高某离职前月平均工资的三分之一，亦低于当年度当地最低生活标准。而双方在竞业限制协议中约定的违约金为200 000元，两者相比，双方权利义务明显不对等，此时如果在某某（苏州）有限公司低于法定标准支付竞业限制经济补偿的情况下仍然要求高某按约足额承担违约责任，亦有违公平合理原则，故有调整的必要。综合考虑竞业限制补偿金数额、高某的工资收入、违约情节等因素，并适度体现对劳动者违约行为的惩罚性，法院酌情将高某应当支付的违约金调整为100 000元。

样本案例二，法院认为：张某某违反了《竞业限制协议》，应当承担相应的违约责任。根据合同约定，张某某应按任职最后一年税前年薪的五至十倍支付违约金，经双方在法院二审庭审中确认，张某某任职最后一年的税前年薪为321 596.63元。而双方约定张某某履行竞业限制义务所能获得的经济补偿仅为3 000元/月，两者存在明显的权利义务不对等，有失公平。张某某在本案二审诉讼中明确请求对违约金数额予以调整，二审法院予以采信。结合本案实际情况，二审法院将张某某应支付违约金的数额调整为其任职最后一年税前年薪的三倍，即张某某应向某物料输送设备有限公司支付违约金964 789.89元。

(三）类案大数据报告

截至 2023 年 6 月 30 日，分别以关键词"竞业限制""违约金"通过公开数据库检索，共检索到类案 99 件，经逐案阅看、分析，与本规则关联度较高的案件有 22 件。

从类案地域分布看，涉案数最多的地域是北京市和上海市，各 5 件，江苏省等其余省份各 3 件。

从类案结案时间看，结案最多的年份是 2021 年，共有 7 件；其次为 2015 年、2016 年，各有 5 件。

从案件经历的审理程序看，只经过一审程序的共计 30 件，经过一审、二审两审程序的共计 69 件，经过一审、二审及再审程序的共计 0 件。

四、类案裁判规则的解析确立

劳动者违反竞业限制约定的，应当按照约定向用人单位支付违约金。当劳动者主张约定的竞业限制违约金过高，请求予以适当减少时，人民法院应当在保障竞业限制违约金惩罚特性的前提下，综合考虑竞业限制补偿金的数额、劳动者的履行能力、原单位薪资报酬、竞业期限内的补偿金、违约情节、给用人单位带来的实际损失等因素，根据公平、诚实信用的原则予以衡量，并作出裁决。

竞业限制违约金调整应当遵守必要性和谨慎性。关于违约金的调整，实践中做法不一。一种是积极介入，针对竞业限制违约金进行适当调整。另一种是尊重当事人合意，除非明显过当，否则不进行调整。目前审判实践中，以抗辩为前提，即当事人没有抗辩违约金过高的，人民法院不主动调整；当事人提出抗辩的，再审查决定是否调整。

由于泄露商业秘密的损失难以证明且难以认定，才需在合同条款中提前约定竞业限制违约金作为违约的赔偿。因此，对于违约金数额应当首先尊重当事人的合意。在当事人提出抗辩的前提下，如果审查违约金明显不当，可以根据实际情况进行调整。参照《最高人民法院关于适用〈中华人民共和国合同法〉若干问题的解释（二）》（法释〔2009〕5 号，2009 年 5 月 13 日起施行，已废止），目前的司法实践中只有适当调低，而不予调高。理由在于订立竞业限制协议时,用人单位比劳动者更具有信息优势,是掌握主动的一方。如果设定的违约金过低,系用人单位对自己权利的处分,应予尊重。如果审查认定违约金过高,可适当调低。

但司法介入应当有一定的度,不能过分干预意思自治。确定违约金时,应把用人单位遭受的实际损失作为重要的参考依据。如实践中损失难以确定时,也需要参考其他因素,如竞业限制补偿金与违约金的比例等。按照常理,如果用人单位需要保护的商业秘密价值较大,用人单位在约定高额违约金的同时亦愿意支付较高的补偿金,以降低劳动者违约的可能性。当违约金与补偿金相差过高,劳动者提出相关抗辩时,可先考量劳动者违约之主观过错。主观恶意较轻时酌情加重用人单位之举证责任,要求用人单位对违约金约定数额之合理性及特定商业秘密之经济价值承担证明责任。与此同时,还可以参考竞业限制的期限、劳动者在职期间的工资水平、新入职用人单位的工资水平等综合考量违约金的数额。

五、关联法律法规

（一）《中华人民共和国民法典》

第五百八十五条　约定的违约金过分高于造成的损失的,人民法院或者仲裁机构可以根据当事人的请求予以适当减少。

（二）《最高人民法院第八次全国法院民事商事审判工作会议（民事部分）纪要》

用人单位和劳动者在竞业限制协议中约定的违约金过分高于或者低于实际损失,当事人请求调整违约金数额的,人民法院可以参照《最高人民法院关于适用〈中华人民共和国合同法〉若干问题的解释（二）》第二十九条的规定予以处理。

（三）《最高人民法院关于适用〈中华人民共和国合同法〉若干问题的解释（二）》（法释[2009]5号,2009年5月13日起施行,已废止）

第二十九条　当事人主张约定的违约金过高请求予以适当减少的,人民法院应当以实际损失为基础,兼顾合同的履行情况、当事人的过错程度以及预期利益等综合因素,根据公平原则和诚实信用原则予以衡量,并作出裁决。

当事人约定的违约金超过造成损失的百分之三十的,一般可以认定为合同法第一百一十四条第二款规定的"过分高于造成的损失"。

竞业限制案件裁判规则

第 16 条

竞业限制协议中约定违反竞业限制义务后,劳动者需要返还竞业限制补偿金的,该约定有效

一、聚焦司法案件裁判观点

■ 争议焦点

竞业限制协议中约定违反竞业限制义务后返还竞业限制补偿金的，劳动者是否需要返还竞业限制补偿金？

■ 裁判观点

劳动者与用人单位签订的竞业限制协议中约定了违反约定需返还补偿金，后劳动者进行了违反竞业限制协议的行为，则用人单位有权主张劳动者返还已支付的竞业限制补偿金。

二、司法案例样本对比

样本案例一

某陶瓷釉色料有限公司、李某竞业限制纠纷

• 当事人

原审原告：某陶瓷釉色料有限公司
原审被告：李某

• 基本案情

某陶瓷釉色料有限公司上诉请求：请求二审法院撤销一审判决第三项，并依法改判李某赔偿某陶瓷釉色料有限公司竞业限制违约金 2 088 389.15 元。事实和理由：1. 某陶瓷釉色料有限公司认可一审第一、二、四项判决。某陶瓷釉

色料有限公司认可一审法院对于李某违反竞业限制义务的判决，但不认可一审法院对竞业限制违约金做出的判决。2. 李某作为掌握某陶瓷釉色料有限公司重要技术的核心人员，其在离开某陶瓷釉色料有限公司后加入与公司生产、经营同类产品并从事同类业务的竞争对手，严重违反《竞业限制协议》，给某陶瓷釉色料有限公司造成了重大潜在经济损失。而《竞业限制协议》明确规定，李某违反该协议的，应当返还公司已经支付的竞业限制金，并向公司一次性支付竞业限制违约金，违约金的数额是李某离职前12个月工资的五倍。因此，请求二审法院查明事实，判如诉请。

李某上诉请求：请求二审法院撤销一审判决，并依法改判支持李某的一审诉讼请求或发回重审。事实和理由：1. 某陶瓷釉色料有限公司与佛山某某科技有限公司工商注册信息显示两公司经营范围均包含陶瓷釉色料的研发及加工项目，但公司的工商注册信息不代表公司的实际经营范围，两公司并没有实际的竞争关系。2.《竞业限制协议》是某陶瓷釉色料有限公司处于强势地位下制定的格式条款，约定的违约金过高，与李某实际获得的补偿严重不对等，即使一审酌情降至80万元，也显失公平。因此，请求二审法院查明事实，判如诉请。

某陶瓷釉色料有限公司向一审法院起诉请求：1. 判决李某返还某陶瓷釉色料有限公司自2018年4月至2019年1月支付的竞业限制补偿金总计人民币116 021.6元；2. 判决李某赔偿某陶瓷釉色料有限公司竞业限制违约金总计人民币2 088 389.15元；3. 由李某承担本案诉讼费用。

李某向一审法院起诉请求：1. 判决李某无须返还某陶瓷釉色料有限公司竞业限制补偿金104 419.44元；2. 判决李某无须支付某陶瓷釉色料有限公司竞业限制违约金80万元；3. 诉讼费用由某陶瓷釉色料有限公司承担。

一审法院经审理认定事实如下：2008年9月1日，李某进入某陶瓷釉色料有限公司工作，岗位为市场部销售工程师。2018年3月29日离职，离职前12个月工资共计为417 677.83元。

2008年9月4日，李某与某陶瓷釉色料有限公司签订《保密协议》，协议第1条约定："乙方（李某）承认其在雇佣期间将有机会接触到公司的保密信息，作为受雇于甲方（某陶瓷釉色料有限公司），乙方同意，除非有法律要求或甲方的书面同意，将严格保密，不为自己或第三方利益向甲方以外的任何人、任何公司或实体透露机密，保密信息是受适用法保护的商业机密，应该受到尊重，乙方同意该协议中包含的限制性规定将在适用法允许的最长时间内有效。"

2011年7月28日，李某与某陶瓷釉色料有限公司签订《竞业限制协议》，协议第1条第1款约定："鉴于乙方（李某）系甲方（某陶瓷釉色料有限公司）高级技术人员，现双方就乙方任职期间以及离职后一定期间内所需履行的竞业限制义务,本着自愿、公平及诚实信用原则,经协商一致,订立本协议供双方遵照执行。"第1条第2款约定:"乙方在职期间所触及的商业秘密范围包括:客户信息和配方,销售价格,销售策略,某陶瓷釉色料有限公司最新技术,某陶瓷釉色料有限公司特有的工作流程和任何该职位可能涉及的保密信息。第4条约定:"乙方不得为以下竞业行为:(1)到与甲方生产或者经营同类产品、从事同类业务的有竞争关系的其他用人单位工作或提供各种形式的服务,包括咨询、顾问、指导等……"第5条第1款约定:"经济补偿标准:乙方严格履行竞业限制业务期间,甲方应每月向乙方支付竞业限制补偿前12个月平均薪水的1/3(税前)。"第8条违约责任第1款规定:"乙方如违反本协议,甲方有权要求其立即停止侵害行为。乙方应当返还甲方已经支付的竞业限制补偿费,同时乙方还应当一次性向甲方支付竞业限制违约金。违约金的数额为前12个月薪水的5倍。双方对该违约金数额无异议。"

2018年3月29日,李某离职当日,李某与某陶瓷釉色料有限公司签订《竞业限制确认函》,该函载明:"李某于2018年3月29日与公司协商决定共同履行竞业限制协议,从2018年4月开始连续18个月支付经济补偿金,双方共同履行竞业限制协议。若公司暂停支付其竞业限制协议补偿金,则视为自动放弃竞业限制协议。"2018年4月至2019年1月,某陶瓷釉色料有限公司按照每月11 602.16元的标准向李某支付竞业限制经济补偿,李某确认该期间收到以上款项。庭审中,某陶瓷釉色料有限公司称其一直在按约定支付李某竞业限制经济补偿。

某陶瓷釉色料有限公司提交的就业网张贴有佛山某某科技有限公司的招聘信息,该招聘信息的联系人为"李某"。此外,某某就业在线微信公众号显示张贴有佛山某某科技有限公司的招聘信息,而职位发布人一栏显示联系人为"李某",职位为总经理助理,职位发布人一栏同时显示一男子手持身份证的头像,该头像与李某的身份证及其就业创业证上的证件照样貌一致。李某认可以上信息。

一审另查明:李某提交《社会保险缴费明细》一份,该明细显示2018年4月起至2019年1月期间,并没有单位为其缴纳社会保险,其中2018年7月至2019年1月期间显示李某为灵活就业人员。

某陶瓷釉色料有限公司提交的其公司注册信息显示某陶瓷釉色料有限公司经营范围为:研发、深加工及制造色釉料、氧化铝球及其他研磨材料、添加剂、陶瓷原料、陶瓷用高档装饰材料及其他相关材料,销售本公司所生产的产品并提供相关服务;从事本公司生产产品的同类商品及陶瓷打印机及相关配件和附加产品的批发、进出口、佣金代理(拍卖除外)及相关业务。佛山某某科技有限公司的经营范围为:无机非金属材料、陶瓷釉色料及原辅材料、陶瓷添加剂的研发、生产、加工、销售及有关技术服务、技术转让；货物进出口、技术出口。2018年11月16日佛山某某科技有限公司网站显示该公司生产的产品包括：熔块、成釉、化妆土、三度烧干拉、印刷釉、色料、原材料；某陶瓷釉色料有限公司网站显示的该公司生产的产品包括：熔块、釉料、陶瓷色料、添加剂、三烧陶瓷、原料等。

某陶瓷釉色料有限公司以李某违反竞业限制协议为由，于2019年1月30日向仲裁委提起劳动仲裁，要求：1. 李某继续履行《竞业限制协议》；2. 返还已经支付的竞业限制补偿金116 021.6元；3. 支付竞业限制违约金2 088 389.15元。后仲裁委裁决：1. 李某继续履行与某陶瓷釉色料有限公司签订的《竞业限制协议》；2. 自裁决生效之日起10日内，李某一次性返还某陶瓷釉色料有限公司已向其支付的竞业限制经济补偿104 419.44元；3. 自裁决生效之日起10日内，李某一次性支付某陶瓷釉色料有限公司竞业限制违约金80万元。双方均对仲裁裁决不服，故诉讼来院。

上述事实有劳动合同书、保密协议、竞业限制协议、竞业限制确认函、某陶瓷釉色料有限公司工商注册信息、佛山某某科技有限公司工商注册信息、某某就业网截屏、某某就业在线微信公众号内容截屏、就业创业证、公证书、某陶瓷釉色料有限公司网站截屏、仲裁裁决书及当事人庭审中的陈述等证据材料在卷佐证，一审法院予以认定。

一审法院认为，某陶瓷釉色料有限公司与李某签订的《保密协议》以及《竞业限制协议》明确李某在某陶瓷釉色料有限公司工作期间触及某陶瓷釉色料有限公司的商业秘密，根据《中华人民共和国劳动合同法》（2012年修正）第二十四条第一款规定，李某可以作为与某陶瓷釉色料有限公司签订竞业限制协议的适格主体。双方签订的《竞业限制协议》内容未违反法律强制性规定，故该协议合法有效，双方应当履行各自的权利与义务。工商注册信息显示某陶瓷釉色料有限公司及佛山某某科技有限公司经营范围均包含陶瓷釉色料的研发及加工项目，此外，以上两公司的官方网站显示两公司均生产熔块、原料等相同或相似的产品，故某陶瓷釉色料有限公司与佛山某某科技有限公司的经营和生产项目具有重叠性，该两公司具有竞争关系。某陶瓷釉色料有限公司提交的某某就业信息网网页截屏以及某某就业在线微信公众号均张贴有佛山某某科技有限公司的招聘信息，而照片联系人即显示"李某"及其联系电话，该号码经李某确认确为其手机号码；另外，微信公众号中职位发布人一栏显示"李某"的头像与李某的身份证及其就业创业证上的证件照样貌一致。以上证据足以表明上述"李某"即为本案的李某。故相应事实足以证明李某确在其履行竞业限制义务期间违反了竞业限制协议。综上，李某应当返还某陶瓷釉色料有限公司已向其支付的竞业限制经济补偿116 021.6元（至2019年1月止），并应当继续履行双方签订的《竞业限制协议》。

关于竞业限制违约金，一审法院认为：从签订《竞业限制协议》的客观事实出发，李某作为劳动者，受雇于作为用人单位的某陶瓷釉色料有限公司，受其管理并由其发放生存的经济来源，李某天然地与某陶瓷釉色料有限公司处于不完全平等的地位，故李某称其是在某陶瓷釉色料有限公司处于强势地位下签订《竞业限制协议》，符合客观实际。竞业限制期间，某陶瓷釉色料有限公司向李某每月发放的竞业限制经济补偿为李某离职前12个月平均薪水的1/3，但根据约定，李某却需承受其离职前一年总收入5倍畸高的违约金风险，双方的权利义务显然不对等，有悖公平原则。竞业限制制度的设立是为了保护用人单位的商业秘密和与知识产权相关的保密事项，最终是为了保护用人单位的经济利益，防止劳动者泄密行为给用人单位带来经济损失，而本案中，某陶瓷釉色料有限公司并未就李某违约行为给其造成经济损失进行举证，换言之，尚未有证据表明李某违反竞业限制协议的行为给某陶瓷釉色料有限公司造成直接的经济上的损失。综合以上，一审法院根据实际情形以及公平合理原则，结合李某在某陶瓷釉色料有限公司处的工资收入以及其在佛山某某科技有限公司的预期收益，酌情降低李某需承担竞业限制违约金的金额至80万元。

二审中，李某表示其于2018年10月份起担任佛山某某科技有限公司总经理助理职务。

二审法院查明的其他事实与一审查明的事实一致。

二审法院认为，对于用人单位的高级管理人员、高级技术人员和其他负有保密义务的人员，用人单位可以在劳动合同或者保密协议中与劳动者约定竞业限制条款，并约定在解除或者终止劳动合同后，在竞业限制期限内按月给予劳动者经济补偿。劳动者违反竞业限制约定的，应当按照约定向用人单位支付违约金。本案中，李某在某陶瓷釉色料有限公司工作期间从事岗位为市场部销售工程师，系高级技术人员，故李某与某陶瓷釉色料有限公司签订的《竞业限制协议》不违反法律、法规关于竞业限制的范围、地域等规定，该竞业限制协议合法有效，对双方具备约束力。

• 案件争点

1. 关于李某是否存在违反《竞业限制协议》的行为？
2. 竞业限制违约金数额应当是多少？

• 裁判要旨

首先，根据某陶瓷釉色料有限公司及佛山某某科技有限公司工商登记的经营范围，两公司经营范围均包含陶瓷釉色料的研发及加工项目，经营范围高度相似或重合，且两公司的官方网站显示两公司生产相同或相似产品。故足以认定两公司存在生产或者经营同类产品、从事同类业务的竞争关系。其次，根据某某就业信息网以及某某就业在线微信公众号发布的佛山某某科技有限公司的招聘信息，联系人均为"李某"，联系电话经李某本人确认确系其手机号码，且微信公众号中职位发布人一栏显示"李某"的头像与李某的身份证及其就业创业证上的证件照相貌一致，同时结合李某在二审中认可其于2018年10月份起担任佛山某某科技有限公司总经理助理职务的陈述，故法院采信某陶瓷釉色料有限公司的主张，并认定李某离职后至佛山某某科技有限公司工作之事实。因此，李某在其履行竞业限制义务期间到与本单位生产或者经营同类产品、从事同类业务的有竞争关系的其他用人单位工作，明显违反了《竞业限制协议》的约定，应依法承担违约责任。一审法院认定李某应返还某陶瓷釉色料有限公司向其已支付的竞业限制经济补偿116 021.6元、并应当继续履行《竞业限制协议》，于法有据，亦符合双方约定，二审法院予以确认。

竞业限制违约金数额的确定既要考虑双方的具体约定、劳动者竞业行为的严重程度及给用人单位带来的实际损失，还应当适度体现对劳动者违约行为的惩罚性。双方签订的竞业禁止合同中约定某陶瓷釉色料有限公司向李某支付的补偿金为李某前12个月平均工资的1/3，虽并不违反法律、法规强制性规定，但与李某应承担的"前12个月薪水的五倍"的违约金相比，双方确存在权利义务不对等的情形，该约定的违约金明显偏高，为平衡双方利益，确有酌情降低的必要。因某陶瓷釉色料有限公司并未举证其损失数额，可以参照李某在某陶瓷釉色料有限公司创造的劳动价值，即以其工资收入情况作为认定某陶瓷釉色料有限公司损失的参考金额，同时综合考虑双方约定、竞业限制补偿金数额、李某违约情节等因素，并适度体现对劳动者违约行为的惩罚性，一审法院酌情将李某应当支付的违约金调整为80万元，并无不当，二审法院予以确认。

样本案例二

黄某某、广州某培训中心竞业限制纠纷案

- 当事人

上诉人：（原审原告）黄某某

被上诉人：（原审被告）广州某培训中心

• **基本案情**

黄某某在原审的诉讼请求：1. 判令黄某某无须支付违约金 200 000 元；2. 判令黄某某无须返还竞业限制补偿金 11 370 元；3. 判令黄某某无须继续履行竞业限制义务至 2018 年 11 月 12 日；4. 判令由广州某培训中心承担本案全部诉讼费用。

原审法院判决：1. 驳回黄某某的全部诉讼请求；2. 黄某某于判决发生法律效力之日起十日内，一次性向广州某培训中心支付违约金 200 000 元；3. 黄某某于判决发生法律效力之日起十日内一次性向广州某培训中心返还竞业限制补偿金 11 370 元；4. 黄某某继续履行竞业限制义务至 2018 年 11 月 12 日；5. 案件一审受理费 10 元，由黄某某负担。

判后，黄某某不服，上诉请求：1. 撤销原审判决，改判支持黄某某起诉的全部诉讼请求；2. 判令由广州某培训中心承担全部诉讼费用。上诉的主要事实与理由：1. 原审认定事实错误，导致错判。黄某某已尽到必要的注意义务，从未违反所谓的竞业限制约定。黄某某离职后，延续此前同时在案外人担任的教师工作并无不妥。黄某某只是遵从一贯的做法，已尽到注意义务，无须支付违约金。原审以"应由广州某培训中心决定是否主张权利"为由认定黄某某违反竞业限制义务，加重了黄某某作为普通劳动者所应承担的注意义务，有违公平合理原则，于法无据。2. 原审适用法律错误，导致错判。退一步讲，原审判令黄某某应支付违约金，其金额亦明显过高，显失公平，应做调整。根据《广东省高级人民法院、广东省劳动争议仲裁委员会关于适用〈劳动争议调解仲裁法〉、〈劳动合同法〉若干问题的指导意见》（粤高法发〔2008〕13 号，已废止）第 26 条及《广州市中级人民法院、广州市劳动人事争议仲裁委员会关于劳动争议案件研讨会会议纪要》第 12 条规定，案涉《竞业限制合同》未约定竞业限制的经济补偿金具体数额，仅约定违约金为 200 000 元的情况明显损害黄某某作为劳动者的合法权益，约定事项显失公平，广州某培训中心关于违约金的请求不应得到支持。广州某培训中心并未举证证明存在损失，退一步讲，即使其主张成立，亦应当综合其支付的经济补偿数额、黄某某的职务以及有无给广州某培训中心造成实际损害等因素，根据公平原则和诚实信用原则予以衡量，对违约金数额进行酌减，并调低为不超过其主张数额的 10% 或以下。3.《竞业限制合同》相关约定不是黄某某的真实意思表示，其约定的竞业限制范围明显超出必要限度，且未明确约定竞业限制补偿金额，故对该规定应作有利于黄某某的理解，原审判决未认定《竞业限制合同》是广州某培训中心预制，未经平等协商的格式文本等客观事实,导致错判。4.原审忽略"广州某培训中心支付竞业限制补偿金"是黄某某继续履行竞业限制协议的基本前提,既判令黄某某应继续履行竞业限制义务,又判令黄某某应返还竞业限制补偿金,明显有违权利义务相统一的原则,应予纠正。据此,黄某某请求二审依法改判。

广州某培训中心二审答辩称:一审认定事实清楚,适用法律正确,判决合理合法,请求予以维持。广州某培训中心是一家以中小学教育培训为主要业务的培训学校,每年花费大量的人财力对教研活动进行投入及研究,在行业内具备一定的规模性及相当的知名度,广州某培训中心的培训内容、教案、客户(学生)资料等企业信息决定广州某培训中心在教育培训领域的竞争优势,成为广州某培训中心的商业秘密并在企业内部对掌握此类信息的人员以签署竞业限制协议的方式进行保密。而黄某某自2016年5月入职广州某培训中心后,任全职教师,因其可掌握前述教育信息及经营信息而作为广州某培训中心的核心工作人员,其在入职后与广州某培训中心在劳动合同中约定了商业秘密的保护并单独签署《竞业限制合同》,约定竞业限制义务、约定用人单位支付竞业限制补偿金的标准及支付流程。黄某某于2017年11月与案外8人先后恶意离职,并当即入职到与广州某培训中心有竞争关系的同类教育培训机构广州某某教育咨询有限公司(以下简称某某公司),而在黄某某违反竞业限制合同的情况下,广州某培训中心依然按照竞业限制合同的约定向黄某某支付竞业限制补偿金长达6个月。广州某培训中心认为,双方签署的《劳动合同》和《竞业限制合同》是双方真实意思表示,不违反国家法律、行政法规强制性规定,黄某某违反劳动合同法及相关司法解释的规定,违反竞业限制合同的约定,应当按照竞业限制合同的约定,向广州某培训中心退还竞业限制补偿金、承担违约金并按法律规定继续履行竞业限制合同。

法院二审查明,黄某某于2016年5月1日入职广州某培训中心任职全职教师。双方于同日签订了期限为2016年5月1日至2019年6月30日的劳动合同;2017年11月1日,双方又签订了一份期限为2017年11月1日至2019年6月30日的劳动合同;两份劳动合同均约定了保密条款,并在第四十九条载明合同附件为《竞业限制合同》,与本合同具有同等法律效力。双方于2016年9月1日签订的《竞业限制合同》第三条约定黄某某在广州某培训中心工作期间及从广州某培训中心离职后十二个月内,不得从事包括但不限于以下:1.黄某某单独从事或与他人合伙从事与广州某培训中心相同、类似或有竞争性的业务;2.黄某某在与广州某培训中心相同、类似或有竞争性业务的第三方任职(包括兼职)、提供咨询、与之合作或作为股东;3.未经广州某培训中心书面同意,黄某某接受与广州某培训中心相同、类似或有竞争性业务的第三方提供的培训、资助、财物或其他利益。第四条约定,承担竞业限制义务的地域范围为中国境内及与广州某培训中心有业务往来的其他国家和地区。对于广州某培训中心从事的互联网络业务,黄某某承担竞业限制义务的地域范围为互联网业务可覆盖的所有国家及地区。第七条约定,黄某某按照本合同第五条约定按月向广州某培训中心提供履行竞业限制义务的书面证明或者书面承诺后,经广州某培训中心审核无误的情况下,广州某培训中心向黄某某支付当月竞业限制补偿金,标准为不低于当地最低工资。第八条约定,如国家和本地有关法律法规规定的竞业限制补偿金的底线标准高于第七条约定的补偿金标准的,广州某培训中心有权补足差额,黄某某不应以此主张本合同或本合同相应条款无效。第九条约定,如黄某某违反本合同约定,应全额返还广州某培训中心已支付的竞业限制补偿金,并向广州某培训中心支付违约金人民币 200 000 元。

2017 年 11 月 13 日,黄某某因个人原因辞职并办理离职手续。广州某培训中心出具给黄某某的《劳动合同解除证明》记载"双方确认,就劳动关系存续期间所涉及的全部事宜无任何争议,且在双方劳动合同解除的同时员工履行保密义务和竞业限制义务不因劳动合同的解除而终止",双方均在落款处签字确认。黄某某从广州某培训中心离职后,于 2017 年 11 月入职某某公司任职教师。

广州某培训中心为民办非企业单位,其业务范围为中小学各科补习。某某公司的工商登记经营范围包括教育咨询服务、语言培训、职业技能培训等。

2018 年 4 月 27 日,广州某培训中心向某区劳动人事争议仲裁委员会申请仲裁,请求:1. 黄某某向广州某培训中心支付违约金 200 000 元;2. 黄某某继续履行竞业限制义务;3. 黄某某向广州某培训中心返还已支付的竞业限制补偿金 11 370 元。某区劳动人事争议仲裁委员会 2018 年 6 月 20 日作出仲裁裁决:1. 黄某某一次性支付广州某培训中心违约金 200 000 元;2. 黄某某一次性返还广州某培训中心竞业限制补偿金 11 370 元;3. 黄某某继续履行竞业限制义务至 2018 年 11 月 12 日。

另查明,黄某某每月发放的工资由基本工资 1 895 元/月和课时收入组成。双方确认黄某某同时在广州某培训中心的关联企业广州市某区某某培训学校从事教学工作,黄某某主张其工资包含广州市某区某某培训学校发放的劳务报酬,每月共计 23 000 元左右。2017 年 12 月,广州某培训中心向黄某某转账支付了 3 063.44 元;2018 年 1 月至 2018 年 5 月期间,广州某培训中心每月向黄某某转账支付了 1 895 元。广州某培训中心主张 2017 年 12 月发放的金额含第一个月的竞业限制补偿金,因此共向黄某某发放了 2017 年 11 月至 2018 年 4 月期间六个月的竞业限制补偿金 11 370 元。黄某某否认 11 370 元属于竞业限制补偿金,认为该款在银行流水中显示为工资。

一审中，广州某培训中心提供了某某公司微信公众号发布的内容，除了涉及中小学课外辅导培训等以外还显示黄某某为该公司"化学名师"等内容。黄某某对上述证据不予认可。

二审中，广州某培训中心提供 2018 年 8 月 21 日报纸刊登的《广州某机构原名师天团 30 位名师转会某某公司》、2018 年 8 月 22 日报纸刊登的《某某公司：终极目标是学术输出》、2018 年 8 月 23 日报纸刊登的《邦爸：教学要对结果负责》拟证明黄某某违反竞业限制合同，以在某某培训学校的工作经历作为市场宣传内容，对广州某培训中心造成不良影响。黄某某确认上述报章的真实性，但对报章的合法性及关联性不予确认，认为上述报章形成时间是 2018 年 8 月，广州某培训中心并未在一审中提供上述报章作为证据，故不属于二审的新证据。黄某某对上述报章提到的内容并不知情。某某公司也不是本案的当事人，其所作的宣传与本案无关，也不能证明广州某培训中心主张的内容。

• 案件争点

1. 《竞业限制合同》是否有效？
2. 黄某某是否违反了《竞业限制合同》约定？
3. 黄某某应否返还竞业限制补偿金并继续履行竞业限制？
4. 黄某某应否支付竞业限制违约金？违约金是否过高？

• 裁判要旨

关于《竞业限制合同》的效力问题。根据《中华人民共和国合同法》第五十四条[①]"下列合同，当事人一方有权请求人民法院或者仲裁机构变更或者撤销：（一）因重大误解订立的；（二）在订立合同时显失公平的。一方以欺诈、胁迫的手段或者乘人之危，使对方在违背真实意思的情况下订立的合同，受损害方有权请求人民法院或者仲裁机构变更或者撤销。当事人请求变更的，人民法院或者仲裁机构不得撤销"的规定，黄某某上诉称《竞业限制合同》并非其真实意思表示，依照上述的法律规定，黄某某有权请求法院或者仲裁机构变更或者撤销上述《竞业限制合同》的约定。黄某某未在法定的期限内申请撤销或者变更上述合同，故黄某某主张《竞业限制合同》并非其真实意思表示，法院不予采信。虽然《竞业限制合同》没有约定竞业限制的补偿金的具体数额，但该约定的瑕疵并不影响《竞业限制合同》的效力，黄某某可以与广州某培训中心另行协商或者向有关部门主张权利。黄某某上诉主张《竞业限制合同》约定

[①] 《合同法》已废止，本条对应《民法典》第 147 条—151 条。

竞业限制范围超出必要限度，缺乏相应的证据予以证明，法院不予采纳。审查《竞业限制合同》的约定并无违反法律的规定，黄某某上诉主张《竞业限制合同》无效的理由不成立，法院不予支持。

关于黄某某是否违反了《竞业限制合同》约定的问题。广州市某区某某培训学校与广州某培训中心为关联企业，两个培训机构之间存在共同利益。广州某培训中心安排黄某某到广州市某区某某培训学校提供教学服务，并无损害广州某培训中心的利益。广州某培训中心是否向黄某某主张违反竞业禁止的违约责任，属于其在法律及合同约定范围内对自己权利的处分。因此，黄某某以广州某培训中心允许其到案外人广州市某区某某培训学校任课为由，主张其到某某公司任职并无违反竞业限制，理由不成立。原审法院认定黄某某违反竞业限制约定，事实与法律依据充分，二审法院予以确认。

关于黄某某应否返还广州某培训中心已付的竞业限制补偿金及继续履行竞业限制的问题。首先，广州某培训中心主张在黄某某离职后以1 895元/月向其支付了2017年11月至2018年4月期间的竞业限制补偿金。黄某某否认款项的性质为竞业补偿，但并未提供相反的证据予以证明，故二审法院采纳广州某培训中心的主张，确认广州某培训中心履行了竞业限制合同的约定，向黄某某支付了竞业限制补偿金。其次，黄某某在广州某培训中心离职后，随即入职某某公司任职教师，并未依约履行竞业限制义务，故应予退还其收取广州某培训中心的竞业限制补偿金。再次，由于广州某培训中心并未提出解除双方的竞业限制合同，故黄某某仍须继续履行竞业限制义务。在黄某某履行竞业限制义务期间，广州某培训中心也要向黄某某支付竞业限制补偿金。黄某某主张其继续履行竞业限制义务会加重其负担，与事实不符。根据《竞业限制合同》的约定，黄某某履行竞业限制义务的时间到2018年11月12日。至本案开庭时，双方约定黄某某的竞业限制义务的时间已届满，故黄某某无须再继续履行竞业限制义务。原审判令黄某某退还广州某培训中心支付的竞业限制补偿金并无不当。

关于黄某某应否支付竞业限制的违约金以及违约金是否过高的问题。首先，黄某某从广州某培训中心离职后到同业的某某公司从事同岗位的工作，违反《竞业限制合同》的约定，原审认定黄某某应向广州某培训中心支付违约金，理由充分，二审法院予以维持。其次，双方签订的《竞业限制合同》约定的违约金数额是明确的，不存在歧义。黄某某在广州某培训中心离职后违反竞业限制义务到某某公司担任任课老师，其对自身的违约行为应有合理的预期，要承担违约责任并向广州某培训中心支付200 000元的违约金。广州某培训中心已依约向黄某某支付了竞业限制的补偿金，故不存在黄某某上诉所称的广州某培训中心未支付竞业限制补偿金，黄某某因此无须承担违约责任的情况。诉讼中，广州某培训中心提供了黄某某现在任职的某某公司的对外宣传文章,包括微信公众号以及广州市内主要的媒体,证明黄某某违反竞业限制义务给广州某培训中心造成的影响。黄某某虽然对上述材料提出异议,但并未提供相反的证据,故二审法院对广州某培训中心提交的证据予以采纳。根据上述证据材料,某某公司以黄某某在广州某培训中心的工作经历作为对外招生的宣传点,黄某某对某某公司的行为采取放任的态度,其违反竞业限制义务的行为客观上给广州某培训中心造成了影响,损害了广州某培训中心的合法权益。根据双方提供的证据,结合黄某某在广州某培训中心工作时间、收入以及其过错程度,原审认定黄某某向广州某培训中心支付违约金 200 000 元,并无不当,二审法院予以维持。黄某某上诉请求减少违约金数额,理由不充分。

样本案例三
某集团有限公司与韩某某劳动争议

· **当事人**

原告:某集团有限公司
被告:韩某某

· **基本案情**

原告诉称,原告从事房地产中介业务。2011 年 9 月 1 日,原告与被告签订了期限为 2011 年 9 月 1 日至 2014 年 8 月 31 日的劳动合同,因被告在原告单位工作期间多次获取相关业务培训信息及大量的商业秘密,双方约定:在被告离职后 2 年内不得在同行业从事房地产中介业务,原告为此支付被告竞业限制补偿金 24 000 元。2014 年 3 月,被告因个人原因辞职,并立即就业于从事房产中介服务的某房产经纪有限公司。故请求被告退还原告发放的竞业限制补偿金 24 000 元并支付违约金 24 000 元。

被告辩称,原告应举证证明被告在烟台某房产经纪有限公司工作;原告在被告在职和离职后从未支付过竞业限制补偿金,被告在原告出具的单据上签字也不意味着被告每月收到了 1 500 元的竞业限制补偿金;假设按原告提交的竞业限制补偿金发放单计算,被告收到的竞业限制补偿金仅为 16 500 元,现原告请求被告退还 24 000 元及支付违约金 24 000 元显然过高,显失公平。请求依法公正判决。

经审理查明，原告公司的经营范围是房产中介、企业营销策划、家务服务。被告原系原告单位的职工，2011年9月1日，原告与被告在签订的劳动合同中约定：合同期限自2011年9月1日至2014年8月31日。本劳动合同终止或解除之日起二年内，被告不得到国内从事同类业务的有竞争关系的其他用人单位任职，或者自己开业从事同类业务；否则，被告应向原告支付违约金30 000元，并终止与有竞争关系单位的劳动关系、雇佣关系，或终止经营行为。当日，双方又在签订的补充劳动合同中约定：原告的经营范围包括房产中介（含房地产经纪服务）、企业营销策划、家务服务，鉴于被告在原告的工作涉及原告的商业秘密，负有保密义务，故在解除或者终止劳动合同后二年内，被告不得在与原告生产或者经营同类产品、从事同类业务的有竞争关系的其他用人单位工作，或者自己开业生产或者经营同类产品、从事同类业务，而原告为此自2011年9月起，每月支付被告1 500元的竞业限制补偿金；如果被告未按上述条款执行，除退还原告已经支付的全部竞业限制补偿金外，还应按照原告支付的全部竞业限制补偿金总额的一倍支付原告违约金。在上述两份劳动合同订立后，双方均按约履行。2014年3月，被告离职。2014年9月份，原告申诉至劳动人事争议仲裁委员会请求：1. 被告退还原告为其缴纳的社保费；2. 被告退还竞业限制补偿金24 000元、支付违约金24 000元。2014年9月28日，仲裁委作出裁决：原告的仲裁申请不予受理。原告不服裁决，诉至法院请求：1. 被告退还原告为其缴纳的社保费；2. 被告退还原告竞业限制补偿金24 000元、支付违约金24 000元。庭审中，原告申请撤回了被告退还原告为其缴纳的社保费的诉讼请求；被告到庭参加法庭第一、二次庭审，但经法院传票传唤无正当理由未到庭参加法庭的第三和第四次庭审。

- **案件争点**

被告是否应当退还原告发放的竞业限制补偿金并支付违约金？

- **裁判要旨**

被告原系原告单位的职工，原告与被告于2011年9月1日签订的劳动合同及补充劳动合同是双方当事人的真实意思表示，不违反国家禁止性的法律规定，应视为合法有效，双方当事人均应按约履行。在上述两份劳动合同签订后，原告除按月向被告发放的工资外，还分18次向被告支付了竞业限制补偿金27 000元，依据《中华人民共和国劳动合同法》（2012年修正）第二十三条"用人单位与劳动者可以在劳动合同中约定保守用人单位的商业秘密和与知识产权相关的保密事项。对负有保密义务的劳动者，用人单位可以在劳动合同或者保密协议中与劳动者约定竞业限制条款,并约定在解除或者终止劳动合同后,在竞业限制期限内按月给予劳动者经济补偿。劳动者违反竞业限制约定的,应当按照约定向用人单位支付违约金"之规定,因原告与被告在劳动合同中约定"本劳动合同终止或解除之日起二年内,被告不得到国内从事同类业务的有竞争关系的其他用人单位任职,或者自己开业从事同类业务",并在补充劳动合同中又再次重申了此项约定,并明确为"如果被告未按上述条款执行,除退还原告已经支付的全部竞业限制补偿金外,还应按照原告支付的全部竞业限制补偿金总额的一倍支付原告违约金",现原告仅主张被告退还竞业限制补偿金 24 000 元及支付违约金 24 000 元的理由正当,法院依法予以支持。故判决如下:1. 被告韩某某退还原告某集团有限公司竞业限制补偿金 24 000 元。2. 被告韩某某支付原告某集团有限公司违约金 24 000 元。以上两条共计 48 000 元,限被告韩某某于判决生效之日起 10 日内支付给原告某集团有限公司。

三、司法案例类案甄别

(一)事实对比

样本案例一,2008 年 9 月 4 日,李某与某陶瓷釉色料有限公司签订《保密协议》,2018 年 3 月 29 日,李某离职当日,李某与某陶瓷釉色料有限公司签订《竞业限制确认函》,该函载明:"李某于 2018 年 3 月 29 日与公司协商决定共同履行竞业限制协议,从 2018 年 4 月开始连续 18 个月支付经济补偿金,双方共同履行竞业限制协议。若公司暂停支付其竞业限制协议补偿金,则视为自动放弃竞业限制协议。"2018 年 4 月至 2019 年 1 月,某陶瓷釉色料有限公司按照每月 11 602.16 元的标准向李某支付竞业限制经济补偿,李某确认该期间收到以上款项。某陶瓷釉色料有限公司提交的就业网张贴有佛山某某科技有限公司的招聘信息,该招聘信息的联系人为"李某"。李某则提交《社会保险缴费明细》一份,该明细显示 2018 年 4 月起至 2019 年 1 月期间,并没有单位为其缴纳社会保险,其中 2018 年 7 月至 2019 年 1 月期间显示李某为灵活就业人员。

样本案例二,黄某某于 2016 年 5 月 1 日入职广州某培训中心任职全职教师。双方于同日签订了期限为 2016 年 5 月 1 日至 2019 年 6 月 30 日的劳动合同;2017 年 11 月 1 日,双方又签订了一份期限为 2017 年 11 月 1 日至 2019 年 6 月 30 日的劳动合同;两份劳动合同均约定了保密条款,并在第四十九条载明合同附件为《竞业限制合同》,与本合同具有同等法律效力。2017 年 11 月 13 日,黄某某因个人原因辞职并办理离职手续。广州某培训中心出具给黄某某的《劳动合同解除证明》记载"双方确认，就劳动关系存续期间所涉及的全部事宜无任何争议，且在双方劳动合同解除的同时员工履行保密义务和竞业限制义务不因劳动合同的解除而终止"，双方均在落款处签字确认。黄某某从广州某培训中心离职后，于 2017 年 11 月入职某某公司任职教师。广州某培训中心主张共向黄某某发放了 2017 年 11 月至 2018 年 4 月期间六个月的竞业限制补偿金 11 370 元。黄某某否认 11 370 元属于竞业限制补偿金，认为该款在银行流水中显示为工资。

样本案例三，原告公司的经营范围是房产中介、企业营销策划、家务服务。被告原系原告单位的职工，2011 年 9 月 1 日，原告与被告在签订的劳动合同中约定：合同期限自 2011 年 9 月 1 日至 2014 年 8 月 31 日。本劳动合同终止或解除之日起二年内，被告不得到国内从事同类业务的有竞争关系的其他用人单位任职，或者自己开业从事同类业务；否则，被告应向原告支付违约金 30 000 元，并终止与有竞争关系单位的劳动关系、雇佣关系，或终止经营行为。当日，双方又在签订的补充劳动合同中约定：原告的经营范围包括房产中介（含房地产经纪服务）、企业营销策划、家务服务，鉴于被告在原告的工作涉及原告的商业秘密，负有保密义务，故在解除或者终止劳动合同后二年内，被告不得在与原告生产或者经营同类产品、从事同类业务的有竞争关系的其他用人单位工作，或者自己开业生产或者经营同类产品、从事同类业务，而原告为此自 2011 年 9 月起，每月支付被告 1 500 元的竞业限制补偿金；如果被告未按上述条款执行，除退还原告已经支付的全部竞业限制补偿金外，还应按照原告支付的全部竞业限制补偿金总额的一倍支付原告违约金。在上述两份劳动合同订立后，双方均按约履行。2014 年 3 月，被告离职。

（二）适用法律对比

样本案例一，法院认为，首先，根据某陶瓷釉色料有限公司及佛山某某科技有限公司工商登记的经营范围，两公司经营范围均包含陶瓷釉色料的研发及加工项目，经营范围高度相似或重合，且两公司的官方网站显示两公司生产相同或相似产品。故足以认定两公司存在生产或者经营同类产品、从事同类业务的竞争关系。其次，根据某某就业信息网以及某某就业在线微信公众号发布的佛山某某科技有限公司的招聘信息，联系人均为"李某"，联系电话经李某本人确认确系其手机号码，且微信公众号中职位发布人一栏显示"李某"的头像与李某的身份证及其就业创业证上的证件照相貌一致，同时结合李某在二审中认可其于 2018 年 10 月份起担任佛山某某科技有限公司总经理助理职务的陈述，故法院采信某陶瓷釉色料有限公司的主张,并认定李某离职后至佛山某某科技有限公司工作之事实。因此,李某在其履行竞业限制义务期间到与本单位生产或者经营同类产品、从事同类业务的有竞争关系的其他用人单位工作,明显违反了《竞业限制协议》的约定,应依法承担违约责任。李某应返还某陶瓷釉色料有限公司已向其支付的竞业限制补偿金116 021.6元,并应当继续履行《竞业限制协议》。

样本案例二,法院认为关于黄某某应否返还广州某培训中心已付的竞业限制补偿金及继续履行竞业限制的问题。首先,广州某培训中心主张在黄某某离职后以1 895元/月向其支付了2017年11月至2018年4月期间的竞业限制补偿金。黄某某否认款项的性质为竞业补偿,但并未提供相反的证据予以证明,故法院采纳广州某培训中心的主张,确认广州某培训中心履行了竞业限制合同的约定,向黄某某支付了竞业限制补偿金。其次,黄某某在广州某培训中心离职后,随即入职某某公司任职教师,并未依约履行竞业限制义务,故其收取广州某培训中心的竞业限制补偿金应予退还。再次,由于广州某培训中心并未提出解除双方的竞业限制合同,故黄某某仍须继续履行竞业限制义务。在黄某某履行竞业限制义务期间,广州某培训中心也要向黄某某支付竞业限制补偿金。黄某某主张其继续履行竞业限制义务会加重其负担,与事实不符。根据《竞业限制合同》的约定,黄某某履行竞业限制义务的时间到2018年11月12日。至本案开庭时,双方约定黄某某的竞业限制义务的时间已届满,故黄某某无须再继续履行竞业限制义务。原审判令黄某某退还广州某培训中心支付的竞业限制补偿金并无不当。

样本案例三,被告原系原告单位的职工,原告与被告于2011年9月1日签订的劳动合同及补充劳动合同是双方当事人的真实意思表示,不违反国家禁止性的法律规定,应视为合法有效,双方当事人均应按约履行。在上述两份劳动合同签订后,原告除按月向被告发放的工资外,还分18次向被告支付了竞业限制补偿金27 000元,依据《中华人民共和国劳动合同法》(2012年修正)第二十三条"用人单位与劳动者可以在劳动合同中约定保守用人单位的商业秘密和与知识产权相关的保密事项。对负有保密义务的劳动者,用人单位可以在劳动合同或者保密协议中与劳动者约定竞业限制条款,并约定在解除或者终止劳动合同后,在竞业限制期限内按月给予劳动者经济补偿。劳动者违反竞业限制约定的,应当按照约定向用人单位支付违约金"之规定,因原告与被告在劳动合同中约定"本劳动合同终止或解除之日起二年内,被告不得到国内从事同类业务的有竞争关系的其他用人单位任职,或者自己开业从事同类业务",并在补充劳动合同中又再次重申了此项约定,并明确为

"如果被告未按上述条款执行，除退还原告已经支付的全部竞业限制补偿金外，还应按照原告支付的全部竞业限制补偿金总额的一倍支付原告违约金"，现原告仅主张被告退还竞业限制补偿金24 000元及支付违约金24 000元的理由正当，法院依法予以支持。

（三）类案大数据报告

截至2022年12月31日，以"竞业限制""补偿""返还"为关键词，通过公开数据库共检索到类案213件，经逐案阅看、分析，与本规则关联度较高的案件共有54件，因其中存在同一案件的一审、二审、再审裁判，严格意义上应将其认定为一件案件（还有套案等因素，实质上争议的焦点问题是相同的），故剔除前述情形后，实际共有49件案件。

从类案地域分布看，涉案数最多的地域是广东省，共16件；其次是江苏省，共10件；再次是上海市，共9件。

从类案结案时间看，结案最多的年份是2021年，共有60件；其次为2020年，共有45件；再次为2019年，共有28件。

从案件经历的审理程序看，只经过一审程序的共计98件，经过一审、二审两审程序的共计102件，经过一审、二审及再审程序的共计13件。

四、类案裁判规则的解析确立

竞业限制补偿金是对负有保守用人单位商业秘密的劳动者终止或解除劳动关系后一定期限内不得在生产同类产品、经营同类业务或有其他竞争关系的用人单位任职，也不得自己生产与原单位有竞争关系的同类产品或经营同类业务的一种补偿。劳动合同解除或者终止后，因用人单位的原因导致三个月未支付竞业限制补偿金的，劳动者可以向法院请求解除竞业限制约定。那么，根据公平原则，劳动者违反与单位间的竞业限制约定，进行了违反竞业限制合同的行为的，并在双方的竞业限制协议中约定了违反约定需返还补偿金的情形，用人单位也可主张劳动者返还已支付的竞业限制补偿金。但若双方合同中并未约定劳动者违反竞业限制义务时，应向用人单位返还已经支付的竞业限制补偿金的，人民法院对于用人单位要求返还的应不予支持。实践中的这一做法也充分表现了尊重当事人的意思自治的特点。

五、关联法律法规

《最高人民法院关于审理劳动争议案件适用法律问题的解释（一）》（法释[2020]26号，2021年1月1日起施行）

第三十六条 当事人在劳动合同或者保密协议中约定了竞业限制，但未约定解除或者终止劳动合同后给予劳动者经济补偿，劳动者履行了竞业限制义务，要求用人单位按照劳动者在劳动合同解除或者终止前十二个月平均工资的30%按月支付经济补偿的，人民法院应予支持。

前款规定的月平均工资的30%低于劳动合同履行地最低工资标准的，按照劳动合同履行地最低工资标准支付。

第三十七条 当事人在劳动合同或者保密协议中约定了竞业限制和经济补偿，当事人解除劳动合同时，除另有约定外，用人单位要求劳动者履行竞业限制义务，或者劳动者履行了竞业限制义务后要求用人单位支付经济补偿的，人民法院应予支持。

第三十八条 当事人在劳动合同或者保密协议中约定了竞业限制和经济补偿，劳动合同解除或者终止后，因用人单位的原因导致三个月未支付经济补偿，劳动者请求解除竞业限制约定的，人民法院应予支持。

竞业限制案件裁判规则

第 17 条

劳动者违反竞业限制义务并支付违约金后,竞业限制约定未到期的仍要继续履行竞业限制义务

一、聚焦司法案件裁判观点

■ 争议焦点

劳动者违反竞业限制义务并支付违约金后,是否还要继续履行竞业限制义务?

■ 裁判观点

竞业限制违约金与继续履行可以并存,劳动者违反竞业限制约定并向用人单位支付违约金后,用人单位要求劳动者按照约定继续履行竞业限制义务的,人民法院应予支持。

二、司法案例样本对比

样本案例一
何某与北京某文化传播有限公司劳动争议纠纷案

· **当事人**

上诉人(原审被告):何某

被上诉人(原审原告):北京某文化传播有限公司

· **基本案情**

上诉人何某因与被上诉人北京某文化传播有限公司劳动争议一案,不服一审民事判决,向法院提起上诉。法院于2018年2月23日立案后,依法组成合议庭,公开开庭进行了审理,何某及委托诉讼代理人吴某,北京某文化传播有限公司之委托诉讼代理人章某到庭参加了诉讼。本案现已审理终结。

何某上诉请求：请求撤销一审判决，判令无须支付北京某文化传播有限公司违反竞业限制义务的违约金以及无须继续履行《竞业限制协议》。理由是：何某并非北京某文化传播有限公司高级管理人员、高级技术人员和其他负有保密义务的人员。《竞业限制协议》不适用于何某；北京某文化传播有限公司与某科技（北京）有限公司不具竞争关系。

北京某文化传播有限公司辩称：同意一审判决。

何某向一审法院起诉请求：1. 无须向北京某文化传播有限公司支付违反竞业限制义务的违约金 252 000 元；2. 无须继续履行与北京某文化传播有限公司签订的《竞业限制协议》。

一审法院认定事实：对于当事人双方没有争议的事实，法院予以确认。双方均认可何某于 2016 年 3 月 15 日入职北京某文化传播有限公司，在职期间担任资深客户经理，月工资标准为 21 000 元，双方劳动关系解除时间为 2017 年 4 月 5 日。何某与北京某文化传播有限公司于 2016 年 8 月 5 日签订有《竞业限制协议》。协议甲方为北京某文化传播有限公司，乙方为何某，协议第一条第（一）款第 2 项约定：不论因何种原因从公司离职，离职后 2 年内，乙方不得到与甲方或甲方关联公司有竞争关系的单位建立劳动关系、劳务关系、劳务派遣、咨询顾问、股东、合伙人等关系。第（二）款约定：甲方承诺从双方劳动关系终止或解除之日起，公司应当按照竞业限制期限向员工支付一定数额的竞业限制补偿金。年经济补偿金的金额为员工离开公司前一年工资收入的 20%……第二条约定：乙方不履行本协议约定的义务，应当承担违约责任，一次性向公司支付违约金，金额为员工离开公司前一年工资收入的 50 倍。乙方因违约行为所获得的收益应当返还甲方。

2017 年 4 月 10 日，何某与某科技（北京）有限公司签订期限自当日起至 2020 年 9 月 30 日止的劳动合同，约定何某从事网络媒体市场部工作。北京某文化传播有限公司称何某入职某科技（北京）有限公司的行为违反了双方签订的《竞业限制协议》，该公司就其主张提交以下证据：1. 企业工商信息查询。其上显示某科技（北京）有限公司的经营范围中有：经营设计、制作、发布、代理国内外各类广告业务。北京某文化传播有限公司的股东为上海某文化传播有限公司，上海某文化传播有限公司的企业信息报告中显示该公司的经营范围亦包括文化艺术活动交流策划，设计、制作、代理、发布各类广告。北京某文化传播有限公司称该公司系上海某文化传播有限公司的全资子公司，上海某文化传播有限公司之所以设立北京某文化传播有限公司，系为便于员工在北京缴纳社会保险，北京某文化传播有限公司对外所有合同的签署均以上海某文化传播有限公司名义签署，而上海某文化传播有限公司与某科技（北京）有限公司存在竞争关系，故何某入职某科技（北京）有限公司的行为属于违反竞业限制义务行为。何某对该证据的真实性不持异议，亦认可北京某文化传播有限公司系上海某文化传播有限公司的全资子公司，但称上海某文化传播有限公司与某科技（北京）有限公司系合作关系，并不存在竞争关系，故其入职某科技（北京）有限公司的行为并未违反竞业限制义务。2.工资统计及银行转账凭证。北京某文化传播有限公司称自何某离职起该公司即每月按照《竞业限制协议》的约定，以何某的月基本工资17 000元的20％为基数向何某支付竞业限制补偿金，但何某违反竞业限制义务。何某对该证据的真实性不持异议，亦认可每月收到3 400元竞业限制补偿金，但称上述补偿金的数额过低，与竞业限制协议不符，且未按月进行发放，可见双方并无履行《竞业限制协议》的真实意思表示。3.2017年4月10日电子邮件。北京某文化传播有限公司称根据该电子邮件，何某入职某科技（北京）有限公司后，按照某科技（北京）有限公司要求，该公司向某科技（北京）有限公司的报价均需抄送给何某。何某认可其上显示的电子邮件地址为其本人所使用，但称该份邮件未经公证，且作为邮件，其内容、形式均不完整，即便证据为真，也与本案无关，故对于该证据的真实性、合法性、关联性及证明目的均不予认可。

何某称其并非我国劳动合同法中规定的需要履行竞业限制义务的主体，且北京某文化传播有限公司与某科技（北京）有限公司之间系合作关系而非竞争关系，另外北京某文化传播有限公司的相关负责人及主管均知晓其入职某科技（北京）有限公司的情况，故其并未违反《竞业限制协议》中约定的竞业限制义务。何某就其主张提交以下证据：1.何某与"R某"的微信聊天记录。其中有如下内容："R某：你去某科技（北京）有限公司了。恭喜哈。何某：本来已经确定去××那边了，JX姐说有机会让我试试，说舍不得让我走。然后就跟他们老大聊了一下。谢谢邓总。R某：和姐夫聊的吧，在某科技（北京）有限公司好好加油，我和姐姐，姐夫，TX也很熟，希望以后有机会可以帮到你在某科技（北京）有限公司的职业生涯，看好你。何某：嗯，跟JX聊的呢，我这边会更加努力的。也会帮助北京现在这边的小伙伴的。R某：嗯嗯，下次到北京一起吃饭，也替你高兴。"北京某文化传播有限公司认可"R某"系该公司监事邓某的微信号，但对该证据的真实性不予认可。2.何某与"罗某某"的微信聊天记录。其中有如下内容："罗某某：你去某科技（北京）有限公司了？何某：嗯，之前跟joy他们提我离职了之后他们问我准备去哪里。……然后最后考虑了一下就去某科技（北京）有限公司了。罗某某：小样，去某科技（北京）有限公司也好。何某：也是想着去某科技（北京）有限公司还能帮公司。罗某某：

他们一直在问我推荐人,忙得没空,你去了反倒更放心。……"何某称"罗某某"系该公司北京综艺部主管陈某的微信号,北京某文化传播有限公司认可陈某系公司北京综艺部主管,亦认可陈某有一个微信号叫作"罗某某",但对该证据的真实性不予认可,并称同事知晓何某入职某科技(北京)有限公司的事实,并不代表公司的立场。3.《某网络信息咨询及公关宣传推广服务协议》其上显示甲方为某科技(北京)有限公司,乙方为上海某文化传播有限公司。项目服务期限为2016年3月28日至2016年7月22日,乙方为甲方提供新闻稿、手机客户端、微信营销、贴吧、论坛、危机公关及其他互联网信息咨询和宣传推广服务,其后附有每项执行内容的报价表。4.《某某网络信息咨询及宣传推广服务协议》上显示甲方为某科技(北京)有限公司,乙方为上海某文化传播有限公司,项目服务期限为2016年4月25日至2016年8月5日,乙方为甲方提供新闻稿、手机客户端、微信营销、贴吧、论坛等互联网信息咨询和宣传推广服务,其后附有每项执行内容的报价表。5.《某偶像网络信息咨询及宣传推广服务协议》上显示甲方为某科技(北京)有限公司,乙方为上海某文化传播有限公司,项目服务期限为2016年5月23日至2016年10月30日,乙方为甲方提供新闻稿、手机客户端、微信营销、明星海报及创意海报、贴吧、论坛、百度优化等服务,其后附有每项执行内容的报价表。6.《"某视频"网络信息咨询及宣传推广服务合同》上显示甲方为某科技(北京)有限公司,乙方为上海某文化传播有限公司,项目服务期限为2016年7月1日至2016年10月15日,乙方为甲方提供新闻稿、手机客户端、微博营销、微信营销、百度问答、开播海报及创意海报、贴吧、论坛等服务,其后附有每项执行内容的报价表。7.《"某会"网络信息咨询及宣传推广服务协议》上显示甲方为某科技(北京)有限公司,乙方为上海某文化传播有限公司,项目服务期限为2016年12月28日至2017年3月31日,乙方为甲方提供新闻稿、手机客户端、微信营销、今日头条、贴吧、论坛、百度优化、舆情检测等服务,其后附有每项执行内容的报价表。8.公关传播代理协议。其上显示甲方为某科技(北京)有限公司,乙方为上海某文化传播有限公司,内容为甲方委托乙方于2017年2月7日至2017年6月30日期间承担甲方关于"《×××××》第二季"项目的媒体宣传工作,其后附有每项执行内容的报价表。何某称根据上述证据3至证据8可见,某科技(北京)有限公司与上海某文化传播有限公司之间系合作关系,并非竞争关系。北京某文化传播有限公司对证据3至证据8的真实性不持异议,但对证明目的不予认可,称上述协议均系在何某入职某科技(北京)有限公司之前签订,自何某入职某科技(北京)有限公司后,上海某文化传播有限公司及北京某文化传播有限公司与某科技(北京)有限公司再未签订过类似服务协议,之所以造成这种情况，系因何某将该公司的报价体系透露给某科技（北京）有限公司。

另查，何某表示其在北京某文化传播有限公司工作期间主要负责与某科技（北京）有限公司进行对接，主要负责项目的宣传和推广工作，其工作流程为：某科技（北京）有限公司就某一项目向北京某文化传播有限公司发出招标通知，北京某文化传播有限公司领导如果认为何某适合该项目，则安排何某予以跟进，该公司采购部在供应商报价的基础上，将加入利润后的价格汇总给何某，何某制作宣传方案并附报价报给某科技（北京）有限公司，某科技（北京）有限公司经与其他方案进行对比，如认为北京某文化传播有限公司的方案可行，会把对北京某文化传播有限公司的报价意见反馈给何某，何某将某科技（北京）有限公司意见反馈给成本部，成本部征求采购部意见，协商后将修订价格反馈给何某，何某将修订后的价格意见反馈给某科技（北京）有限公司，由某科技（北京）有限公司决定是否委托北京某文化传播有限公司开展相关业务。北京某文化传播有限公司就何某在职期间的工作职责提交了新员工入职考核计划，其上显示工作职责包括：1. 推广方案制订；2. 客户沟通；3. 推广资源掌控与整合；4. 项目实施；5. 团队建设。何某对该证据的真实性不持异议，但称其所掌握的报价均系采购部在供应商报价的基础上核算后汇总给他的，而且上海某文化传播有限公司与某科技（北京）有限公司签订的服务协议中均明确了每项执行内容的报价，故报价系双方均知晓的。北京某文化传播有限公司不予认可，称制定推广方案中最重要的一部分即为报价，何某直接掌握该公司的成本和利润，其将该公司成本和利润透露给某科技（北京）有限公司，导致该公司自2017年4月起与某科技（北京）有限公司再无新的业务产生。

再查，何某主张，即便其违反了竞业限制义务，北京某文化传播有限公司与其约定的违约金数额与竞业限制补偿金数额差距悬殊，违约金数额过高，应当予以酌情减少。

对于双方均认可真实性的证据部分，法院对此亦不持异议。北京某文化传播有限公司虽对何某提交的与"R某"及"罗某某"微信聊天记录的真实性不予认可，但该公司认可该公司监事邓某与综艺部主管陈某有名为"R某"及"罗某某"的微信号，现该公司未提举反证以推翻上述证据效力，故法院对上述证据的真实性予以采纳。何某虽对北京某文化传播有限公司提交的电子邮件的真实性不予认可，但其认可其上显示的电子邮箱为其本人所使用，现何某未提交相反证据推翻上述证据证明力，故法院对该证据的真实性予以采纳。

北京某文化传播有限公司以要求何某继续履行《竞业限制协议》、支付竞业限制违约金及违反保密义务造成的损失为由向劳动人事争议仲裁委员会申请仲裁，仲裁委员会裁决如下：1. 何某向北京某文化传播有限公司支付违反竞业限制违约金252 000元；2.何某与北京某文化传播有限公司继续履行《竞业限制协议》；3.驳回北京某文化传播有限公司的其他仲裁请求。何某不服裁决结果，于法定期限内向法院提起诉讼。

一审法院认为，根据《中华人民共和国劳动合同法》（2012年修正）第二十三条第二款之规定，劳动者违反竞业限制约定的，应当按照约定向用人单位支付违约金。本案中，双方就何某入职某科技（北京）有限公司的事实不持异议，因此，本案争议焦点即在于何某入职某科技（北京）有限公司的行为是否违反了其与北京某文化传播有限公司之间签订的《竞业限制协议》。就此争议焦点，首先，根据北京某文化传播有限公司提交的何某认可真实性的新员工入职考核办法所显示的何某的工作职责，何某应当属于我国劳动合同法第24条中规定的其他负有保密义务的人员，因此法院对于何某所持的其不属于竞业限制义务主体的主张不予采信，其应当根据双方签订的《竞业限制协议》履行竞业限制义务。其次，《竞业限制协议》第一条第（一）款第2项约定，何某离职后2年内不得到与甲方或甲方关联公司有竞争关系的单位建立劳动关系。北京某文化传播有限公司系上海某文化传播有限公司的全资子公司，双方之间存在关联关系，因此上海某文化传播有限公司应当属于上述协议中所约定的"甲方关联公司"之列。再次，上海某文化传播有限公司与某科技（北京）有限公司均从事广告业务的设计、制作、发布及代理，根据何某提交的数份网络信息咨询及公关宣传推广服务协议可见，两公司在同一领域的业务范围均有重叠，并且曾存在密切的上下游业务关系，因此从纵向维度上看能够判定上海某文化传播有限公司与某科技（北京）有限公司确存在竞争关系。最后，何某在北京某文化传播有限公司工作期间即负责与某科技（北京）有限公司就前述宣传推广业务进行对接，其入职某科技（北京）有限公司后亦系负责上述业务范围，因此何某自北京某文化传播有限公司离职后即入职某科技（北京）有限公司的行为确有可能造成北京某文化传播有限公司与上海某文化传播有限公司商业秘密的泄露，给北京某文化传播有限公司和上海某文化传播有限公司造成经济损失。综上，何某的行为已经违反了《竞业限制协议》约定，应当向北京某文化传播有限公司支付竞业限制违约金。就竞业限制违约金的数额，何某提出双方约定的竞业限制补偿金数额与违约金标准明显失衡，应当予以酌减，法院综合何某违反竞业限制义务的情形、双方竞业限制补偿金的支付标准、违约金约定标准及双方权利义务平衡等因素进行考量，酌情判令何某应当向北京某文化传播有限公司支付违反竞业限制义务的违约金204 000元。

根据《最高人民法院关于审理劳动争议案件适用法律若干问题的解释（四）》（法释〔2013〕4号，2013年2月1日起施行，已废止）第十条之规定，劳动者违反竞业限制约定,向用人单位支付违约金后,用人单位要求劳动者按照约定继续履行竞业限制义务的,人民法院应予支持。鉴于双方约定的竞业限制期限为离职后2年,现双方竞业限制期限尚未届满,因此何某应当继续与北京某文化传播有限公司履行双方于2016年8月5日签订的《竞业限制协议》。

综上所述,法院依据《中华人民共和国劳动合同法》(2012年修正)第二十三条第二款、《最高人民法院关于审理劳动争议案件适用法律若干问题的解释(四)》(法释〔2013〕4号,2013年2月1日起施行,已废止)第十条之规定,判决:1.何某于判决生效之日起7日内向北京某文化传播有限公司支付违反竞业限制违约金204 000元;2.何某与北京某文化传播有限公司继续履行《竞业限制协议》;3.驳回何某的其他诉讼请求。

二审中,何某提交上海某文化传播有限公司与某科技(北京)有限公司《公关传播策划服务协议》作为新证据,以证明不存在北京某文化传播有限公司在一审中所称与某科技(北京)有限公司合作中断的情况,且双方并非竞争关系。北京某文化传播有限公司认可该证据的真实性,对关联性和证明目的均不认可,称何某入职某科技(北京)有限公司后,双方合作减少。对该证据的真实性,法院不持异议,该协议证明双方存在业务往来,但判断双方是否存在竞争关系并不是仅凭借双方存在业务往来而定,故二审法院不予采信。

二审法院对一审查明的事实予以确认。

• 案件争点

何某是否属于竞业限制的范围,其是否应适用竞业限制的相关条款?

• 裁判要旨

何某上诉否认其属于竞业限制的范围,不适用竞业限制的相关条款。首先,根据北京某文化传播有限公司提交的何某认可真实性的新员工入职考核计划所显示的何某的工作职责,何某当属于负有保密义务的人员;其次,双方签订的《竞业限制协议》中明确约定何某离职后2年内不得到与甲方或甲方关联公司有竞争关系的单位建立劳动关系。鉴此,法院对何某的主张不予采信,何某应受双方签订的《竞业限制协议》的约束。关于何某离职后所入职的某科技(北京)有限公司与上海某文化传播有限公司是否具有竞争关系,首先,北京某文化传播有限公司系上海某文化传播有限公司的全资子公司,具关联关系;其次,上海某文化传播有限公司与某科技(北京)有限公司均从事广告业务的设计、制作、发布及代理,在一定的领域内业务存在重叠,何某也明确表示了存在密切的上下游业务关系,一审法院据此判定上海某文化传播有限公司与某科技(北京）有限公司存在竞争关系，二审法院认为并无不当，亦予确认。何某离职后即入职某科技（北京）有限公司，违反了《竞业限制协议》的约定，确有可能给北京某文化传播有限公司造成经济损失，应当向北京某文化传播有限公司支付违约金并继续履行该协议至协议期满。

样本案例二

常州某科技有限公司与吴某、常州某纺织品有限公司劳动争议

- **当事人**

  原告：常州某科技有限公司
  被告：吴某、常州某纺织品有限公司

- **基本案情**

原告常州某纺织品有限公司向法院提出诉讼请求：1. 被告吴某立即停止违反竞业限制约定的行为，解除其与被告常州某纺织品有限公司间的劳动关系；2. 被告吴某继续履行竞业限制义务直至两年期限届满；3. 两被告连带向原告承担竞业限制违约金 314 380 元；4. 诉讼费用由被告负担。

被告吴某辩称，原告与我方劳动关系于 2016 年 2 月 18 日已经事实解除，双方间于 2015 年 12 月 2 日签订了竞业限制协议，两被告间自始不存在劳动关系，我方并未违反竞业限制义务，要求驳回原告的诉讼请求。

被告常州某纺织品有限公司辩称，我方并非劳动仲裁裁决书的被申请人，本案原告直接追加我方为本案被告不恰当，两被告间不存在劳动关系，对于原告与被告吴某间的竞业限制协议不清楚，我公司与原告也不存在不正当竞争的行为，所以我方不应承担责任，要求驳回原告的诉讼请求。

法院经审理认定事实如下：吴某于 2006 年 3 月 15 日进入原告关联企业某针织有限公司从事客服助理工作，双方签订劳动合同至 2010 年 3 月 14 日；2010 年 3 月 15 日，吴某进入原告关联企业某泰公司从事业务员工作，双方签订了劳动合同和《保密和竞业限制协议》（以下简称竞业限制协议），期限至 2013 年 3 月 14 日，期满后双方续签了劳动合同和竞业限制协议。2015 年 12 月 2 日，原、被告再次签订了劳动合同和竞业限制协议，劳动合同约定履行期限为 2015 年 12 月 1 日至 2016 年 11 月 30 日，岗位为业务员。原、被告签订的竞业限制协议相应条款约定了如下内容：第一条第二项，本协议所称的商业秘密

包括甲方（原告）的经营信息，包括业务函件、客户名录、价格政策、进货及销售渠道、产销策略、招投标信息及标书内容等；第五条，乙方（被告）在甲方工作期间及其自甲方离职后两年内，不得为与甲方生产或经营同类产品、从事同类业务的其他单位工作、服务，也不得在这些单位拥有利益。乙方竞业限制补偿金支付方式：第六条，乙方从甲方离职后，按约履行本协议竞业限制义务的，甲方应向乙方支付竞业限制补偿金，乙方在竞业限制期限内，每年可获得的竞业限制补偿金为乙方离职前十二月从甲方获得的报酬总额的三分之一；第七条，乙方竞业限制期间，在自觉遵守竞业限制约定的前提下，甲方按月支付给乙方竞业限制补偿金，竞业限制补偿金应由乙方本人前来甲方领取，或由乙方提供指定收款账号，由甲方将补偿金打入乙方指定账号；第十一条，乙方违反本协议第五条约定的竞业限制义务的，除应返还甲方已经支付的竞业限制补偿金外，还应向甲方支付违约金，其金额为离职前12个月工资总额的5倍，对甲方已经指出其违约行为并要求改正而乙方拒不改正的，该违约金在原有标准上增加50%，且乙方不得以任何理由要求对违约金进行调整；乙方违反竞业限制义务，除应返还甲方竞业限制补偿金并支付违约金外，还应继续履行竞业限制义务，直至双方约定的竞业限制期限届满；乙方发生违约行为的期间，以及双方对是否发生违约行为产生争议而将争议提交有关机构依法解决的期间，不计入本协议约定的乙方竞业限制期间；第十二条，乙方遵守竞业限制约定而甲方不予支付相应补偿金的，甲方除按约支付乙方竞业限制补偿金外，还应按照补偿金的标准增加50%作为违约金支付给乙方。

2016年2月15日，被告吴某因自身原因以电子邮件形式向原告发出辞职申请，同年2月18日吴某未再至原告处工作。2016年3月1日、3月15日、6月20日，原告分别向吴某身份证载明地址、现居住地、常州某纺织品有限公司所在地邮寄《书面敦促函》，要求吴某前来办理离职交接手续，遵守保密及竞业限制协议，并来领取竞业限制补偿金，或提供本人有效的银行卡资料，以便公司支付竞业限制经济补偿金。经查询，上述邮件均已签收。2016年3月，常州某纺织品有限公司为被告缴纳了一个月的社会保险。2016年7月3日至2016年7月20日，原告为认定吴某在常州某纺织品有限公司工作，安排他人拍摄吴某在常州某纺织品有限公司上下班时间出入情况。此后，原告向常州市某区劳动人事争议仲裁委员会申请仲裁，请求：1.被告吴某立即停止违反竞业限制行为，解除其与常州某纺织品有限公司之间的劳动关系；2.继续履行原、被告间的竞业限制义务直至两年期限届满；3.被告向原告支付竞业限制违约金314 380元。2016年10月13日，该仲裁委作出仲裁裁决书，裁决如下：1.常州某纺织品有限公司与吴某继续履行竞业限制协议直至两年期限届满；2.对于常州某纺织品有限公司的其他仲裁请求，不予支持。原告对该仲裁结果不认可，于 2016 年 10 月 28 日诉至法院，提出前列诉讼请求。

另查明，常州某科技有限公司、某针织有限公司、某泰公司为关联公司。被告吴某解除劳动合同前 12 个月工资合计为 62 876 元。

另查明，被告常州某纺织品有限公司营业执照中载明的经营范围为：纺织品后整理加工；针纺织品、纺织原料、服装、服饰、辅料、日用百货的销售。原告营业执照中载明的经营范围为：新型面料的研发；高档织物面料及原材料、服装服饰的销售，自营和代理各类商品及技术的进出口业务。

庭审中，双方当事人对被告吴某是否违反竞业限制协议产生争议。原告认为，其提供的社保缴费证明及安排专人拍摄的被告吴某于 2016 年 7 月 3 日至 7 月 20 日进出被告常州某纺织品有限公司的视频可以证明被告吴某在被告常州某纺织品有限公司上班的事实。被告吴某认为，其未与被告常州某纺织品有限公司存有劳动关系，其与常州某纺织品有限公司老板是朋友关系，离职后，吴某委托常州某纺织品有限公司缴纳了一个月的社会保险，此后再也没有让该公司缴纳过。此外，2016 年 7 月 3 日至 20 日间，吴某确实去过常州某纺织品有限公司，但并不是上班，也并非天天去，而是偶尔去，原告提供的视频资料系复制件，并非原件，存有删减编辑的可能，对该证据真实性不认可。综上，原告并无证据证明两被告间存有劳动关系，亦无证据证明被告吴某违反了竞业限制协议。被告常州某纺织品有限公司不认可原告陈述，对被告吴某陈述无异议。

庭审中，经法庭询问，原告并未详细统计被告的离职给其造成业务损失的数额，但认为对于其公司与客户关系有所影响，亦认为本案系违约之诉，并非追究被告侵犯原告商业秘密的侵权之诉，故要求按照合同约定的违约金标准计算违约金。

庭审中，被告吴某认为其与原告签订的竞业限制协议中约定的违约金过高，该协议中约定的竞业限制补偿金不高，但违约金确为上年度收入的 5 倍，明显权利义务不对等，应属于无效条款。此外，该协议也是格式条款，是与劳动合同一起签订的，吴某并没有选择的余地。

庭审中，双方当事人对于吴某是否应继续履行竞业限制协议产生争议。原告认为，因为吴某存有的违约行为，根据合同约定及法律规定应当从吴某终止与被告常州某纺织品有限公司劳动关系之日起另行起算至两年之日届满；被告吴某认为因原告至今未支付竞业限制补偿金，故不同意继续履行该竞业限制协议。

法院认为，关于被告吴某是否违反其与原告签订的竞业限制协议。根据该协议约定，乙方（吴某）在甲方（常州某科技有限公司）工作期间及其自甲方离职后两年内,不得为与甲方生产或经营同类产品、从事同类业务的其他单位工作、服务。本案中,吴某在原告处的工作为销售业务员,不可避免地会接触到原告企业客户信息、产品技术信息、产品价格等商业秘密,原告为保护其商业秘密,与被告吴某签订上述竞业限制协议并无不当。庭审中,原告提供了视频资料一份,被告认为该视频为复制件,需提供原件方可质证,且存在删减编辑可能。对此法院认为,该视频虽为复制件,但考虑到视频资料的特殊性,其复制件亦能准确反映拍摄件的全部内容,且被告吴某亦未对此申请司法鉴定,故法院对该视频的真实性予以认可。该视频资料载明了被告吴某于不同时间段多次在常州某纺织品有限公司活动及坐于办公桌前的事实,据此,被告吴某解释为仅去过几次,因常州某纺织品有限公司法定代表人是其朋友,对此法院认为,视频中载明的吴某出现的时间具有规律性,早晚较多,且还有坐于办公桌前的图片,法院认为上述细节可以证明被告吴某前往常州某纺织品有限公司是在工作上班的事实。此外,被告常州某纺织品有限公司的业务范围为"纺织品后整理加工;针纺织品、纺织原料、服装、服饰、辅料、日用百货的销售",与原告"高档织物面料及原材料、服装服饰的销售"有同类业务,被告作为原告公司原销售人员在与原告公司有同类销售业务的单位上班确系违反了竞业限制协议中关于"乙方自甲方离职后两年内,不得为与甲方生产或经营同类产品、从事同类业务的其他单位工作、服务"的约定。综上,法院认为被告吴某违反竞业限制协议的行为成立。

• 案件争点

1. 双方签订的竞业限制协议约定的违约金是否过高?
2. 被告吴某是否应继续履行竞业限制协议?
3. 被告常州某纺织品有限公司是否需要承担责任?

• 裁判要旨

关于双方签订的竞业限制协议约定的违约金是否过高,被告吴某应承担违约金的具体数额。根据双方协议约定,若吴某履行竞业限制协议,其每年从原告处所得竞业限制补偿金为离职前12个月从甲方获得报酬总额的三分之一;若吴某有违约行为,应向原告支付违约金金额为离职前12个月工资总额的5倍;若吴某履行了竞业限制协议,而原告未履行,则原告应按约支付竞业限制补偿金,并承担该补偿费标准的50%作为违约金支付给吴某。庭审中,双方已确认被告吴某离职前12个月工资总额为62 876元,故按该约定计算出吴某两年获得的竞业限制补偿金金额为41 917.32元(20 958.66元/年×2年),吴某违约时支付的违约金金额为 314 380 元,而原告公司违约时支付的金额除上述竞业限制补偿金外,仅需承担违约金 20 958.66 元。根据法律规定,订立劳动合同应当遵循合法、公平、平等自愿、协商一致、诚实信用的原则。本案中,双方订立的竞业限制协议在双方分别违约时约定的违约金差异巨大,客观上加重了被告吴某的义务,违背了公平原则,应当认定对于吴某约定的违约金过高,经当事人申请,法院依法应当予以调整。关于违约金具体金额,庭审中,经法院询问,原告并未表示其因吴某至常州某纺织品有限公司工作遭受损失,仅陈述损失是客观的,但并未提供任何证据予以证明,据此,法院结合吴某实际能取得的竞业限制补偿对价、原告的实际损失、被告吴某的工作性质、违约程度等因素,酌定按照该竞业限制协议约定的原告违约时应支付的违约金金额计算被告违约金,故法院认定被告吴某应支付的违约金金额为 20 958.66 元。

关于被告吴某是否应继续履行竞业限制协议。根据法律规定,竞业限制义务人在解除或者终止劳动合同后,履行竞业限制义务的期限,不得超过两年。根据双方签订的竞业限制协议约定,被告吴某违反竞业限制义务,除应返还原告竞业限制补偿金并支付违约金外,还应继续履行竞业限制义务,直至双方约定的竞业限制期限届满,乙方发生违约行为的期间,以及双方对是否发生违约行为产生争议而将争议提交有关机构依法解决的期间,不计入本协议约定的原告吴某的竞业限制期间内。法院认为,双方间的上述协议内容明显加重了劳动者一方的义务,并违反了相关法律规定,考虑到被告作为劳动者在签订该格式条款时的合同地位,法院认为上述条款不应作为被告重新计算两年竞业限制期限的依据。据此,法院认为应当从原告与被告解除劳动合同之日起计算竞业限制期,直至两年期限届满即可。即被告吴某的竞业限制期为 2016 年 2 月 15 日至 2018 年 2 月 14 日,在此期间内,被告吴某应当继续履行竞业限制义务,原告应当支付被告吴某相应竞业限制补偿。

关于被告常州某纺织品有限公司是否需要承担责任。本案中,原告并未提供任何证据证明常州某纺织品有限公司对被告吴某与原告间有竞业限制协议知情,常州某纺织品有限公司接纳被告吴某在其处工作并不存在过错,据此,原告要求常州某纺织品有限公司一并承担上述违约责任并无事实法律依据,法院不予支持。

判决如下:1. 原告常州某科技有限公司于本判决发生法律效力之日起十日内按每月 1 746.56 元的标准支付被告吴某自 2016 年 2 月 15 日起至本判决发生法律效力之日起的竞业限制补偿金。2. 原告常州某科技有限公司与被告吴某于本判决发生法律效力之日起继续履行双方于 2015 年 12 月 2 日签订的《保密及竞业限制协议》中的竞业限制条款直至 2018 年 2 月 14 日止;在此期间,原告常州某科技有限公司于每月25日前支付被告吴某竞业限制补偿金1 746.56元。3. 被告吴某于本判决发生法律效力之日起十日内一次性支付原告常州某科技有限公司竞业限制违约金20 958.66元。4. 驳回原告常州某科技有限公司的其他诉讼请求。

样本案例三

陈某某诉上海某科技股份有限公司劳动合同纠纷一案

• 当事人

上诉人（原审原告）：陈某某

被上诉人（原审被告）：上海某科技股份有限公司

• 基本案情

上诉人（原审原告）陈某某因竞业限制纠纷一案，不服上海市某区人民法院的一审民事判决，向某中院提起上诉。

原审认定，2012年3月21日，陈某某与上海某科技股份有限公司签署3年期劳动合同，约定陈某某岗位为国际部销售，月基本工资为人民币3 000元，劳动合同第十七条保密条款约定：1. 乙方（陈某某）必须严守公司商业秘密与技术秘密，不得将甲方（上海某科技股份有限公司）客户信息与技术信息泄露给第三方。双方确认如果乙方离开甲方，未经甲方事先书面许可，在合法离职后的二年内不得自行或加盟其他公司从事与甲方相同或相似的业务，对此甲方依法支付竞业禁止费用。2. 如果违反前述第1条的约定内容，乙方向甲方支付五万元违约金；因此给甲方造成损失的，还应赔偿相应的经济损失。2014年2月18日，陈某某以父母病重、回家照顾家庭为由申请辞职，上海某科技股份有限公司予以准许。陈某某最后工作至2014年2月28日。陈某某从上海某科技股份有限公司辞职后到上海某科技有限公司（以下简称某公司）工作。某公司的经营范围与上海某科技股份有限公司部分相同。2014年6月10日，上海某科技股份有限公司向上海市某区劳动人事争议仲裁委员会申请仲裁，要求陈某某支付违反竞业限制义务的违约金50 000元并继续履行竞业限制义务。2014年8月8日，该仲裁委员会裁决：陈某某支付上海某科技股份有限公司违反竞业限制义务的违约金39 600元并继续履行竞业限制义务。陈某某不服该裁决，诉至原审法院，请求判令其不支付上海某科技股份有限公司违反竞业限制义务的违约金 39 600 元和无须继续履行竞业限制义务。原审中，陈某某确认未向上海某科技股份有限公司提出过解除竞业限制约定。

原审认为，根据规定，对负有保密义务的劳动者，用人单位可以在劳动合同或者保密协议中与劳动者约定竞业限制条款，并约定在解除或者终止劳动合同后，在竞业限制期限内按月给予劳动者经济补偿。劳动者违反竞业限制约定的，应当按照约定向用人单位支付违约金。本案中，陈某某与上海某科技股份有限公司在劳动合同第十七条中约定了陈某某的保密义务、竞业限制义务和违反竞业限制义务的违约金，该条款的约定并不违反法律、法规规定，当属有效，对双方均具有拘束力。《最高人民法院关于审理劳动争议案件适用法律若干问题的解释（四）》（法释〔2013〕4号，2013年2月1日起施行，已废止）就未约定竞业限制补偿金时的补偿标准做出了明确规定，陈某某虽主张劳动合同中的竞业限制条款未约定竞业限制补偿金，但双方可就补偿的标准另行协商，协商不成的情况下陈某某可径行依据前述规定通过法律途径主张，故未约定竞业限制补偿金的标准并不影响本案劳动合同中竞业限制条款的效力。现陈某某辞职后到与上海某科技股份有限公司经营范围部分相同的案外公司工作，显系对约定的竞业限制义务的违反，应根据约定向上海某科技股份有限公司支付违反竞业限制义务的违约金。就违约金的金额，根据陈某某工资标准、岗位及行为属性，合同约定的 50 000 元违约金的标准并不过高，陈某某要求予以调整没有依据，不予支持。因仲裁委员会将违约金酌情调整为 39 600 元，上海某科技股份有限公司对此没有异议亦未就仲裁裁决提起诉讼，故陈某某应支付上海某科技股份有限公司违反竞业限制义务违约金的数额为 39 600 元。因陈某某未提出过解除竞业限制约定并获得支持，故其应继续履行竞业限制义务。综上，陈某某要求不支付违反竞业限制义务的违约金 39 600 元、无须继续履行竞业限制义务的请求均无依据，原审法院不予支持。

原审法院审理后判决：1. 陈某某于判决生效之日起十日内支付上海某科技股份有限公司违反竞业限制义务的违约金 39 600 元；2. 陈某某继续履行竞业限制义务。负有金钱给付义务的当事人，如果未按判决指定的期间履行给付金钱义务，应当依照《中华人民共和国民事诉讼法》（2012 年修正，已修改）第二百五十三条之规定，加倍支付迟延履行期间的债务利息。案件受理费 10 元，减半计 5 元，免予收取。

判决后，陈某某不服，向某中院提起上诉称，双方劳动合同虽约定竞业限制条款，但未约定竞业限制补偿金，双方劳动合同解除后，上海某科技股份有限公司未与陈某某协商经济补偿事宜，实际亦未支付经济补偿金。因此，尽管双方的竞业限制条款有效，但应视为双方尚在就经济补偿进行协商的阶段，故直接要求陈某某因未履行竞业限制义务而承担违约责任，于法无据，亦显失公平。综上，请求撤销原审判决第一项，改判陈某某无须支付上海某科技股份有限公司违约金。

被上诉人上海某科技股份有限公司辩称，不同意陈某某的上诉请求，请求驳回上诉，维持原审判决。

二审法院经审理查明，原审认定事实无误，依法予以确认。

• 案件争点

双方劳动合同虽约定竞业限制条款，但未约定竞业限制补偿金，双方劳动合同解除后，上海某科技股份有限公司未与陈某某协商经济补偿事宜，实际亦未支付经济补偿金，是否需要履行竞业限制义务？

• 裁判要旨

二审法院认为，陈某某与上海某科技股份有限公司在劳动合同中约定的竞业限制条款合法有效，双方均应遵照执行。上海某科技股份有限公司尚未支付补偿金，但在双方约定仍然有效的情况下，陈某某应当履行竞业限制义务。现陈某某违反相应的竞业限制义务，理应按照约定承担违约责任。综上，陈某某的上诉请求，依据不足，二审法院难以支持。原审法院所作判决正确，应予维持。依照《中华人民共和国民事诉讼法》（2012年修正，已修改）第一百六十九条、第一百七十条第一款第（一）项之规定，判决如下：驳回上诉，维持原判。

三、司法案例类案甄别

（一）事实对比

样本案例一，双方均认可何某于2016年3月15日入职北京某文化传播有限公司，在职期间担任资深客户经理，月工资标准为21 000元，双方劳动关系解除时间为2017年4月5日。何某与北京某文化传播有限公司于2016年8月5日签订有《竞业限制协议》。协议甲方为北京某文化传播有限公司，乙方为何某，2017年4月10日，何某与某科技（北京）有限公司签订期限自当日起至2020年9月30日止的劳动合同，约定何某从事网络媒体市场部工作。北京某文化传播有限公司称何某入职某科技（北京）有限公司的行为违反了双方签订的《竞业限制协议》工作职责包括：1. 推广方案制订；2. 客户沟通；3. 推广资源掌控与整合；4. 项目实施；5. 团队建设。何某直接掌握该公司的成本和利润，其将该公司成本和利润透露给某科技（北京）有限公司，导致该公司自2017年4月起与某科技（北京）有限公司再无新的业务产生。

样本案例二，吴某于2006年3月15日进入原告关联企业某针织有限公司从事客服助理工作，双方签订劳动合同至2010年3月14日；2010年3月15日，吴某进入原告关联企业某泰公司从事业务员工作，双方签订了劳动合同和竞业限制协议，期限至2013年3月14日，期满后双方续签了劳动合同和竞业限制协议。2015年12月2日，原、被告签订了劳动合同和竞业限制协议，劳动合同约定履行期限为2015年12月1日至2016年11月30日，岗位为业务员。2016年2月15日，被告吴某因自身原因以电子邮件形式向原告发出辞职申请，同年2月18日吴某未再至原告处工作。2016年3月1日、3月15日、6月20日，原告分别向吴某身份证载明地址、现居住地、常州某纺织品有限公司所在地邮寄《书面敦促函》，要求吴某前来办理离职交接手续，遵守保密及竞业限制协议，并来领取竞业限制补偿金，或提供本人有效的银行卡资料，以便公司支付竞业限制经济补偿金。经查询，上述邮件均已签收。2016年3月，常州某纺织品有限公司为被告缴纳了一个月的社会保险。2016年7月3日至2016年7月20日，原告为认定吴某在常州某纺织品有限公司工作，安排他人拍摄吴某在常州某纺织品有限公司上下班时间出入情况。常州某科技有限公司、某泰公司、某针织有限公司为关联公司。被告吴某解除劳动合同前12个月工资合计为62 876元。被告常州某纺织品有限公司营业执照中载明的经营范围为：纺织品后整理加工；针纺织品、纺织原料、服装、服饰、辅料、日用百货的销售。原告营业执照中载明的经营范围为：新型面料的研发；高档织物面料及原材料、服装服饰的销售，自营和代理各类商品及技术的进出口业务。

样本案例三，2012年3月21日，陈某某与上海某科技股份有限公司签署3年期劳动合同，约定陈某某岗位为国际部销售，月基本工资为人民币3 000元，劳动合同第十七条保密条款约定：1. 乙方（陈某某）必须严守公司商业秘密与技术秘密，不得将甲方（上海某科技股份有限公司）客户信息与技术信息泄露给第三方。双方确认如果乙方离开甲方，未经甲方事先书面许可，在合法离职后的二年内不得自行或加盟其他公司从事与甲方相同或相似的业务，对此甲方依法支付竞业禁止费用。2. 如果违反前述1的约定内容，乙方向甲方支付五万元违约金；因此给甲方造成损失的，还应赔偿相应的经济损失。2014年2月18日，陈某某以父母病重、回家照顾家庭为由申请辞职，上海某科技股份有限公司予以准许。陈某某最后工作至2014年2月28日。陈某某从上海某科技股份有限公司辞职后到某公司工作。某公司的经营范围与上海某科技股份有限公司部分相同。2014年6月10日,上海某科技股份有限公司向劳动人事争议仲裁委员会申请仲裁,要求陈某某支付违反竞业限制义务的违约金50 000元、继续履行竞业限制义务。2014年8月8日,该仲裁委员会裁决:陈某某支付上海某科技股份有限公司违反竞业限制义务的违约金39 600元、继续履行竞业限制义务。陈某某不服该裁决,诉至原审法院,请求判令其不支付上海某科技股份有限公司违反竞业限制义务的违约金39 600元和无须继续履行竞业限制义务。原审中,陈某某确认未向上海某科技股份有限公司提出过解除竞业限制约定。

(二)适用法律对比

样本案例一,法院认为,根据北京某文化传播有限公司提交的何某认可真实性的新员工入职考核计划所显示的何某的工作职责,何某当属于负有保密义务的人员;其次,双方签订的《竞业限制协议》,协议中明确约定何某离职后2年内不得到与甲方或甲方关联公司有竞争关系的单位建立劳动关系。鉴此,法院对何某的主张不予采信,何某应受双方签订的《竞业限制协议》的约束。关于何某离职后所入职的某科技(北京)有限公司与上海某文化传播有限公司是否具有竞争关系,首先,北京某文化传播有限公司系上海某文化传播有限公司的全资子公司,具关联关系;其次,上海某文化传播有限公司与某科技(北京)有限公司均从事广告业务的设计、制作、发布及代理,在一定的领域内业务存在重叠,何某也明确表示了存在密切的上下游业务关系,一审法院据此判定上海某文化传播有限公司与某科技(北京)有限公司存在竞争关系,法院认为并无不当,亦予确认。何某离职后即入职某科技(北京)有限公司,违反了《竞业限制协议》的约定,确有可能给北京某文化传播有限公司造成经济损失,应当向北京某文化传播有限公司支付违约金并继续履行该协议至协议期满。劳动者违反竞业限制约定,向用人单位支付违约金后,用人单位要求劳动者按照约定继续履行竞业限制义务的,人民法院应予支持。鉴于双方约定的竞业限制期限为离职后2年,现双方竞业限制期限尚未届满,因此何某应当继续与北京某文化传播有限公司履行双方签订的《竞业限制协议》。

样本案例二,法院认为,关于被告吴某是否应继续履行竞业限制协议。根据法律规定,竞业限制人员在解除或者终止劳动合同后,履行竞业限制义务的期限,不得超过两年。根据双方签订的竞业限制协议约定,被告吴某违反竞业限制义务,除应返还原告竞业限制补偿金并支付违约金外,还应继续履行竞业限制义务,直至双方约定的竞业限制期限届满,乙方发生违约行为的期间,以及双方对是否发生违约行为产生争议而将争议提交有关机构依法解决的期间,不计入本协议约定的原告吴某的竞业限制期间内。法院认为，双方订立的上述协议内容明显加重了劳动者一方的义务，并违反了相关法律规定，考虑到被告作为劳动者在签订该格式条款时的合同地位，法院认为上述条款不应作为被告重新计算两年竞业限制期限的依据。据此，法院认为应当从原告与被告解除劳动合同之日起计算竞业限制期，直至两年期限届满即可。即被告吴某的竞业限制期为2016年2月15日至2018年2月14日，在此期间内，被告吴某应当继续履行竞业限制义务，原告应当支付被告吴某相应竞业限制补偿金。

样本案例三，法院认为，对负有保密义务的劳动者，用人单位可以在劳动合同或者保密协议中与劳动者约定竞业限制条款，并约定在解除或者终止劳动合同后，在竞业限制期限内按月给予劳动者经济补偿金。劳动者违反竞业限制约定的，应当按照约定向用人单位支付违约金。陈某某与上海某科技股份有限公司在劳动合同第十七条中约定了陈某某的保密义务、竞业限制义务和违反竞业限制义务的违约金，该条款的约定并不违反法律、法规规定，当属有效，对双方均具有拘束力。《最高人民法院关于审理劳动争议案件适用法律若干问题的解释（四）》（法释〔2013〕4号，2013年2月1日起施行，已废止）就未约定竞业限制补偿时的补偿标准做出了明确规定，陈某某虽主张劳动合同中的竞业限制条款未约定竞业限制补偿金，但双方可就补偿的标准另行协商，协商不成的情况下陈某某可径行依据前述规定通过法律途径主张，故未约定竞业限制补偿的标准并不影响本案劳动合同中竞业限制条款的效力。因陈某某未提出过解除竞业限制约定并获得支持，故其应继续履行竞业限制义务。

（三）类案大数据报告

截至2022年12月31日，以"竞业限制""违约金""继续履行"为关键词，通过公开数据库共检索到类案467件，经逐案阅看、分析，与本规则关联度较高的案件共有325件，因其中存在同一案件的一审、二审、再审裁判，严格意义上应将其认定为一件案件（还有套案等因素，实质上争议的焦点问题是相同的），故剔除前述情形后，实际共有213件案件。整体情况如下：

从类案地域分布看，涉案数最多的地域是北京市，共45件；其次是上海市，共38件；再次是江苏省，共36件。

从类案结案时间看，结案最多的年份是2021年，共有57件；其次为2020年，共有45件；再次为2019年，共有44件。

从案件经历的审理程序看，只经过一审程序的共计90件，经过一审、二审两审程序的共计115件，经过一审、二审及再审程序的共计8件。

四、类案裁判规则的解析确立

竞业限制违约金应以担保履行为首要功能。一般而言,补偿性违约金可以替代继续履行,违约方支付违约金后即可免除继续履行的法律责任,《合同法》第一百一十四条①除第二款规定了补偿性违约金外,该条第三款规定,当事人就迟延履行约定违约金的,违约方支付违约金后,还应当履行债务,该条规定的是迟延履行违约金,通说认为,迟延履行违约金系惩罚性违约金。具体到竞业限制违约金,《最高人民法院关于审理劳动争议案件适用法律若干问题的解释(四)》(法释〔2013〕4号,2013年2月1日起施行,已废止)第10条规定,劳动者违反竞业限制约定向用人单位支付违约金后,用人单位要求劳动者按照约定继续履行竞业限制义务的,人民法院应予支持。从该规定可以看出,竞业限制违约金与继续履行可以并存,竞业限制法律制度设置的目的首先要保护的就是企业商业秘密等财产性利益。商业秘密具有一旦公开就永远丧失的特点,商业秘密权利人虽然可以通过侵犯商业秘密诉讼主张赔偿,但是其权利已经无法恢复到被侵害之前的状态。竞业限制违约金的性质应当为惩罚性,或者说在补偿性与惩罚性双重属性中,应当以惩罚性为主。竞业限制违约金也应当具有惩罚性。故支付了竞业限制违约金后,在合同约定的竞业期限内的,劳动者需继续履行竞业限制义务。

五、关联法律法规

《最高人民法院关于审理劳动争议案件适用法律问题的解释(一)》(法释[2020]26号,2021年1月1日起施行)

第四十条 劳动者违反竞业限制约定,向用人单位支付违约金后,用人单位要求劳动者按照约定继续履行竞业限制义务的,人民法院应予支持。

---

① 《合同法》已废止,本条对应《民法典》第585条。

　　《劳动法》领域的竞业限制制度能够保护商业秘密和与知识产权相关的保密事项，能与《反不正当竞争法》协力维护市场公平竞争秩序和优化营商环境。本书选取了司法实践中竞业限制制度的痛点、难点问题，充分回应了社会关切和现实热点。

　　本书主编赵建同志现任青岛市市北区人民法院院长，曾在青岛市中级人民法院深耕劳动法律领域20余年，负责指导全市法院劳动争议审判工作。曾完成《法院委托工会调解劳动争议案件可行性报告》并制作6份关于法院委托工会调解劳动争议案件的文件；参与编写《委托工会调解劳动争议案件资料汇编》一书；负责设立全国首创全市基层法院劳动争议巡回法庭；先后与青岛市劳动争议仲裁委员会制定《关于劳动争议案件审理会议纪要》十期及《青岛市人事争议处理条例》，编写《青岛市劳动争议案件调解仲裁办案手册》；完成全国首份《劳动争议处理白皮书》并向全社会公布。还曾主持编写青岛市法院《民事审判例释》劳动争议部分；其撰写的《商品房预售案件的审理》一文被人民法院出版社出版的《民商事新类型案例研究》收录；《专家证人出庭作证操作实务》（合著）一文被中国方正出版社出版的《中国民商事审判新问题》收录；《具有专门知识的人出庭作证制度研究》《用人单位以"末位淘汰"解除劳动合同不合法》在最高人民法院《人民司法》刊登；《论劳动者辞职权的行使及其法律后果》一文入选《最高法院劳动争议案件福州会议论文集》；《浅论我国民法对人身权的保护》一文在《法律科学》刊登；《物权法中占有保护请求权的理解》一文在《山东审判》刊登。

　　编写组的顾晶京同志现任青岛市市北区人民法院劳动争议审判专业法庭庭长一职，作为劳动法领域的资深法官，在审判工作之余曾编写《劳动争议案件要素化审判指引》《新业态用工指引及风险防范》等相关实务指南，曾参与青岛市法官协会《法案启示录·劳动争议篇》和青岛市中级人民法院、青岛市劳动人事争议仲裁委员会《关于审理劳动人事争议案件会议纪要》的编写，参与制定《涉疫情劳动争议案件法官会议纪要》；并根据审判工作实际曾多次发布《劳动争议审判白皮书》、劳动争议典型案例、《劳动争议诉讼指引》等。编写组的其他成员均具备从事相关审判实践工作的专业经验,并以极强的责任心和使命感参加编写工作,这保障了本书的编写质量。

本书的编撰历时一年,在选题、撰写、修改的过程中得到了各方面的大力支持和帮助。韩德强老师多次与编写组全体成员座谈商讨,明确编写原则和定位,并且对每个裁判规则的筛选审定、格式内容编排、类案检索报告的全面性与权威性等内容进行梳理和修正,统一了编写思路和模式。其间编写组走访了青岛国际人力资源服务产业园等多家企业园区和包括国企、集体企业、私营企业、个体工商户、新业态企业等等二十余家各类型的企业事业单位,如青岛港务局、青岛颐中烟草(集团)公司、太平洋保险公司、青岛公交集团、青岛市勘察测绘研究院、青岛市市立医院、山东众合至诚人力资源有限公司、海智泰达(青岛)人力资源有限公司、青岛四通一达服务外包有限公司、青岛昱坤人力资源有限公司、青岛古麦嘉禾科技有限公司等等。在编写过程中,编写组请教了中国海洋大学、青岛大学等高校的部分教授、专家,还得到了青岛市中院、青岛市人社局、青岛市劳动监察委员会、青岛市劳动争议仲裁院、青岛市市北区劳动争议仲裁院、延安路街道办事处、大港街道办事处等单位的大力帮助与支持,为本书的编写提供了多元视角和思路。

最后,衷心感谢为本身编写提供支持和帮助的所有理论界和实务界的同仁。希望本书能够有助于践行竞业限制制度背后创新发展与公平竞争的社会价值宗旨,并在司法实践中发挥出实际作用。